湖南与东盟国家
交流合作研究

谢晶仁

等著

高举和平、发展、合作的旗帜
扩大交流 加深交往 深化合作

九 州 出 版 社
JIUZHOUPRESS

图书在版编目（CIP）数据

湖南与东盟国家交流合作研究 / 谢晶仁等著.
北京：九州出版社, 2024. 8. —— ISBN 978-7-5225
-3352-0

Ⅰ. D827.64

中国国家版本馆CIP数据核字第2024E2M389号

湖南与东盟国家交流合作研究

作　　者	谢晶仁　等著
责任编辑	陈丹青
出版发行	九州出版社
地　　址	北京市西城区阜外大街甲35号（100037）
发行电话	（010）68992190/3/5/6
网　　址	www.jiuzhoupress.com
印　　刷	廊坊市海涛印刷有限公司
开　　本	710毫米×1000毫米　　16开
印　　张	17
字　　数	282千字
版　　次	2025年1月第1版
印　　次	2025年1月第1次印刷
书　　号	ISBN 978-7-5225-3352-0
定　　价	89.00元

序

　　东盟，是最早来湖南省投资的地区之一，是湖南最大的贸易合作伙伴。尤其是近年来，湖南与东盟各国之间的联系越来越紧密，扩大与东盟各国的交流合作势在必行。这有利于双方加强经贸往来，实现互联互通，增加相互之间的友谊。唯有如此，加强湖南与东盟国家的交流合作，有利于提升湖南的国际化水平。

　　"一部中国近代史，半部由湘人写就"。当时，只有少数中国人直面现实，敢于睁开眼看世界，他们中的代表人物有湖南人魏源、郭嵩焘、曾国藩、左宗棠等。改革开放以来，湖南省委、省政府先后提出了"以开放促发展""一点一线""呼应两东，开放带动，科教先导，兴工强农""敞开南大门，对接粤港澳"等开放发展思路。这些政策为湖南开放型经济发展带来了难得的发展机遇。

　　近年来，湖南开放的力度愈来愈大，湖南走向世界的步伐更加坚实，基本形成了全方位、多层次、宽领域的对外开放格局。在这一历史进程中，湖南立足自身实际，加强与东盟国家间的交流合作，服务于国家总体外交和地方经济社会发展，着力于统筹国际国内两种资源、两个市场，努力拓展湖南与东盟交流合作渠道，提升湖南与东盟交流合作质量和水平。

　　过去一段时间，湖南与东盟国家交流合作不断深化，经贸、投资、文化、旅游等领域的相互交流合作日益旺盛，对外开放的步伐越来越大，交流合作的领域越来越宽，取得了一定成绩。但是，湖南与沿海发达地区的省份相比，还存在一些差距。这与湖南国际交流合作综合研究不多、不深有一定的关联。实践证明，没有理论研究的深入，难以取得丰硕的成果。只有加强理论研究，才能取得许多有益的成果。

目前，湖南正处于实施"走出去"和"引进来"的战略机遇期，坚持怎样的开放理念，实施怎样的开放策略；创新与扩大国际交流相适应的体制机制，谋划国际交流合作的前景等。这对实现湖南改革开放目标具有重大的现实意义。《湖南与东盟国家交流合作研究》一书的写作恰逢其时。本书回顾了湖南与东盟国家交流合作的历程，展示了湖南与东盟国家交流合作取得的巨大成就，总结了推进湖南与东盟国家交流合作的基本经验，分析了湖南与东盟国家交流合作的现实差距与成因，构建了扩大湖南与东盟国家交流合作的总体框架，提出了扩大湖南与东盟国家交流合作的对策建议。同时，本书还对湖南与东盟主要国家的交流合作情况做了分析，以及具体的案例分析。本书具有较高的理论价值和实践价值，值得大家学习和参考。

站在新的历史起点上，湖南与东盟国家交流合作工作任重而道远。只要我们继续高举和平、发展、合作的旗帜，进一步扩大交流，加深交往，深化合作，湖南与东盟国家交流合作将谱写新的篇章。

谢晶仁

2024 年 4 月 10 日

位于长沙岳麓山

目 录
CONTENTS

第一篇　总　论

第二篇　湖南与东盟主要国家交流合作研究报告

第三篇　专题报告

第一篇 **01**

| 总　论 |

第一章

湖南与东盟国家交流合作的历史背景

东盟是"东南亚国家联盟"的简称，英文缩写是"ASEAN"，这是一个比较团结且有实力的地区组织。1991 年 7 月，中国与东盟开启对话进程。随着中国政府和东盟对话的顺利推进，1996 年中国成为东盟全面对话伙伴。在东盟对话伙伴中，中国创造了多项第一：第一个加入《东南亚友好合作条约》，第一个同东盟建立战略伙伴关系，第一个同东盟商谈建立自贸区，第一个明确支持东盟在东亚区域合作中的中心地位。近年来，中国和东盟陆续通过《中国—东盟战略伙伴关系 2030 年愿景》《中国—东盟关于"一带一路"倡议与〈东盟互联互通总体规划 2025〉对接合作的联合声明》《落实中国—东盟战略伙伴关系联合宣言的行动计划（2021—2025）》等成果文件，持续推进各领域务实合作。2023 年是中国与东盟建立对话关系 32 周年。30 多年来，中国与东盟携手前行，战略伙伴关系内涵不断丰富，政治安全、经济贸易、社会人文三大领域合作硕果累累，成为最大规模的贸易伙伴、最富内涵的合作伙伴、最具活力的战略伙伴。站在承上启下、继往开来的历史新起点上，中国和东盟将着眼于打造更高水平的中国—东盟战略伙伴关系，构建更为紧密的命运共同体。

第一节　东盟在全球经济中的地位和作用

东盟作为一个政治、经济和文化联盟，在世界舞台上扮演着十分重要的角色。作为世界上最具活力的经济体之一，东盟有着很大的市场潜力和贸易潜力，并且在地缘政治和全球治理方面也扮演着非常重要的角色。可以预见，在未来的岁月里，东盟将继续在全球舞台发挥着至关重要的作用。

东盟的前身是由马来西亚、菲律宾和泰国于 1961 年 7 月 31 日在泰国曼谷成立的东南亚联盟。1967 年 8 月 8 日，印度尼西亚、泰国、新加坡、菲律宾 4 国外长和马来西亚副总理在曼谷发表《东南亚国家联盟成立宣言》，即《曼谷宣言》，正式宣告东盟成立。东盟成立初期，基于冷战背景，其主要任务是防止区域内共产主义运动的扩张。1984 年，文莱加入东盟。

冷战结束后，东盟国家的合作由政治军事安全转向经贸合作。1995 年和 1997 年，东盟先后接纳越南和老挝两个社会主义国家加入。此后，缅甸与柬埔寨也先后加入东盟。至此，东盟在全球经济政治格局变化中不断发展壮大。2007 年第 12 届东盟首脑会议决定建立东盟共同体。2008 年 12 月，《东盟宪章》生效。

2022 年 11 月 11 日，东盟发表声明，原则上同意接纳东帝汶为成员国，东盟扩充至 11 个成员国。

2015 年 12 月 31 日，以政治安全共同体、经济共同体和社会文化共同体三大支柱为基础的东盟共同体正式成立，并通过愿景文件《东盟 2025：携手前行》，为东盟未来 10 年的发展指明方向。

2016 年 9 月，东盟领导人通过了《东盟互联互通总体规划 2025》，该规划旨在打造一个无缝衔接的、全面连接和融合的东盟，使东盟更具竞争力、包容性和共同体意识。① 它再次强调了物理联通（例如交通运输、信息通信技术和能源）、制度联通（如贸易、投资、服务等）的自由化以及民心相通（如教育、文化、旅游）三个层面互联互通的重要性，明确了 5 个重点领域和 14 个重点战略，为推动东盟共同体政治安全、经济、社会文化三个重点领域的一体化进程、缩小成员间发展差距方面提供基础性保障。

在对外关系上，东盟主张多方位外交，积极发展与大国及周边的关系，

---

① 　中国—东盟共建"一带一路"的现状、机会与挑战［EB/OL］.https://baijiahao.baidu.com/s?id=1776858530561691686&wfr=spider&for=pc.2023-09-13.

脚踩 N 只船，有中国、日本、韩国、印度、澳大利亚、新西兰、美国、俄罗斯、加拿大、欧盟、英国 11 个对话伙伴。2011 年 11 月，东盟提出"区域全面经济伙伴关系（RCEP）"战略（2020 年 11 月 RCEP 协定正式签署，2021 年生效），标志着当前世界上人口最多、经贸规模最大、最具发展潜力的自由贸易区正式启航，而这个自贸区显然是东盟主导且为核心的。

在经济发展上，东盟的国际影响力是不容忽视的。它占据了世界人口的近一半，是全球经济中增长最快的二十多个国家之一。作为世界最大的自由贸易区之一，东盟的贸易和投资活动对全球经济增长产生了很大的影响。从经济规模看，2022 年，东盟 11 国的 GDP 达到 3.63 万亿美元，占 2022 年全球 GDP 的 3.6%。从商品贸易规模看，2022 年，东盟 11 国的商品出口 1.96 万亿美元，占全球商品出口总量的 7.84%；东盟商品进口 1.87 亿美元，占全球商品进口总量的 7.47%。[①] 由此可见，作为一个经济共同体，东盟成员国聚焦于提高经济贸易发展质量，建立有利于所有成员国的贸易框架，为实现全球贸易和经济发展的目标起到了十分重要的作用。

由于该地区的重要性不断上升，东盟成员国在海洋贸易路线和能源供应上变得越来越重要。在国际舞台上，东盟的意见和协调对于解决与该地区有关争议至关重要。作为历史上不断扩张的区域性力量，东盟在推进多边主义以及全球治理方面作出了重大贡献。东盟积极参与各种多边机制和合作平台，如联合国、世界贸易组织、G20 峰会等。东盟国家不断呼吁并参与制定全球治理框架和规则，促进各方面合作，通过实现共同繁荣与和平来实现共同目标。

第二节 中国与东盟有着深厚的合作基础

山水相依、血脉相亲，中国与东盟国家互为搬不走的邻居；平等相待、和合与共是双方的共同诉求，更是携手应对地区性和全球性挑战、实现共同

---

① 东盟秘书处、东盟统计数据库. 从进出口贸易了解东盟市场［EB/OL］.https://www.douyin.com/hashtag/159886197311283.

发展的现实需求。更亲善的睦邻关系、更紧密的合作纽带符合求和平、谋发展、图共赢的时代潮流，也是地区各国人民的共同期待。

自"一带一路"倡议提出后，中国始终把东盟作为周边外交的优先方向和高质量共建的重点地区，中国—东盟关系成为亚太区域合作中最为成功和最具活力的典范，成为推动构建人类命运共同体的生动例证。

在全球经济风起云涌的浪潮下，经济全球化和区域经济一体化成为经济变革的主流。世界各国根据经济发展需要，以区域为阵营，纷纷建立经济联盟战略。中国和东盟成员都是发展中国家，经济实力有限，经济增长对外部市场的依赖度较高，全球经济的变动会对其产生重大影响。中国政府决定，加入东盟并建立自由贸易区迫在眉睫。2002 年 11 月，中国与东盟 10 国领导人签署了《中国与东盟全面经济合作框架协议》，这标志着中国—东盟建立自由贸易区的进程正式启动。随着中国的加入，东盟自由贸易区发展成为由发展中国家组成的世界上最大的自由贸易区。它涵盖 18 亿人口，GDP 超过 2 万亿美元，贸易额超过 1.23 万亿美元。与此同时，中国—东盟自由贸易区的建成，使得中国与东盟各国的贸易往来更加频繁。截至 2011 上半年，东盟对中国同期的出口增长 48%，中国对东盟的出口增长 55%，对东盟和中国国内生产总值的增长率分别为 0.9%（约合 54 亿美元）和 0.3%（约合 22 亿美元），这将为中国和东盟经济发展创造广阔的前景。[1]

党的二十大报告将"稳步扩大规则、规制、管理、标准等制度型开放"和"推动共建'一带一路'高质量发展"作为推进高水平对外开放的重要组成部分。在共同推进"一带一路"建设过程中，中国与东盟建立了覆盖政治、经济、社会、生态等多领域、多层级沟通对话机制，初步实现了发展战略对接、发展规划协同和合作规范融合。中国与东盟国家积极参与、引领和主导新兴产业标准、技术标准、产品标准和监管标准等贸易规则的制定。通过提炼中国与东盟"一带一路"建设的本地化实践经验，积极推进中国—东盟自

---

[1]　2011 中国与东盟贸易增长迅速，年均增长率超 20%［EB/OL］. http://m.hkwb.net/content/2012-08/10/content_855073.htm.2012-08-10.

贸区3.0版谈判，推动《区域全面经济伙伴关系协定》（RCEP）全面生效，打造中国与东盟地区间高标准经贸规则对接的示范性制度安排，在贸易、投资、金融、知识产权保护、人员流动、数字经济、产业链和供应链构建、贸易救济措施和贸易纠纷仲裁等诸多领域进一步加强制度对接，构建符合中国与东盟国家实际和需求的规则。

随着5G、大数据、云计算、人工智能等新兴数字技术的高速发展，数字经济现已成为推动"一带一路"高质量发展的重要引擎。近些年来，中国与东盟基于各自的数字市场、资源及技术优势，构建优质可信的数字基础设施，大力推动产业数字化转型，数字经济已经成为复苏经济、实现经济高质量发展的重要模式。中国和东盟不断加速双方数字发展战略对接，联合营造开放包容的数字经济合作环境，为双方数字经济合作奠定了基础。未来，中国与东盟将进一步加强数字、网络基础设施建设，扩大数字经济新型基础设施的覆盖范围，有效降低数字经济运营成本；通过完善数字金融服务体系，畅通数字基础设施建设的投融资渠道，为中国—东盟数字经济重大项目提供有力的资金保障；加强双方数字经济政策、规则、制度、技术、标准的有效对接与沟通协调，合力破解数字经济合作发展的制度性壁垒，加快建立起较为完善的数字经济合作发展保障机制；以增强数字经济产业的国际市场竞争力为目标，维护数字经济产业链、供应链、创新链的安全稳定；搭建数字经济平台，丰富跨境数字贸易交易渠道，构建协调统一的跨境电商物流体系、跨境支付结算体系，提升跨境数字贸易便利化水平，促进跨境数字贸易发展。

从总体上看，中国与东盟国家在产业上存在错位优势，互补性较强，具有良好的产业合作基础。在全球价值链重构和产业链重新布局的背景下，中国与东盟合力构建区域产业链，为双方产业升级和价值链地位攀升提供了契机，成为中国与东盟突破中低端产业链和实现产业升级的重要途径。

在当前全球经济增长面临内生动力不足、需求偏弱、恢复基础不牢固等突出问题的背景下，推进高质量共建"一带一路"发展成为实现中国与东盟国家间更高水平、更有效率、更加公平和更可持续发展的一条可行路径。中国与东盟国家在数字经济、绿色发展、医疗健康等领域具有广阔的合作空间，高质量共建"一带一路"发展前景十分广阔。中国与东盟国家将共同培育发展新动能，持续推动构建人类命运共同体。

第三节 湖南与东盟各国的联系更加紧密

湖南地处中国—东盟自由贸易区的重要位置，已成为全国对外开放的内陆省份，凭借自己的区位优势发挥着沟通中国与东盟的重要桥梁作用。湖南背靠国内广阔腹地，与东盟的距离较近，湖南欲借助区位优势，将湖南打造成面向东盟开放合作的重要省份。

"相通则共进，相闭则各退。"近几年来，东盟已成为湖南对外经贸合作的主战场。随着中国—东盟自由贸易区建设进程加快，湖南在中国与东盟开展全面经贸合作中的作用越来越大，东盟各国的工业品、农产品、手工艺品等纷纷进入湖南市场。尤其是越南的咖啡、榴莲、大米、干果等，缅甸的琥珀、翡翠、吊坠、手镯等，马来西亚的坚果、果干、白咖啡、奶茶等，印度尼西亚的箱包、橄榄油、银器、木雕等，泰国的大米、玉米、木薯、甘蔗、绿豆、烟草、椰子等，来自东盟各国的名优特色产品集中亮相湖南市场，受到湖南市民的喜爱。这不仅增加了相互之间的传统友谊，也增加了东盟各国民众的收益。概括起来，主要体现在以下几方面。

在农业方面，湖南因地制宜地提出与东盟各国优势互补的战略。双方将从扩大农业投资、加强减贫交流、推动农业贸易等方面合作。湖南金健进出口有限责任公司、怀化天天食品科技有限公司等企业与来自泰国、越南等国的农业企业签订了粮食购销协议，加强农业领域的合作。湖南在越南、菲律宾等国家建立了一批杂交水稻等生产基地，缓解了农业企业发展面临的资源压力，也带动了东盟国家当地农民的收入。湖南很多农业企业到老挝等东盟国家投资发展，并将粮食安全领域的先进技术、杂交水稻等优质产品和技术引入到东盟国家，对促进东盟国家粮食安全保障能力的提升、密切两地人民友谊起到了重要的作用。同时，东盟国家粮食资源也通过 RCEP 机制，进入湖南及周边省份粮食市场，为推动区域粮食安全合作作出了积极贡献。另外，湖南还为越南、老挝、缅甸、菲律宾等国培训了杂交水稻的专业技术人员，解决了这些国家杂交水稻制种方面的技术问题。

在经贸方面，东盟是最早来中国投资的地区之一，主要以泰国和新加坡为主，投资领域集中在商业服务、机电等产业。以泰国为例，在两国建交之初，中国与泰国的双边贸易额仅 2462 万美元，而随着两国贸易往来中互通有无，双方签订了《促进和保护投资协定》（1985 年）、《避免双重征税和防止偷漏税协定》（1986 年）、《贸易经济和技术合作谅解备忘录》（1997 年）、《双边货币互换协议》（2001）等。2003 年 10 月，两国在中国—东盟自贸区框架下实施蔬菜、水果零关税。2004 年 6 月，泰国承认中国完全市场经济地位。2009年 6 月，两国签署《扩大和深化双边经贸合作的协议》等协议，为两国的经贸发展奠定了良好基础。在这样的大背景下，湖南抓住历史机遇，以建成"湖南连接东盟的大通道、经贸合作的新高地"为目标，加强与泰国经贸领域的交流合作，重点发展机电加工制造、五金工具等产业，为泰国企业进入湖南市场提供良好的合作平台。目前泰国已成为湖南主要的出口市场。同时，湖南消费者也从中受益，泰国榴莲进入湖南市场，粉丝群体遍布湖南各市州。

在旅游方面，湖南已经成为东盟服务贸易的"主力军"。近年来，在积极建立旅游合作机制、开展旅游宣传促销、加大旅游产品开发等方面，湖南与东盟各国进行了广泛的交流合作。先后与越南、泰国、印度尼西亚、马来西亚等东盟国家旅游局及相关省市签订了旅游合作协议或备忘录，营造出与东盟国家互送游客、共享资源、共同发展的旅游合作氛围。这几年，湖南在旅游交通方面做了很大的努力，尤其是飞机的航线，增加相互之间的航班，促进游客来往。湖南陆陆续续开通了从长沙到东盟国家的 10 多条航线，这样的航线的空间搭建，对游客来往提供了一个便捷的渠道，也为地方经济发展提供了重要支撑。这既增强了本省的出口创汇能力，也增加了就业机会。现在，湖南与东盟各国已互为重要旅游客源地，旅游业也成为双方重要的投资领域。

在教育方面，湖南教育主管部门主动服务国家"一带一路"倡议，服务湖南本土传统产业、优势产业及新兴产业走出国门，服务"湘企出境""湘品出海"，推进优质教育资源"走出去"，也让"一带一路"共建国家"走进来"互学互鉴。据有关部门统计，湖南与东盟不断深化教育交流合作，每年互派留学生、汉语推广、人才培训等学生人数已经超过数万人。湖南成为中国派往东盟交流学生人数较多的省份之一。此外，从2004年起，湖南每年都组织20多所高校到越南、泰国、印尼举办湖南国际教育展，极大提高了湖南高校在东盟国家的知名度；自2007年起，湖南为老挝、柬埔寨设立了专项奖学金，对吸引东盟国家留学生到湖南学习进修产生了积极作用，以此加强湖南与东盟的国际教育交流合作。

在科技方面，国际合作是人类社会不断向前发展的重要战略手段。湖南与东盟科技合作基础扎实、潜力巨大、前景广阔，湖南与东盟各国进一步深化区域科技创新合作，共同完善多层次合作机制，持续拓展全方位合作领域，加快构建高水平合作平台，合力打造产学研协同互动模式，以科技创新实现更加包容、更可持续、更高质量的发展。自"一带一路"倡议提出以来，湖南与东盟的科技合作日益紧密，为双方实现优势互补、合作共赢迈出了关键一步。值得一提的是，邵阳东盟科技产业园，该产业园由泰国、老挝、越南、缅甸等地的邵阳商会共建，是邵阳立足东盟，近距离打造的承接粤港澳大湾区产业转移、湖南对接东盟地区"桥头堡"的重要载体，紧抓湘南湘西承接产业转移示范区建设机遇，发挥境外经贸合作区域优势，积极承接东盟及粤港澳大湾区电子信息、智能箱包等科技型企业、行业规模企业和本土特色优势企业。

第二章

湖南与东盟国家交流合作的现实意义

交流与合作强调的是在合作的过程中进行交流，即通过交流来促进合作。它是人类文明发展进步的主旋律，是增进人民友谊的桥梁，是维护世界和平的纽带。交流的本质是求同存异，异中求同，和而不同，和谐共处；合作的本质是互相利用，互相弥补，各尽所能，各取所需，不是零和博弈，更不是你死我活。交流是合作的前提，合作是交流的目的。交流合作能成功的关键是参与方都要有开放平和与善于学习的心态、模仿与借鉴先进经验的眼光和头脑。从古至今，人类社会的各个文明共同体都是通过不断地对外交流与合作，进行利益的交换、协调与平衡，促进了经济、社会与文化的大发展。在这个进程中，各个文明共同体像滚雪球一样，规模越来越大，结构越来越复杂，正向关联度和正相关效益越来越高。人类文明发展到今天，已经进入了全球化时代，国际社会正以前所未有的深度、广度和速度联系在一起。对于任何一个国家和地区来说，交流与合作的意义越来越重要，作用越来越重大，只有积极参与国际分工，利用国内外两种资源和两个市场，才能实现本国和本地区经济社会的快速发展；只有主动开展交流与合作，才能更好地共享人类文明建设的成果。任何有意无意地远离外部文明主流，远离国际社会，那些闭关自守的国家和地区在发展进程中将会越来越落后，最终陷入被动挨打的落后境地。

改革开放 40 多年来的历史证明，积极对外开放，广泛深入地开展国际交流与合作，是中国获得巨大进步的根本动力之一。改革开放以来，尤其是

"十四五"期间，湖南国际交流与合作硕果累累，"走出去"步伐不断加快，"引进来"效果更加显现。但是，用发达国家和先进地区的标准来衡量，与国内沿海发达地区相比较，湖南国际交流与合作事业则任重而道远。当前湖南经济社会发展所面临的国内外竞争态势是千帆竞发，不进则退，缓进亦退。湖南没有临海临边的区位优势，具有不东不西的特点，没有国际交流与合作的特殊优惠政策，只有找准比较优势，发挥后发优势，扬长避短，主动置身于全面开放的大环境中，进一步扩大国际交流与合作，才能更好地推动经济社会高质量发展。

第一节　顺应经济全球化和区域经济一体化的迫切需要

随着经济全球化的进一步发展，同时也带动了区域经济和地区快速发展，逐渐使得一体化、共同化的生产经营活动融入经济发展的各个角落，区域经济作为经济全球化的组成部分对于经济全球化的发展有着重要作用，并且经济全球化也是带动区域经济发展一体化的重要环节与前提。进入21世纪以来，经济全球化的发展战略已然成为世界各国及地区发展经济的重要部分，通过经济交流、贸易流通、市场组合的经济全球化内容覆盖了经济内容的方方面面，并逐渐形成了贸易全球化、生产全球化与金融全球化三大发展阶段，但是一些区域经济的发展想要搭乘经济全球化的发展快车，还是需要进一步的改进，区域经济内容由于具有空间、文化、人文的约束在发展全球化时有一定的体现，因此对于区域经济与全球化经济的发展需要进行一体化的融合，即各个区域内的经济内容都参与到国际经济的大循环过程中。

一、经济全球化和区域经济一体化的产生与发展

（一）生产力的发展会进一步促进经济增长

生产力是国家工商业活动发展与人们生活提升的最核心内容，生产力的

快速发展与扩充才能使得人们有很多的资源财产，并且在经济发展过程中有很多的话语权。马克思曾经说过，生产力是社会存在和发展的最一般的条件，是一些革命、经济、社会生存发展的最活跃因素。在改革开放的几十年之中，我国一直以经济建设为中心发展社会生产力，并取得了非常好的效果。社会生产力的发展创造出了不计其数的商品，已经逐渐满足了人们的生活需求，提供了更多的经济发展机遇。但是，单一经济体在融入经济全球化流程时还是存在一定的壁垒，而区域经济一体化的发展方式为生产力进步提供了更加全面、开阔的平台。所以，区域经济一体化的发展应该成为经济全球化发展的有效促进。

（二）有利于维护地区经济利益与公平发展

经济全球化的发展战略对于国家与地区的经济壮大是一个机遇，但对于经济内容不足的经济体也是一种挑战。对于经济全球化的发展每个成员都应该将自身的经济力量汇聚到一起，从国家与民族的层面实现国际经济合作。很多情况下，经济全球化的发展对于每个经济体来说都具有重要的促进作用，但也会出现国家之间、区域之间的经济压制情况，无形之中影响到每个人的工作生活环境。面对这种情况，区域经济一体化的发展就使得国家经济主权变得更加坚固，同一地区内的经济体为了共同的长治久安、稳定快速发展建立起经济、市场、贸易协议，从而有效保证经济全球化环境下自身的经济利益。以区域经济一体化作为经济全球化发展的阵地，形成世界经济区域化的新现象，并且在区域内的经济全球化在贸易区、关税同盟、共同市场、经济联盟等内容体现得更加稳定高效。

二、经济全球化是世界经济发展的必然趋势

经济全球化的发展首先在经过第三次工业革命后，人们的生产要素得到了全面满足，更多的经济内容开始从外部寻求发展，因此产生出了经济全球化的发展动力，其目的是使个体商品可以在全球范围内得到共享使用，并产生巨大的经济效益。21世纪信息技术革命使得以网络信息为平台的经济全球

化方式得到全面发展，人与人之间、国家间、地区间的经济交流更加全面、准确、快捷。经济全球化创造了国际间经济交流、贸易互通、经济发展的新形式，形成了区域经济一体化的新型发展形式。在经济全球化的大环境下，为了追求经济交流得更快、更稳定所产生的区域经济一体化也是国际经济发展的新趋势。

虽然各个国家都有更加开阔的经济发展视野，但不同地区之间的经济制约、干扰问题自然存在。国家之间的竞争不再是军备竞赛，而是经济效益和经济发展速度。经济全球化的发展是各个国家经济提升的共同需求，也是未来经济发展的最终目标。所以，经济全球化环境下的每个经济体不再是单一存在的，而且相比以前全流程覆盖的生产模式更加强调对生产活动的拆分，使之不同部分的经济活动更加专一又不会占有过多的资源。基于此，我们应从全球经济化的角度进行自身经济发展的提升。

三、区域经济一体化是确保每个成员贸易公平的重要选择

从国际经济环境来看，每个经济同盟体、国家经济体由于经济体量的不同，往往是处于不同层次上，对于国际经济话语权也就不是同一等级。这也是国际经济全球化发展影响的一大因素。为了使每个经济体都能够融入经济全球化的大潮中来，需要经济区域内的各个成员国取消国界、文化、经济体上的差异，从而对不同国家经济发展实行统一的经济策略。因此，区域经济一体化发展也使得经济全球化的发展更加公平、稳定、和谐，其发展对于广大发展中国家来说，更为友好最为直接的影响就是解决了经济发展中出现的不公平、不合理行为，国际间的经济格局逐渐由以前的一超多强演变为现在的共同发展的新局面。但是，在区域经济一体化与经济全球化环境下的经济局面还存在一些不稳定因素。区域经济一体化的最终目标就是使每个成员国在稳定的环境中实现高效率的经济增长，只有每个成员国的经济利益得到保障，才能更好地参与到经济全球化的发展环境之中。

第二节 缩小地区之间差距和促进平衡发展的内在要求

中国是一个地大物博、人口众多、地域差异明显的国家，经济发展的不平衡、不协调问题很大程度上体现在区域之间。经过多年努力，中国形成了以东部、中部、西部和东北"四大区域板块"为基础，多个"重点区域"为支撑的区域发展战略体系。近年来，围绕京津冀协同发展、长江经济带发展、粤港澳大湾区建设、海南全面深化改革开放、长江三角洲区域一体化发展、黄河流域生态保护和高质量发展、成渝地区双城经济圈等，相关区域规划不断走细、走实，促进区域协调发展的政策机制也进一步清晰。但我们也要清醒地看到，部分地区之间的发展差距还有进一步拉大的趋势，高质量发展的区域经济布局和国土空间支撑体系还有待完善提升。这些差距既是中国经济社会发展的重要特征，也是中国经济社会发展面临的重大挑战。因此，缩小区域发展差距，挖掘区域发展潜力，推动区域平衡发展，提升区域发展质量，关系国家长治久安、民族复兴大业、人民幸福安康。

一、缩小地区之间差距的需要

国际交流与合作，是改变地区落后面貌的重要因素。利用外资和国外先进技术发展本国或本地区经济已成为大国崛起及地区发展的一个重要特征。对于资金短缺、技术落后的发展中国家和落后地区来说，合理引进外资能够摆脱封闭半封闭状态，能够使本地经济融入到国际经济的大循环当中。世界各国各地区的历史经验表明，经济、社会、文化的先进程度与国际交流合作的力度和广度紧密相关，发达国家和发达地区的发展从来都是在广泛的国际交流合作的前提下进行的。在闭关锁国的条件下，世界历史上基本找不到一个国家或地区能够建立起现代化的经济、社会与文化体系。

相对于东部沿海地区，湖南在经济结构、经济发展质量、产业发展层次等方面还有一定差距。在我国中部地区中，湖南的资源、科技、交通和市场等领域没有一项处于第一位的绝对优势，仅仅在综合实力上处于中上水平。要实现对发达地区的经济赶超，在中部地区的竞争中独占鳌头，对于湖南来说除了要一如既往地加入到区域经济一体化和经济全球化大潮中，加强与区域外国家和地区的经济交流合作，没有别的选择。在当前的竞争格局中，不进则退，缓进亦退。只有瞄准国内外先进地区，实行跨越发展，才有可能在中部地区的竞争中脱颖而出。

后疫情时代，国际交流与合作的有利因素与不利因素都在增加，由于世界经济总体增长趋缓，通胀压力巨大，但是落后国家和地区之间的竞争也变得更加激烈。湖南只有在加大国际交流与合作的同时，扬长避短，找到自身的闪光点和独特优势，主动开放，全面合作，积极营造良好的合作框架，整合优势资源，化不利因素为有利因素，才能在新一轮国际交流与合作潮流中由弱转强，从而实现高质量发展。

二、实现均衡发展的需要

我国社会主要矛盾的变化是关系全局的历史性变化，对党和国家工作提出了许多新要求。从社会生产看，经过不断发展，我国长期所处的短缺经济和供给不足的状况已经发生根本性转变，人民对美好生活的向往总体上已经从"有没有"转向"好不好"。从社会需求看，人民群众的需求在领域和重心上已经超出物质文化的范畴和层次，呈现多样化、多层次的特点。在社会主要矛盾转变的宏观背景下，均衡发展原则在社会治理与经济发展中的作用不可或缺，已经成为新时代中国经济社会建设的主题。从解决社会主要矛盾的方式看，量的增强固然是解决问题的重要手段，但质的提升是更重要的途径和方向。这就需要把人民共享发展成果作为根本价值追求，以推进社会公平正义为前提，以完善制度为基础，筑牢社会保障安全网的底线，增加义务教育、就业、社会保障、基本医疗、公共卫生、公共文化、环境保护等基本公共服务的总供给。

三、推动经济与社会高质量发展的需要

经济发展诸要素不可能在有限的经济主体中先天处于平衡配置状态，封闭经济主体中的经济发展必然存在着各种不平衡。落后国家和地区在经济发展中由于各经济要素间的相互依赖性和互补性，一味地侧重某一部门和某一地区的投资，集中于相关部门和相关地区的发展。但是由于落后部门与地区的阻碍和拉后腿，最终事倍功半，形成"木桶效应"，导致一些部门和地区难以得到充分发展。为了达到各个经济部门和地区齐头并进、和谐发展、高速高质的最佳效果，只有把这一经济主体置身于开放型的国际交流合作框架中，通过借力借势，弥补短处，进行合理的资源配置，才能促使经济平衡与快速发展。第二次世界大战以后，战败国日本遭到沉重打击，经济一度濒于崩溃。但战后短短数十年的时间，日本经历了一个高速增长的时代，并崛起为世界经济强国。这个过程一度被世人称为"奇迹"。同时整个东亚在战后也成为了世界经济增长最迅猛的地区，包括韩国、新加坡、中国香港、中国台湾，"四小虎"（东南亚的印度尼西亚、泰国、马来西亚、菲律宾）和中国在内的一系列国家和地区的经济发展也被人称为"东亚奇迹"。东亚各国和地区经济崛起的一个共同原因就是积极发展外向型经济，积极参与国际交流合作，利用自身的人口、资源和技术优势大力发展对外贸易，以实现本区域经济的快速腾飞和社会进步。

党的十七届三中全会以来，党的中央领导集体带领全国人民不断探索和实践，坚定不移地实行对外开放，取得了令人鼓舞的巨大成就。尤其是在加入世界贸易组织之后，中国与美国、欧盟、日本等主要贸易伙伴的贸易额快速增长，与东盟国家和地区贸易额加速增长，出口产品技术含量不断增加，贸易结构不断优化，高污染、高能耗、资源型产品出口增速明显回落，对外贸易的国际竞争力持续提升。在加快开放型经济发展的同时，我国文化、体育、卫生、环保等各领域的国际交流合作呈现出蓬勃发展的良好势头，这也

进一步提升了我国的综合国力和国际影响力。在这一伟大的历史进程中，沿海地区由于先天优势和政策优惠，通过广泛的国际交流合作，经济与社会建设已经远远走在了湖南前面。湖南目前需要的是以沿海先进地区为榜样，放眼全球，坚定不移地通过扩大国际交流与合作，实现经济与社会高质量发展。

第三节　发挥湖南自身优势和促进中部崛起的重要因素

封闭保守没有出路，湖南的经济、社会与文化的大发展必须在对外开放与国际交流合作中寻找突破口和切入点。湖南对外开放水平的不断提高，不可能在封闭保守的条件下完成，必须在适应高水平全面开放的地区合作、区域合作与国际合作中找出路。

一、加快湖南在中部地区的开放崛起

以大开放促进大创新，以大改革促进大发展。在开放条件下，加快地区发展必须走国际交流与合作之路。做到开放崛起，必须跳出中部地区和本省，放眼世界，看清楚自身落后在何处，落后的原因是什么；自身的优势在何处，如何发挥自身的优势；定位在何方，目标在何处。在国际上找到可以学习借鉴的对象，在国际上找到合作的朋友和必须面对的竞争对手，抓住国际交流与合作的机会，才能够做到借力借势，顺风顺水，知己知彼，百战不殆。

当今，我国的经济、社会与文化发展存在着巨大的地区不平衡。东部地区作为改革开放与国际交流合作的先行者已经在各方面占尽了先发优势，获得了巨大的进步和发展。西部地区则谋求后来居上，以各种各样的优惠政策加大了国际交流与合作力度，广泛吸取发达国家或地区的成功经验。从湖南国际交流与合作的总体格局来看，并不占明显优势，而国内先进地区对后进地区的辐射能力和意愿都是有限的，因此湖南必须借助国际力量来加快自身发展。同时，中部地区则处于同质竞争加剧的境地，中部地区各省以建设开

放型经济体为发展导向，同利相争，同路相斥。由于国际合作与交流的渠道、容量和目标实际存在着有总量限制，有先后顺序以及利益递减的客观机制，因此在国内激烈的地区竞争中，湖南如果不加快与东盟国家交流合作的步伐，不抢占先机，将会步步落后于人，甚至处处受制于人。

二、发挥湖南在中部地区的后发优势

后发优势也称为后动优势或次动优势，是在经济发展或行业中，后进入者相对于先进入者所具有的竞争优势，是落后地区特有的一种发展要素，并且在发展的每一个阶段上都发挥着重要的作用。发挥后发优势的关键在于学习、引进、消化、吸收别人成功的经验，通过更多外部要素的"溢入"，更快地增加知识与技术要素，更快地提升要素结构本身。经济落后国家和地区的后发优势是相对于领先国家和地区而言的，经济落后国家和地区在推动工业化方面的特殊有利条件，是与其经济的相对落后性共生的，是来自落后本身的优势。这些有利条件包括：先进技术作为公共物品的扩散使得经济落后国家和地区不必再进行技术研发投入；由于经济落后国家和地区人力及要素价格较为低廉，有利于资本的趋利性自由流动；信息技术日益发达造成的资讯自由化能使经济落后国家和地区相对收益更大；等等。这些有利条件的充分发挥，只有在全球化即开放的条件下才能够实现。通过国际交流与合作，原来封闭条件下不能流动的商品和资本、技术、信息、劳动力等要素可以在全球范围内自由流动，要素的自由流动从更多方面、更深层次推动着经济的"趋同"。归根结底，经济相对落后的湖南要发挥后发优势，就必须在全球化和开放型的框架下，与东盟国家进行广泛的交流合作。

后发优势在于利用国际资本流动和吸纳国际技术扩散的成本更低、时效更快。在经济全球化和信息化的条件下，后发优势主要表现为：一是资本流动加快。由于资本追求更大报酬率的本性，只要国家之间资本流动性的障碍不存在或者很小，资本就会从富裕国家流向资本相对短缺的国家。资本流动可以缩小资本—劳动比率的差异，提高资本短缺国即后进国家的人均产出水平，从而加快经济追赶的步伐。二是技术扩散加速。科技在全球的加速传递和扩散，国际贸易、国际技术交流的加强，使先进技术日益具有"公共物品"的性质，发展中国家对发达国家先进技术的模仿创新或发达国家的技术溢出效应日益突出，这为发展中国家利用"后发优势"提供了新的更多的机会。三是信息技术发达。从某种意义上说，现代社会中的信息是一种重要的生产要素，信息技术革命使得信息流动更加迅速、更加便宜，使得科技的迅速扩散成为可能，使得生产要素的跨地区流动更加活跃，也使得发展中国家对发达国家经验和教训的借鉴吸收全面化、即时化，从而大大降低了生产活动的交易成本。

后发优势在于利用发达地区的成功经验。相对于上海、浙江、广东、江苏等发达地区而言，湖南的社会发展水平存在差距，这一差距导致湖南的后发优势相对明显。首先，湖南可以借鉴国际上的成功做法，吸取其经验教训，少走弯路，多走捷径，实现立体式、全方位的跨越式发展。如工业建设项目可避免部分国家和地区曾走过的"先污染，后治理"的老路，按绿色经济要求来规划实施；其次，可以借鉴东盟国家的先进管理制度，节省摸索的时间和资源，创新低成本实施制度；再次，可方便地引进东盟国家先进的技术知识和产品，及时捕捉瞬息万变的市场信息，促使产业结构升级换代。

第四节　扩大湖南国际影响和实现富民强省的必然选择

一个开放型的发达经济体，首先就是一个信息流、人流、物资流、资金流和技术流尽可能自由流动，有着巨大输出输入与共振放大效应的集散地。当今世界正处于信息化发展阶段，通过数字化技术形成的信息流以及便捷的交通工具形成的人流和物资流，使得世界各国处在一个越来越小的"地球村"。信息流、人流和物资流越来越集中，其话语权和引导方向越来越掌握在发达经济体的手中。而信息流、人流和物资流会对资金流和技术流能产生巨大的引导作用。湖南要在国际信息流、人流、物资流、资金流和技术流的竞争中领先竞争对手，建设一个现代化的发达经济体，造就一个开放与富裕的现代社会，就必须在国际领域和全球范围，通过扩大国际交流与合作，广交朋友，广结善缘，积极宣传湖南的方方面面，塑造湖南的国际形象，扩大湖南的国际影响力。最终通过与世界各国间的人才、资金、技术与物资的双向流动，增强经济实力，最终实现富民强省的目标。

一、增强湖南国际影响力的需要

加强对外交流合作，是提高国际影响力的重要途径。改革开放以来，湖南国际交流工作坚持内外统筹、提质增效、主动引领、有序开放，推动高质量"引进来"、高水平"走出去"和高层次"携起手"，积极开展多层次、宽领域的国际交流合作，围绕加强国际传播能力建设和服务经济社会发展，不断创新合作形式，扩大交流范围，全面提升湖南国际声誉和全球影响力，为构建人类命运共同体贡献中国力量。

湖南作为面向东盟的邻近的省区之一，是中国—东盟开放合作的窗口，在深化中国与东盟国家交流合作方面具有不可替代的地位和作用。充分发挥区位优势，提升湖南在东盟国家的影响力，对于推动湖南更好走进东盟具有重要意义。我们必须充分发挥自身优势，抓住国家不断推动改革开放的大势，认真厘清湖南与东盟合作交流的关系及发展脉络，强优势、补短板，在不断促进交流的实践中探究适合双方发展的理想路径。

加强湖南与东盟各领域的国际交流合作，是展现湖南魅力、传播湖南声音的重要选择。只有适时举办高规格的对话，围绕政治、文化、经济、生态等话题，才能扩大湖南作为面向东盟国家开放开发的国际影响力；只有鼓励政府相关部门、企业、高等院校、科研院所走出国门、走进东盟，广泛深入开展国际交流与合作，深入剖析湖南在国家对外开放大格局中的特殊地位、特殊作用，才能把湖南建设成为面向东盟的国际交流与合作高地、区域国际合作中心等，从而开辟新时代湖南实现高水平对外开放的新路径。

二、促进开放型经济发展的需要

开放型经济是与封闭型经济相对立的概念，是一种在本国和外国之间开展经济活动的经济类型。一般而言，一国经济发展水平越高，市场化程度越高，国际贸易依存度越高，就越接近于开放型经济。在开放型经济中，要素、商品与服务可以自由地跨国界流动，从而实现最优资源配置和最高经济效率。开放型经济是以降低关税和提高资本自由流动为主，关键在于发挥自身的比较优势。对资本流动限制较少，既吸引外资，也对外投资；既提倡引进来，更提倡走出去。

开放型经济是立足于经济、社会与文化各子系统的全面开放。对外开放与国际合作不仅仅是指经济领域，在社会和文化领域的对外开放与国际合作同样重要。而且社会与文化领域的对外开放和国际合作成果可以有效地促进经济领域的对外开放及国际合作进程。当前湖南的综合对外开放与国际合作还不够匹配，湖南应通过扩大对外开放，提高国际合作水平，进一步塑造自身的国际形象，并以此促进经济领域的对外开放与国际合作。其最终目的，就是要使经济领域的对外开放与社会领域的对外开放互相促进，相得益彰。

提高开放型经济水平，离不开国际交流与合作这条路。要拓展对外开放广度和深度，提高开放型经济水平，必须完善内外联动、互利共赢、安全高效的开放型经济体系，形成经济全球化条件下参与国际经济合作和竞争的新优势。这对我们统筹国内国际两个大局，抓好对外开放，提高湖南综合实力和竞争力具有十分重要的指导意义。近年来，随着经济全球化深入发展和世界经济结构的深刻调整，国外优势企业和资本纷纷在寻找投资机会，在国内，沿海地区日益受到发展空间、土地供给、要素成本等因素的影响，产业内移有加快之势。面对接踵而至的国际国内机遇，湖南应用好这些机遇，扩大开放，有力地促进开放型经济发展。实践证明，开放型经济就是要打破封闭，敢于"走出去"，走出本地、走出国门，吸收外面新知识、新技术，取长补短，借助国际资源和国际市场为我所用，借助外力腾飞。在大开放的格局中，通过加大国际合作与交流的外驱力，激活湖南整体发展的内动力，克服外向度不高的短板，促进湖南在整体上走向世界，分享世界经济发展和科技创新的成果，以大开放促进大赶超，实现大跨越，最终实现富民强省的宏伟目标。

三、打造国际知名企业和品牌的需要

国际知名企业和品牌的经济活动的外向度较高，产品在国际市场上占有较大份额，品牌有一定国际影响力。国内企业只有走向国际合作，才能打造国际品牌。目前，湖南的国际知名企业及其品牌如三一重工、中联重科、隆平高科等名优企业无一不是通过立足湖南，扩大国际交流与合作而形成的。可以说，没有国际市场就没有对外开放，没有国际交流合作就没有国际知名企业与品牌。要打造国际品牌，就必须加强国际交流与合作，走向国际市场。

知名企业的品牌只有通过扩大国际交流与合作，才能更有知名度和美誉度。发达国家的许多跨国企业和知名品牌都是通过国际合作交流来扩大知名度与增强盈利能力。国际知名企业和品牌已经成为一个国家、地区及行业企业的重要战略资源。打造国际知名企业，实施国际知名品牌战略，是增强综合实力、培育核心竞争力的重要手段，是对外贸易实现由大向强历史性跨越的必由之路。近年来，湖南省大力推进商标战略实施，品牌产品对经济增长贡献率逐年上升。与此同时，湖南出口品牌工作取得显著成绩，不仅建立了比较完善的出口品牌培育体系，形成了培育出口品牌的合力，增强了出口企业的品牌意识，培育出了一大批国际知名品牌。

我们应该看到，湖南的国际知名企业和品牌及国际性的知名企业与品牌相比，还处于实力弱小，影响有限尤其是盈利能力有限。为进一步提升湖南经济的国际竞争水平，对湖南的国际知名大企业及国际品牌的扶植和塑造力度还必须进一步加大。湖南的大企业应该向发达国家和地区学习，学会在产业分工和产业合作的基础上抱团取暖，形成合力。同时，湖南的国际知名企业和国际品牌也要通过国际交流与合作加强国际营运领域的合作，通过与外资企业和外资品牌的战略联盟，借船出海，借鸡生蛋，不断提升自身的国际

影响力和赢利能力。

四、增强自主创新能力的需要

创新是一个民族进步的灵魂，是一个国家兴旺发达的不竭动力。它是引领发展的第一动力，是通过拥有自主知识产权的独特的核心技术以及在此基础上实现新产品价值的过程。自主创新包括原始创新、集成创新和引进消化吸收再创新。自主创新的成果，一般体现为新的科学发现以及拥有自主知识产权的技术、产品、品牌等。自主创新能力就是根据社会经济发展的客观要求，有意识地促进科学技术知识的生产、流动和应用并在此过程中创造财富，从而实现价值增值的能力。对于科技水平较低的国家和地区，通过扩大国际交流与合作来进行集成创新和引进消化吸收再创新，是赶超式发展的科学路径。

据有关资料统计，截至 2023 年 11 月，湖南省人才总量超过 780 万人，拥有在湘两院院士 125 人，其中工程院 65 人，科学院 56 人，两院外籍院士 4 人；入选国家和省级重大人才计划专家分别逾 3000 人和 4000 人，均居中部地区前列，全省高新技术产业增加值总量突破万亿元，科技进步贡献率超过 60%。[①] 某些专业如机械制造、电机、有色金属冶炼和杂交水稻等在全国甚至全世界处于领先地位。[②] 湖南要保持和加强自身的自主创新能力，就必须加强产学研一体化以及国际交流与合作来保持对最新技术的跟踪、引进和消化能力。湖南企业的技术进步与行业的产业升级，要根据国家安全与战略重点的需要，分清轻重缓急，不能引进的先进技术需要通过自主创新来弥补，可以引进的先进技术需要坚持引进以形成现实生产力。相对而言，由于基础科研的实力不够雄厚，湖南的原始创新能力还相对较弱，必须另辟蹊径，通过扩大国际交流与合作来引进消化吸收进行再创新。

---

① 湖南着力打造国家重要人才中心和创新高地［EB/OL］.红网，https://baijiahao.baidu.com/s?id=1745359293984625417&wfr=spider&for=pc.2022-09-30

② 湖南着力打造国家重要人才中心和创新高地［N］.湖南日报，2022-10-18.

　　归根结底，自主创新必须在开放性的国际信息交流环境中进行，必须适时掌握相关技术的国际进展状况，必须学习和借鉴国际先进经验，并且具有广阔的国际视野和灵敏的国际头脑。自主创新与引进技术是并行不悖，互相促进的。技术落后的国家和地区不能闭门造车、重复发明；也不能故步自封，不思进取。需要通过一手抓自主创新，一手抓技术引进和消化，两手都要硬，才能够事半功倍，如愿以偿。湖南在与东盟国家交流合作中，积极引进科技、文化等各方面的高端国际人才，集中全球智慧，集中国际创意，努力为湖南实现富民强省目标而不懈奋斗。

第三章

湖南与东盟国家交流合作的现状

中国与东盟国家山水相连，文化习俗相近，有着千丝万缕的联系和悠久的传统友谊，资源禀赋各具优势，产业结构各具特点，互补性强，合作潜力大，中国—东盟自贸区建设10多年来，中国与东盟经贸、投资和旅游等多方面合作快速发展。

湖南作为中国中部重要省份，地处东部沿海地区和中西部地区过渡带、长江开放经济带和沿海开放经济带接合部，与东盟国家交流合作日趋广泛，既涉及人员的对外友好交往，也涉及经贸的往来合作，还涉及社会事业等各个领域的对外交流。改革开放40多年来，湖南与东盟国家交流合作不断深化，经济、社会、文化、科技等领域的相互交流与合作日益旺盛，对外开放的步伐越来越大，交流合作的领域越来越宽，影响力也越来越大。

第一节　友好交往日趋活跃

人员的对外友好交往是湖南与东盟国家交流合作的基础。唯有大交往，才有大开放；唯有大开放，才有大发展。改革开放以来，湖南与东盟国家的交往层次不断提升，涉及的领域逐步扩大，内容更加丰富，在交流合作中发挥了以交往促友好，以友好促合作，以合作促发展的积极效用，直接有效地推动了湖南对外开放。

一、高层互访增多，磋商日益密切

高层互访具有信誉强、稳定性强、带动力强等诸多优势，是推动湖南与东盟国家交流合作，特别是推动开放型经济发展的有效途径和重要力量。近年来，湖南经济社会的快速发展吸引了东盟国家的目光，东盟各国政府副部长级以上代表团、知名人士、知名企业高层来湘访问络绎不绝，湖南省级领导率团赴东盟国家访问主题更加突出，实效更为明显。

重宾来访日趋频繁。近年来，湖南省委、省政府主要领导会见东盟国家的重要外宾每年均达到 50 批次以上。2014 年至疫情前，东帝汶总理夏纳纳·古斯芒、前总理夫人伊莎贝尔、前内政部副部长卡埃塔诺、东帝汶农业部部长访湘代表团分别到访湖南，与我省领导会谈。2016 年 11 月，时任老挝总理、现任老挝人革党中央总书记通伦·西苏里率团访湘，时任省委书记、省人大常委会主任杜家毫会见了代表团一行。自 2017 年老挝驻长沙总领事馆开馆至 2019 年新冠疫情发生前，老挝代表团 17 批次共 244 人访湘，其中副国级以上 5 人，副部以上 28 人。2020 年至今，共有老挝代表团 4 批次共 53 人访湘，其中副部级以上 27 人。2018 年 10 月 19 日，时任省委书记杜家毫在长沙会见了新加坡丰益国际集团董事局主席、益海嘉里集团董事长郭孔丰一行。2019 年 4 月，时任老挝人革党中央政治局委员、万象市委书记兼市长辛拉冯·库派吞来湘访问。时任省委书记、省人大常委会主任杜家毫，时任省长许达哲在长沙会见了代表团一行。2019 年 12 月，老挝党中央顾问、原副总理宋沙瓦·凌沙瓦来湘参加 2019 湖南"一带一路"绿色博览会暨绿色产业发展论坛。2021 年 3 月，省长毛伟明会见以东帝汶驻华大使阿布罗奥·桑托斯为团长的六个葡语系国家驻华使节代表团。2022 年 1 月，时任老挝驻华大使坎葆·恩塔万来湘出席中老铁路"怀化—万象"国际货运列车首发仪式。2022 年 9 月 4 日，时任省委书记张庆伟在长沙会见了新加坡丰益国际集团董事长、益海嘉里金龙鱼粮油食品股份有限公司董事长郭孔丰一行。2022 年 9 月 21 日，时任省委书记、省人大常委会主任张庆伟，省委副书记、省长毛伟明在长沙会见了来湘访问的柬埔寨国王西哈莫尼一行。2023 年 7 月 10 日，省委副书记、省长毛伟明在长沙会见了以老挝沙拉湾省委副书记、省人民议会主席西恒·洪宋巴为团长的老挝人民革命党高级干部考察团一行。2023 年 12 月 24 日，省委书记沈晓明在长沙宴请了新加坡丰益国际集团董事长、益海嘉里金龙鱼粮油食品股份有限公司董事长郭孔丰先生一行。2024 年 1 月，省委书记沈晓明在长沙会见了新加坡外交部兼国家发展部高级政务部长沈颖。2024 年 2 月 23 日，省委书记沈晓明在长沙会见了来湘访问的泰国副总理兼商业部长普坦·卫查亚猜一行。可以看出，重宾团组来访日益增多，利用地方资源服务国家总体外交，推动了我省杂交水稻、机械装备、轨道交通、湖湘文化等优势产业和品牌走进东盟国家。

二、友城发展迅速，合作渠道拓宽

在湖南与东盟合作的大格局当中，友好城市逐渐成为对外交往的重要渠道，成为服务国家整体外交，服务长株潭城市群"两型社会"建设的重要支点之一。

（一）全方位结好格局逐渐形成

按照"规模合理、目标明确、重在实效"的基本要求，湖南的国际友城工作稳步推进。其中，省级友好城市注重开展全方位、多形式、宽领域的国际合作与交流。与东盟国家交流合作已深入到经贸、教育、文化、科技、体育、卫生、旅游、环保等各个领域，高层互访频繁。

（二）友城布局日趋优化

从地域分布来看，湖南友城分布与湖南对外经贸合作和实施"走出去"战略的国家地理分布基本吻合，主要分布在越南、泰国、老挝、新加坡等东盟国家，数量逐步增多。其中，2001 年 11 月 28 日湖南与越南的义安省结为友好城市，2018 年 11 月 26 日湖南与老挝的万象市结为友好城市。另外，湖南省与泰国春武里府、张家界市与泰国芭提雅市、邵阳市与泰国清迈府缔结了国际友好城市意向协议，等等。

（三）实质交往明显增多

实质性交往是友好城市工作的生命线，从湖南友好城市整体对外交往情况来看，40多年的探索和实践，逐步形成了一批友好城市交往标志性品牌，涉及经贸、教育、文化等多个领域。

三、侨务联络积极，引资引智顺利

侨务工作是党和国家一项长期的战略性任务。40多年来，湖南省委、省政府始终从推进改革开放伟大事业的战略高度重视侨务工作，把发挥海外侨胞、留学生和归侨侨眷的作用作为湖南发展的大机遇，在更广范围、更深层次上巩固和拓展与海外华侨华人及其社团的联络联谊，汇聚侨力推动湖南经济社会高质量发展。

（一）拓展海外联谊

侨务资源是侨务工作的基础，侨务联络渠道既是对外开放的重要桥梁，又是实施"走出去"战略的重要资源，涵养侨务资源是侨务部门的一项长期工作任务。近年来，湖南省大力拓展海外联谊和新侨工作，加大与东盟国家重点华侨华人以及侨社侨团的交流，结识新朋友，巩固老朋友。通过领导出访时主动拜会侨务侨社、开展专题性侨务调研和考察等方式，与东盟国家的侨社侨团进行了联谊交流，巩固了相互之间的感情，并建立了比较稳定的工作联系。

（二）温暖凝聚侨心

全省侨务部门坚持以侨为桥、以心聚侨、以情连侨、以行暖侨，增强侨务工作对象的归属感和认同感，扩大湖南侨务工作的影响力和凝聚力。多年来，湖南侨务部门认真贯彻落实《中华人民共和国归侨侨眷权益保护法》及"实施办法"，加大侨法宣传力度和执法检查力度，充分利用侨的政策，认真处理归侨侨眷关于侨房拆迁、生活保障和社会求助、子女升学就业、侨企权益等方面的信访案件。这些举措，温暖了侨心，为凝聚华侨华人力量参与湖南经济社会发展奠定了良好基础。

（三）发挥侨力侨智

充分利用侨务部门的资源优势，加强联谊和服务及引导，为湖南引资、引智牵线搭桥。改革开放以来，湖南引进的外资企业中，侨资企业占 60% 以上，华侨华人资金占引进外资的 70% 以上。在引进资金、技术和先进管理经验的同时，湖南以高等院校、科研院所为载体，吸引各类专业技术人才来湘创业或就业，特别是抓住海外留学人员回流的机遇，通过多种渠道和形式引进一批具有国际眼光和战略思维的外向型人才，加快形成湖南开放型人才群体，不断扩大引智工作成效和影响。

四、民间交往活跃，心灵距离拉近

随着经济的发展和社会的进步，民间交往作为官方交往的有益补充，以其灵活多样的方式和独特的风格，为湖南与东盟各国开展多方面的交流和合作，开创了一片全新的领域。特别是改革开放以来，湖南省人民对外友好协会（以下简称"省友协"）积极把握机遇，充分发挥民间外交的优势，积极开展对外交流，为东盟了解湖南、湖南走向东盟作出了积极贡献。

（一）交友工作取得新进展

自湖南省人民对外友好协会成立以来，其作为湖南民间对外交流窗口，积极扩大对外交往，在交往中增进理解，加深友谊，在服务国家总体外交的同时，架起了连接湖南人民与东盟各国人民的桥梁。特别是通过省级领导出访，既打开了双方友好交往的局面，让东盟各国加深了对湖南的认识和了解，增进了东盟各国对湖南的友好感情，又站在总体外交的高度，推动了双边外交，在我对外交往的特殊时期发挥了重要作用。

（二）民间对外交流取得新突破

省友协立足湖南对外开放的阶段性特征，紧紧围绕全省发展主题，不断创新对外交流方式，丰富对外交流内容，积极开展丰富多彩的民间对外交流活动。根据全省对外开放布局，有针对性地开展了一系列活动，为湖南对外开放和企业"走出去"铺路搭桥。同时，体育、科技、卫生等其他社会事业领域的民间对外交流也取得了明显成效。

（三）服务湖南开放取得新成效

一方面，有力推动了湖南与东盟各国的经贸往来与产业合作，加大了与东盟国家的交往力度；另一方面，努力为"走出去"企业在投资东盟所在国创造良好环境：如利用湖南与柬埔寨马德旺省的友好省际关系，帮助长沙瑞尔投资发展有限公司在柬埔寨马德旺建立了农产品加工合资公司，项目总投资8000万美元，是柬王国国会主席拉那烈和首相洪森联批的9个项目中唯一的免税项目。

第二节 经贸合作扎实推进

加强对外经贸合作，推动开放型经济发展，是湖南与东盟国家交流合作的重要内容。改革开放以来，湖南充分利用国际国内两个市场、两种资源，统筹国内发展和对外开放，不断提高经贸合作的质量和水平，促进了湖南开放型经济的持续健康快速发展。

一、对东盟贸易实现新突破

进入新时代以来，湖南对东盟贸易加速发力，与湖南有贸易往来的东盟国家和地区已经上升到湖南主要贸易伙伴行列。

（一）对外贸易快速增长

自中国—东盟《货物贸易协议》实施以来，湖南与东盟的贸易规模持续快速扩大。2023年湖南对东盟的进出口贸易1218.76亿元，其中湖南对东盟的一般贸易949.26亿元、加工贸易78.9亿元、来料加工贸易30.71亿元、进料加工贸易 48.19 亿元。从湖南的进出口贸易来看，2023 年前 5 个月，湖南对东盟进出口贸易 633.3 亿元，同比增长 35.3%。2023 年前 3 个季度，湖南对东盟进出口贸易 917.9 亿美元。^① 在总量保持快速增长的同时，结构不断优化，高新技术产品出口增长迅速。

（二）外贸经营主体进一步壮大

自 1992 年湖南开始进行外贸体制改革，许多生产企业获得自主外贸进出口权，企业生产能力全面提高。特别是"十一五"时期，湖南涌现了三一重工、山河智能、远大空调等一批大型外贸企业。这些企业的高成长性和带动能力，极大地促进了湖南外贸快速发展。"十四五"时期，湖南持续实施外贸主体"破零倍增"行动，着眼于壮大外贸经营主体，激发外贸发展活力，培育外贸新业态新动能，培育了一批具有较强创新能力和国际竞争力的外贸龙头企业，推动了轨道交通、工程机械等优势外贸产业集群发展。

（三）商品结构明显改善

在扩大对外贸易同时，湖南致力于改善进出口商品结构，提高进口外贸商品的科技含量，增加外贸产品的附加值。近年来，湖南出口东盟的商品结构发生明显变化，高能耗低附加值产品所占比重明显下降，低能耗高附加值产品所占比重明显上升，出口商品结构进一步优化，小到打火机、箱包，大到工程机械、轨道交通，"出海湘品"规模不断扩大、价值不断提升。

二、利用外资水平不断提高

利用外资是加速中国式现代化建设的客观要求，是提升湖南综合竞争力的重要举措。自 1992 年邓小平南方谈话以来，湖南拓宽吸引外资渠道，扩大利用外资规模，改善利用外资环境，努力提高引进外资的规模和质量，特别是注重战略投资者的引进，利用外资取得长足进展，外商直接投资规模占同

---

①　湖南省商务厅 . 2023 年 1—12 月商务和开放型经济运行情况［EB/OL］.http://swt.hunan.gov.cn/hnswt/85753/fdzdgknr/tjxxh/swyxqktbb/202403/t20240321_48993441578381144.html.2024–03–21.

期全国的比重有大幅度的提高，为当地经济社会发展创造了良好条件。

（一）利用外资规模不断扩大

自 1981 年 12 月批准粤湘强丰有限公司开始，湖南利用外商直接投资开始起步。1986 年，国务院颁布关于鼓励外商投资的规定之后，特别是邓小平同志南方谈话后，受思想解放和政策开放的双重推动，湖南掀起了利用外资的高潮。此后，湖南从提高利用外资质量、保障外商投资企业国民待遇、持续加强外商投资保护、提高投资运营便利化水平、加大财税支持力度、完善外商投资促进方式等方面优化营商环境，更大力度吸引利用外资，外商直接投资规模迅速扩大，总量成倍增长。

（二）利用外资结构不断优化

东盟对湖南的进口主要取决于全球对东盟的进口需求。一是项目等级结构合理化。引进项目和企业从以中小项目和企业为主，向重点引进战略投资者转变，以及向引进大项目、大企业为主转变。二是产业结构得以改善。利用外资的重点从房地产业向制造业和现代服务业转变。三是外资来源地趋于多元化。主要涉及印度尼西亚、马来西亚、菲律宾、泰国、新加坡、文莱、柬埔寨、老挝、缅甸、越南等诸多国家。

（三）利用外资效果不断提高

改革开放 40 多年来的实践证明，吸收和利用外资促进了湖南高新技术产业发展，内资企业技术进步及管理水平不断提高，推动了产业结构优化和升级，创造了大量就业机会，增加了财政收入，促进了国民经济高质量发展。这表明，外商直接投资与湖南经济增长之间存在正相关关系，外商直接投资对湖南经济高质量发展作出了较大贡献。

三、"走出去"步伐明显加快

实施"走出去"战略，是湖南省主动顺应经济全球化发展趋势，进一步提高对外开放水平，实现"富民强省"目标的内在要求。进入新时代以来，湖南海外投资、对外工程承包、对外劳务合作明显加快，一些优势企业积极开展国际化经营，取得了积极成效。通过实施"走出去"战略，有效地拓展了湖南的发展空间，促进了经济发展方式的转变，提升了湖南的国际影响力和国际知名度。

（一）"走出去"规模逐步扩大

按照中央部署，湖南以优势企业为骨干，多层次、宽领域地推动各类企业"走出去"。尽管湖南传统对外承包工程和对外劳务合作的效果不明显，但仍保持了较快增长，并且对外承包的工程数量明显增加。同时，加快建立"走出去"战略的促进体系、保障体系、监管体系和服务体系，努力推动"走出去"成为开放型经济发展中与对外贸易、吸收外资并行的三大支柱之一。

（二）"走出去"领域不断拓宽

从铁路、公路等单一设施建设，向物流园区、工业园区等综合开发扩展，以铁路、公路项目带动产业集群和城市开发的"园区 + 城市"综合一体开发模式，成为交通建设领域"走出去"的一种新趋势。尤其是随着湖南外经队伍不断壮大，经营领域已由初期简单从事出口贸易、航运和餐馆等少数领域逐步拓展到建筑、工程设计、水利、电力、交通运输、化工、出口贸易、服装生产、农业研发、资源性项目开发、资本运营等众多领域。例如，2010 年，中联重科越南有限公司成立，总部位于越南河内市，员工约为 200 人。[①] 在岘港和胡志明市设有 2 个分支机构，以及在河内的 1 个综合性服务设备中心。2003 年，三一集团进入越南市场，深耕 20 年，目前设备保有量超 2000 台，其中旋挖钻机、履带起重机、汽车起重机、港机等产品市占率常年保持第一。2023 年 9 月成立三一越南子公司，办公地点在河内市（占地 239 平方米），共 56 人，其中本地员工 25 人。三一越南子公司长期与多家大型企业稳定合作。当前合作代理商 2 家（TCE、FULI）员工共 269 人，代理商综合展览中

---

① "越"上新台阶！中联重科越南南部综合中心开业［EB/OL］.红网，https://baijiahao. baidu.com/s?id=1800555931733564114&wfr=spider&for=pc.2024–05–31.

心仓库共 65000 平，网点分布永福市、胡志明市、河内市。另外，2015 年 10 月，湖南云箭集团首个项目落地越南，在越南成立公司第一个海外办事处，并在越南蓬勃发展，签订的订单金额近 4000 万元的西马盖机电设备总包项目、合同金额逾千万美元的越南宣光省松萝 8A 水电项目等。由此可见，对外经营的市场不断扩大，在巩固传统市场的同时，扩展到了东盟国家所有领域。

（三）"走出去"主体层次提升

近年来，湖南在东盟国家境外投资规模不断扩大，境外投资主体层次不断提升，其中包括少数具有规模优势的大型国有企业，如湖南有色金属控股集团有限公司、株洲中车时代电气股份有限公司、湖南广电传媒股份有限公司等；大型工贸、技贸、农贸、银贸公司或集团等大型国有企业股份公司，如湖南国际合作发展公司、湖南省机械设备进出口公司等；具有国际竞争力的民营企业，如三一重工、山河智能等。

（四）"走出去"大型项目增多

湖南在东盟国家投资的产业主要有工程机械产业、以杂交水稻为代表的农业产业、电子信息产业、文化产业以及资源开采型产业等。这些产业既是湖南的特色产业，也是湖南的优势产业，同时这些产业的龙头企业在东盟市场风生水起，加速了湖南"走进东盟"的步伐。值得一提的是，三一重工则在东盟国家建立起各类工程机械生产基地，并设立研发中心，实现了企业的跨越式发展。在对外承包工程方面，承包方式由过去"借船出海"向"直接投标、中标"转变，向承揽大、中型成套工程项目和大型基础设施项目转变。在建设模式上，除利用"工程承包＋融资""工程承包＋融资＋运营"等传统政府框架项目合作方式以外，不断尝试采用 BOT、PPP、股权收购等商业运作模式。

第三节 社会领域交流合作逐步扩大

一个国家兴旺发达的标志，不仅在于经济的发展，更在于社会事业的进步。在大力推动开放型经济发展的同时，湖南省按照中央提出的加快社会事业发展的要求，积极有效地推动教育、科技、文化、卫生等领域的国际交流与合作。

一、与东盟教育交流合作内容更加丰富

改革开放以来，湖南与东盟国家教育交流合作成效显著，内容丰富。截至目前，湖南的50多所高校与东盟国家建立了校际关系、姊妹学校等多形式的、长期稳定的交流合作关系。

（一）公派出国留学规模扩大

根据教学科研和人才培养的需要，遵照"按需派遣，保证质量，学用一致"的原则，湖南派出各类留学人员到东盟国家和地区留学进修。截至目前，我省已通过国家留学基金资助派出各类留学人员超万人，留学归国率不断提高。

（二）东盟来湘求学人数增加

从1994年正式设立外国留学生招生点，湖南每年申请招收外国留学生的院校逐渐增多，来湘学习的东盟国家留学生也在逐步增加。中南大学、湖南大学、湖南师范大学、湖南农业大学、中南林业科技大学等10多所高校招收的东盟国家留学生超万人。例如，湖南农业大学、湖南工业大学、湖南科技学院等13所高校与菲律宾高校签订了合作协议。

（三）汉语国际推广工作加强

加强汉语国际推广工作是增强我国文化影响力、提高国家软实力的迫切要求。在国家汉办的领导下，湖南的汉语国际推广工作取得了突破性进展。2006年到2008年，湖南共选派了200多名汉语教师志愿者赴泰国、印尼、新加坡等国家从事汉语教学。[1] 同时，在长沙市一中、武陵源一中、同升湖实验学校等建立了汉语国际推广中小学基地。目前，湖南的高等院校在东盟设

---

[1]　湖南省教育厅. 关于选派2008年在职教师赴泰国、菲律宾汉语教师志愿者的通知［EB/OL］. http://jyt.hunan.gov.cn/sjyt/xxgk/tzgg/201701/t20170120_3946184.html.2008-03-06.

立孔子学院，打开了汉语国际推广工作的新局面。

二、与东盟科技交流合作范围更加广泛

改革开放40多年来，随着湖南科技事业的发展，湖南已与东盟主要国家建立了畅通的国际科技合作渠道。目前，湖南国际科技合作已形成以企业为主、政府引导、高校与科研院所共同参与的多元化国际科技合作格局。

（一）科技合作渠道形式多样

一是广泛邀请东盟国家高层官员、我驻外科技外交官和东盟国家专家访湘交流、考察。近些年，邀请了上万名东盟国家高层次专家，组织上百个科技考察团组来湘进行科技考察、合作研究和培训讲学等活动，既活跃了湖南与东盟国家科技交流合作的氛围，又进一步拓展了合作渠道。二是推动国际学术会议在湘举办，提高了湖南科技工作在国际上的知名度，增强了湖南科技、媒体等社会各界对气候变化等相关问题的理解。三是举办国际培训班，推动湖南优势技术、产品"走出去"，为东盟国家培训各类专业人才，不仅增进了湖南与东盟国家的友谊，也向东盟国家推广和展示了湖南成熟适用的技术及产品。

（二）科技合作平台建设取得新突破

一方面，加强工业设计国际合作，提高工业设计水平，基本形成了一个面向全球覆盖东盟的工业设计创新网络。在平台建设取得显著成效的基础上，依托平台现有基础和资源，推动湖南的科技及其产品走进东盟各国。另一方面，加快湖南省与东盟科技合作基地建设步伐，建设"新材料国际研发中心"等国际科技合作基地，基地数量位居全国前列。

（三）科技合作项目实施效果明显

近年来，湖南加强项目顶层设计和管理，推动湖南与东盟国家科技合作项目的顺利实施。一批国际科技合作项目结项成果得到应用，带动了湖南相关领域产业的发展。

三、与东盟文化交流合作空间更加广阔

湖湘文化是中华文化的一个重要组成部分。近年来，湖湘文化在大步走向东盟的同时，也积极吸纳东盟先进文化为我所用，湖南与东盟的文化交流呈现出良好态势。

（一）湖湘文化"走出去"迈开了坚实步伐

电视湘军影响逐渐扩大。湖南电视台在东盟落地，与多家华人运营商开展全面合作，向东盟各国推广。例如，《挑战麦克风》原创节目模式授权泰国正大集团，首创国内原创电视节目模式外销先河；电视剧《还珠格格》风靡东南亚国家和地区；电视栏目《快乐大本营》等以大众参与方式在东盟各国产生了广泛影响。

（二）出版湘军积极拓展东盟市场

湖南出版集团与东盟国家的出版公司建立交流合作关系，并设立了版权贸易窗口，加强了与东盟国家出版集团的战略合作，构成了一个由产品输出、版权交易到国际合作出版、合资经营的多层次、立体化、复合型的"走出去"模式。

（三）演艺湘军建立了稳定的东盟演出市场

全省每年组派出国（境）演出团队，有些团队与东盟国家建立了长期稳定的合作关系，形成了相对固定的观众群体。省歌舞剧院、省杂技团、省木偶皮影剧团、长沙飞燕杂技艺术团、红飘带舞蹈艺术团等均派艺术团赴东盟国家进行演出，逐步打造和形成了一系列品牌。

（四）对外文化展览十分活跃

加大自主策划和对外展览的力度，在东盟各地展示湖南历史文化遗产，让东盟更多人了解湖南。湖南省博物馆（院）积极参加对外展览活动，曾赴东盟国家进行展览，组团赴东盟国家进行考察访问、学术交流和业务培训。

（五）境内外团队双向交流更加活跃

近年来，湖南与东盟国家和地区开展文化交流互访活动，内容涵盖图书

出版、文艺演出、动漫、影视、文物展览、艺术人才培训等，达到了传播中华文化、推介湖湘文化的目的。这不仅丰富了人民群众的文化生活，也促进了湖南与东盟国家文化融合和发展。

（六）对外文化宣传持续推进

利用驻外使领馆、驻外国际机构、"走出去"企业等渠道，发挥海外侨胞在传播文化、增强文化国际影响力中的生力军作用，发挥海外华文教育在推动文化走向东盟国家中的重要通道作用，借助东盟华文媒体在传播文化中的桥梁纽带作用，为湖南出版、电视、动漫、演艺、展览和新闻传媒等"走出去"拓展东盟市场牵桥搭线。对外文化宣传基础工作建设得到加强。精选涉及农业和农业科技、工业和新型工业化、新农村建设、社区、大中小学和华文教育基地、风景名胜、文化产业和文化遗产等点，初步完善了湖南涉外参观点体系，基本满足了来湘访问的东盟各国党政代表团和华侨华人了解湖南的需要。

四、与东盟卫生交流合作层次更加提高

改革开放以来，湖南省卫生事业对外开放格局由与发展中国家和少数对华友好的国家交往为主，加强了与东盟的广泛联系。通过人员往来、项目合作、捐赠捐款、留学培训及援外医疗等方式推动交流与合作，凸显了湖南在中医药、结核病、西医药发展等领域的特色，取得了丰硕成果。

（一）卫生国际合作项目开发取得进一步突破

近年来，湖南以双边合作协议和大型论坛为平台，与东盟国家多渠道开发合作项目。通过开展与泰国精神卫生领域的互访交流，进一步加深了精神卫生领域的合作，扩大了交流的层次和渠道。湖南与菲律宾的医疗机构加强血吸虫病防治领域的合作，为菲律宾的民众解决实际困难。此外，通过与东盟国家签署合作协议，拓展了卫生国际交流合作的范围和领域。

（二）援外医疗工作进一步深化

40多年来，援外医疗工作取得了积极成效，湖南医疗队员们牢记党和祖国

的重托，怀着高度的政治责任感，在受援国物资匮乏、交通通讯不便等艰苦条件下，克服了难以想象的困难，千方百计创造条件开展工作，积极为受援国上至国家领导人，下到普通老百姓开展医疗服务，不仅促进了受援国卫生事业发展和人民健康水平的提高，也增进了我国与东盟国家人民之间的友好感情。

五、与东盟体育、环保、旅游交流合作向更新舞台延伸

（一）与东盟的体育交往日益频繁

随着"体育湘军"影响的不断扩大，湖南与东盟国家体育交往也明显增多。近几年，湖南运动员和体育工作者经常出访东盟国家，执行比赛、交流、培训、执教等任务。同时，来湖南访问、训练或参加群众体育交流活动的东盟国家体育团队也不在少数。

（二）与东盟的环保合作日新月异

湖南与东盟国家环保交流合作从最初的环境治理项目向技术引进、环保科研、人才培养等纵深发展。企业间合作日益频繁，领域不断拓宽。东盟国家多家环保企业相继与湖南企业签署合作项目，直接参与污水处理、土壤修复、固体废弃物处理等环境治理工程和环保技术开发。这些都增强了湖南的环保意识，提升了环保能力，也产生了良好的社会效果。

（三）与东盟的旅游交流蒸蒸日上

湖南是旅游资源大省，山水风光秀美奇特，历史文化底蕴深厚，民风民情古朴浓郁。近年来，湖南出入境旅游快速增长，来湘旅游的东盟各国人数不断增多。随着湖南经济社会持续发展，居民生活水平不断提高，湖南人民群众赴东盟旅游的人数也呈不断上升趋势，尤其是赴泰国、印度尼西亚、新加坡等国的游客不断增多。面对出境旅游强劲增长的新形势，湖南进一步加强了与东盟国家重点目的地市场的务实合作，加大旅游市场推广力度，推动旅游企业"走进东盟"和客源市场互换，实现了各地旅游互动互促的良性循环。

第四章

湖南与东盟国家交流合作的机遇和条件

随着经济全球化和区域经济一体化的深入发展，国际间产业转移和区域经济合作不断深化，文化交流交融进一步扩大，湖南与东盟国家交流合作面临着前所未有的机遇和挑战。可以说，机遇与挑战并存，机遇大于挑战，如气候变化、恐怖主义等，需要国际合作来解决；利益与矛盾并存，利益重于矛盾；开放与壁垒并存，开放多于壁垒，可以促使中国与东盟各国共同努力，形成合作共识，共同应对挑战，实现互利共赢。

第一节　有利于交流合作的国际环境

扩大湖南与东盟国家交流合作有诸多有利条件，也有多方面的优势。湖南与东盟国家之间是利益交融、优势互补、潜力巨大的合作伙伴。我们愿同东盟以合作为契机，弘扬友好传统，加强相互之间的了解，深化互利合作，推进共同发展。

一、和平与发展仍然是当今世界两大主题

自20世纪六七十年代以来，时代主题由"战争与革命"转变为"和平与发展"。在科学判断国际形势的基础上，邓小平同志明确指出："现在世界上真正大的问题，带全球性的战略问题，一个是和平问题，一个是经济问题或者说是发展问题。"这就是"和平与发展"的时代主题。冷战结束后，尤其是"9·11"事件以来，国际形势发生了深刻变化，影响和平与发展的不确定因

素在增加，但是和平与发展的时代主题并未随国际风云变幻而出现根本性改变，决定时代主题的世界主要矛盾和根本任务具有相对稳定性。

就和平而言，经济全球化、世界政治格局多极化的发展趋势同和平紧密相连，相互促进。在这样的背景下，世界各国特别是大国间的利益相互联系和相互依赖增强，各大国从本国的长远战略出发，通过和平的方式和国际规则来解决国际纷争。冷战结束后，世界各国都以发展经济为首要战略目标，反对破坏发展的战争行为。深受贫穷困扰的第三世界国家成为维护世界和平、反对霸权主义的重要力量。世界范围内和平因素的增长总体上超过战争因素的增长。这可以看出，经济全球化和世界政治格局多极化同世界和平是相互联系、相互促进的。

就发展而言，发展经济同维护世界和平一样，已经成为世界各国共同的任务。经济优先已成为世界潮流，这是时代进步和历史发展的必然。当前对每个国家来说，悠悠万事，唯经济发展为大。发展不但关乎各国国计民生，国家长治久安，也关系到世界的和平与安全。发达国家要使经济继续得到发展，以此保持在国际关系中的优势地位；落后国家需要发展经济来摆脱困扰的贫困问题；发展中国家需要发展国内经济，提高人民生活水平，在国际关系中发挥应有的作用，这些都让发展经济成为各国的首要任务。

综观当今的国际形势，和平与发展仍将是时代的主题，这为湖南进一步扩大与东盟国家交流合作，统筹国际国内两个市场、两种资源，加快自身发展提供了有利的外部环境。

二、经济全球化仍然是历史的潮流

随着国际贸易、国际投资和国际分工的日益扩大，资源、资金、技术和高端人才在全球范围内实现了大规模流动。各国间经济联系日趋紧密，任何国家或地区都无法脱离全球经济运行的轨道而独立存在。经济全球化的发展，贸易自由化程度的提高，贸易壁垒的减少，有利于世界各国特别是发展中国家和地区开拓国际市场，参与国际经济大循环，推动开放型经济发展，提升自身国际竞争力。世界其他国家和我国对外开放的历史经验证明，凡属经济比较发达的地区，都是对外开放水平较高的地区，也是较早开展国际交流与合作的地区，对外开放、国际交流合作与经济、社会、文化的协调发展和整体福利的增加存在着极大的正相关性。

资源在市场中发挥着至关重要的作用，资源和市场是经济活动的一头一尾的两个关键环节。没有资源，经济活动便会因为没有生产资料和劳动对象而无法启动；没有市场，经济活动便不能完成资金的再循环和扩大再生产。一个国家或一个地区的国民经济要得到充分高效的发展，在激烈的资源争夺与市场份额的竞争中占得先机，立于不败之地，必须加强国际交流与合作，充分积极有效地利用本国与国外的两种资源和两个市场。在经济全球化的总框架中，资源和产品有流出就有流入，出入与世界总的生产能力和消费能力保持平衡，世界经济才可以持续发展。实践证明，我国同世界各国建立起广泛的经济合作关系，逐步发挥国际市场和国内市场、国际资源和国内资源两个市场、两种资源的优势，积极参与国际经济技术合作和竞争，促进了我国经济建设，提高了我国的国际地位，也促进了世界的发展。

经济全球化是我国经济发展的一个重大机遇，我国发展战略的调整必须从这一因素的变化及其趋势出发。从发展中国家经济发展的角度看，经济全球化意味着外部条件会不断发展变化：全球市场高度统一，市场容量迅速扩大；全球资源配置机制高度成熟，几乎所有生产要素均显现在全球充分流动的状态；全球经济运行日益成为一个整体，相互依存度显著提高；全球经济的运行规则日益制度化，国际经济活动有章可循。这些变化要求我国将已经形成的利用内外"两个市场"和"两种资源"的战略提高到一个新的水平。经济全球化时代各国的优势产能过剩，必须利用两个市场相互交换才能实现各自的扩大再生产。从内外两个市场日益融合、依存和扩大方面来看，开发外部市场的先决条件是开放内部市场，利用外部市场拉动发展的传统战略必然与开放内部市场的新趋势互相作用、互相影响。

在传统的发展战略上，资源、技术和市场的组合特征是发展中国家的自然资源、劳动力资源和土地资源，同发达国家的技术资源、资金资源和市场资源的组合。而经济全球化要求更多样化地组合，我国自然资源相对贫乏，也需要利用他国自然资源。在资金和技术等方面，过去我国的利用基本上是单向开放，并引进外来资金和技术，而经济全球化则提供了双向开放和双向利用的可能。我们应当利用发达国家的技术，把成熟的技术投向正走上发展道路的国家；既引进外资，又善于在国际市场上筹资，利用我国的相对剩余资金对发展中国家投资，积极占领国际市场，拓展本国经济的对外辐射力。

三、政治多极化仍然是世界的基本趋势

世界政治格局多极化是各种政治力量变化调整和实力分布的一种基本态势，是一定时期内对国际关系有重要影响的国家和国家集团等基本政治力量相互作用而趋向多极格局的一种发展趋势。目前，世界政治格局转换的过渡期尚未结束，但多极化趋势已经成为一种不以人的意志为转移的客观趋势。实践证明，一两个大国和大国集团主宰世界事务、支配其他国家命运的时代已经一去不复返了。近年来，世界政治格局多极化进程不断向前推进，世界的力量中心在增加并正在迅速崛起。世界政治格局多极化趋势对霸权主义是一种有力制约，对地区和全球性危机、冲突发挥着缓解作用，对战争力量能够进行有效的牵制。因此，世界政治格局多极化既有利于湖南的国际交流与合作，也有利于湖南经济社会高质量发展。

自 20 世纪 90 年代以来，我国已经成为世界政治多极格局中一支不可忽视的重要力量，在世界上所起的作用更加举足轻重。中国一贯奉行独立自主的和平外交政策，以和平共处五项原则处理国家之间的关系，主张以和平的方式解决各种国际争端，在国际社会产生了积极的影响，塑造了我国的大国形象，提升了我国的国际影响力。未来世界多极化发展趋势仍将继续，并且不可逆转。无论是从国际政治格局的总体趋势来看，还是从我国的国际影响力来看，当今的世界政治形势总体对我有利。这也为湖南获得更为有利的国际合作空间，继续积极有效地推动国际交流与合作产生良好影响。

第二节 独特的资源禀赋和自然条件

在湖南与东盟国家交流合作中，突出比较优势、搭建合作平台、打造活动品牌、扩大国际影响，是提升湖南国际交流合作水平的重要抓手。湖南文化底蕴深厚、物产丰富、山川秀美、人杰地灵，经济社会发展充满活力，有着诸多的国际交流与合作的优势资源，特别是"两型社会"建设、伟人故里韶山、世界自然遗产张家界、杂交水稻等，是湖南与东盟国家开展交流合作的主要"名片"。

一、长株潭"两型社会"建设——湖南"低碳高绿"的城市名片

2007 年 12 月，长株潭城市群被批准为全国两型社会建设综合改革试验区。两型社会是指"资源节约型、环境友好型社会"，其本质要求是绿色低碳可持续发展。

资源节约型社会，是指全社会在生产、流通、消费等各领域各环节，采取有利于资源节约的生产、生活、消费方式。建设资源节约型社会的重点在于节能、节地、节水、节材，主要包括探索集约用地方式、建设循环经济示范区、深化资源价格改革等。环境友好型社会，是指一种人与自然和谐共生的社会形态，其核心内涵是人类的生产和消费活动与自然生态系统协调可持续发展。建设环境友好型社会的重点在于空气质量好、水质量好、土壤质量好、绿化好，主要包括：有利于环境的生产和消费方式；持续发展的绿色产业；人人关爱环境的社会风尚和文化氛围。

湖南两型社会建设的主要目标，就是通过"四节"（节能、节地、节水、节材）、"四治"（治空气、治水、治土壤、治绿），实现三湘大地"天上见繁星、河中见游鱼、树上见飞鸟、山中见野兔"的美好两型画卷。在湖南人民的共同努力下，两型社会建设已经从理论构想成为全省共识，从顶层设计变

成实际行动,从规划蓝图变成湖南的重要引擎、开放平台和闪亮名片。全省以长沙、株洲和湘潭为核心,辐射周边岳阳、常德、益阳、衡阳、娄底五市的区域,成为湖南领跑我国中部经济发展的重要引擎。

目前,湖南两型社会建设取得了丰硕成果,重点领域和关键环节的各项改革有序推进,主要体现在:

（一）两型规划体系基本建立

完成了长株潭两型社会建设改革试验区顶层设计,出台了综合配套改革方案,探索了经济社会发展规划、城市总体规划、土地利用总体规划和融资规划的“多规合一”。严守生态环境底线,出台了《绿色湖南建设纲要》和《长株潭城市群生态建设规划》,强调“不挖山、不填水、不砍树”,首先留足农用地和生态用地,再规划建设用地。深入开展规划执法检查,跨区域重大项目两型审查,行使资源环境“一票否决”；完善规划以及其他两型社会建设相关的信息公开、公众参与机制和监督机制,增强公众资源环境意识。

（二）“两型”产业快速发展

坚持不以牺牲资源环境换取一时发展、不以牺牲人民群众根本利益为代价换取一时发展,构建产业发展“三大机制”：产业准入、改造提升、落后产能退出。培育三一重工、中联重科、中车时代、湘电集团等一批骨干企业和优势产业,引进一批重大产业项目,突破新能源汽车等一批关键瓶颈和共性技术难题。大力发展循环经济,在株洲冶炼厂等企业实施循环化改造,在株洲清水塘、岳阳云溪工业园等园区构筑循环产业链,探索形成地区、企业、园区、社区等不同类型的循环经济发展模式。通过强制退出、引导退出、改造转型等方式对沿湘江布局的长沙坪塘等传统工业区实施落后产能退出,成为产业转型的样板工程。

（三）基础设施建设有序推进

加快推进机场、城际铁路、城际干道、高速公路建设和对接,打造了长株潭半小时经济圈。武广高铁建成通车,形成“高铁经济”,催生粤湘鄂“三小时经济圈"。黄花机场扩建并已投入使用，客流量突破千万人次。城市群城际铁路、长沙地铁、湘江长沙航电枢纽、湘江风光带等一大批城市功能设施建设顺利推进，其中长沙地铁2号线、1号线、4号线、5号线、3号线、6号线已经投入使用，美丽的湘江风光带、浏阳河风光带已经展现在湖南人的眼前。三市的功能品位大幅提升，核心增长极作用进一步发挥，城市群特别是省会长沙的辐射带动力明显增强。

（四）生态环境治理成效显著

构建了"一心"（长株潭生态绿心）、"一脉"（湘江）、"一肾"（洞庭湖）的生态保护格局，把湘江作为重中之重，着眼于打造"东方莱茵河"，推进湘江流域综合治理，实施湘江流域综合整治行动计划和城镇污水垃圾处理设施建设行动计划，关停各类污染企业。目前，湘江流域水质呈现稳中有升的趋势。

节约利用资源，保护生态环境，爱护人类共有的地球家园，是人类的共同职责和迫切使命。湖南"两型社会"建设，符合时代发展的潮流，契合国际社会的共同需求，已经引起了东盟国家在内的世界各国高度关注，也提升了湖南的国际知名度。

二、韶山——湖南巩固与东盟国家传统友谊、服务国家总体外交的红色名片

韶山是毛泽东同志青少年时期生活、学习、劳动和从事革命活动的地方。中华人民共和国成立以来，韶山一直受到党和国家领导人的关心与重视。在党的领导下，韶山经过半个多世纪的艰苦创业，已由一个偏僻落后的山村，变为工农业迅速发展，教育、科技、文化、卫生水平普遍提高，纪念景点多、服务设施完备的国家级风景名胜区。特别是1990年成立县级韶山市以来，韶山每年接待东盟游客的比例呈上升趋势，是中国优秀文明旅游城市，全国爱国主义教育示范基地，访湘人士首选和必选的旅游目的地。

毛泽东同志在国际上特别是在众多发展中国家有着很高的地位和深远的影响。在外事接待中，我们深刻感受到众多国际友人特别是发展中国家领导

人对毛主席的感情。韶山作为伟人故里，近几年不断加大宣传力度，开展重大活动，并以此为依托，加大与东盟国家的联系交往，为有效服务国家总体外交，为加大湖南企业"走进东盟"、扩大湖湘文化影响力等方面铺路架桥，营造友善环境。

目前，韶山对标世界一流，积极探索旅游业发展新理念、新模式、新路子，进一步丰富红色教育、观光休闲、度假康养、运动娱乐、购物消费、文化演艺旅游产品供给，"经典红色"名片越来越亮。具体而言：

基础设施进一步完善。以创建"5A"景区为契机，着力培育文化旅游支柱产业。继建成核心景区南北环线、韶山高速及连接线、南环线景观带等项目后，又相继完成竹鸡路、湘宁线、韶山至湘乡公路改造，启动了清云旅游公路、长韶娄高速韶山支线、沪昆高铁韶山段、韶山南站配套设施、韶山外环公路等基础设施建设，韶山旅游交通已逐步实现内联外达、内通外畅并网格化，为韶山对外合作与交流奠定了良好的基础。出台了《关于实施文化立市的决定》，加大对文化旅游的扶持，文化旅游成为韶山对东盟国家交流与合作的重要抓手。

景区内涵更加丰富，景点提质有效推进。旅游资源整合进一步加强，旅游产业两型化趋势日益明显：完成韶峰景区和纪念园景区旅游资源的整合，成立了旅游建设投资有限责任公司，初步实现核心景区一票制；先后建成毛泽东遗物馆、文艺馆、图书馆、档案馆、东方红大剧院等文化设施，完成毛泽东铜像广场、毛泽东塑像公园、市民广场、烈士陵园的改造升级，启动了红色影视拍摄基地、润泽东方项目、中国出了个毛泽东实景演出、毛泽东纪念馆改造、韶山村基层党组织示范基地等文化旅游重大项目，韶山与东盟国家交流与合作的内涵更加丰富。

举办系列大型活动，持续扩大国际影响力。一是举办传统纪念活动。每年毛泽东同志诞辰前后，韶山都举行"万人同唱东方红""万人同吃长寿面""万人健身长跑"等纪念活动，广邀海内外朋友参加，在纪念毛主席诞辰的同时推介韶山，扩大革命圣地影响。二是举办大型专题活动，连续多年分别组织了"中国红色之旅·百万青少年韶山行""中国红色之旅·百万共产党员韶山行"等系列活动,为韶山注入了无尽的活力。三是举办"我爱韶山红杜鹃"为主题的对外推介活动。这不仅使韶山的红色旅游在东盟形成了重大影响,而且使韶山与东盟国家建立了更广泛的合作关系。

三、张家界——具有湖南特色的国际旅游目的地的旅游名片

张家界位于湖南西北部,澧水中上游,属武陵山脉腹地。张家界作为世界文化遗产和世界自然遗产,在国际上特别是东盟国家享有较高的知名度。为发挥张家界的独特优势,扩大张家界的国际影响力,湖南先后在张家界举办了国际森林节、国际乡村音乐节等众多活动,初步形成了一个永久性的对外开放品牌。

(一)举办大型外宣活动

依据国际社会共同关注的热点或焦点问题,组织策划对外宣传活动。在上海世博会期间,根据"城市,让生活更美好"的主题,精心策划了"空气妹妹"活动,将从张家界各景点采集的空气,特制成空气罐头,在世博会上分别赠送给各国家馆保存。举办以"采掘乡土音乐、繁荣国际文艺"为主旋律的张家界国际乡村音乐周,先后吸引了来自东盟在内的世界60多个国家的民族乐队,在奇山异水间奏响优美旋律,产生了巨大的轰动效应,创造了湖湘文化国际交流与合作的新鲜模式。

(二)举办高端旅游学术活动

旅游要实现持续稳健发展,必须有高端文化品牌作支撑。以"张家界地貌"为主题,湖南开展了系列与东盟国家的交往活动,举办了国际地貌学家协会学术年会暨张家界地貌研讨会,使"张家界地貌"与"丹霞地貌""喀斯特地貌"一样,成为地质地貌学上的专属名词,此举不仅彰显了张家界山之特色,而且提升了张家界山的品位和文化内涵。

（三）举办旅游重大演出活动

汲取桑植民歌、湖南花鼓戏和天门山民间传说等张家界民间文化精髓，并整合张家界旅游文化，打造了一台大型山水实景文化剧——《天门狐仙》；以宝峰湖旅游风光为背景，打造了一台以土家族史诗文化为特征的旅游文化大餐——《梯玛神歌》；将传统湘西民族艺术与现代文化生活结合，推出了一台展示湘西民族文化艺术的现代经典演艺节目——《魅力湘西》。目前，张家界市旅游与文化相互融合的演艺类节目受到了东盟国家游客的高度评价。

四、杂交水稻——湖南开展技术输出的"种子"名片

湖南杂交水稻推广已经扩大到全球 42 个国家和地区，是我国开展经济外交的一张王牌，在湖南与东盟国家交流合作中发挥了重要作用。

（一）杂交水稻的国际影响力不断扩大

杂交水稻被世界誉为"东方魔稻""中国第 5 大发明"，为中国的粮食增产和解决 14 亿多人口的吃饭问题发挥了决定性作用，在国际上的影响也巨大，我国是世界水稻主产国中单产水平最高的国家，我国水稻培育和种植技术具有相当的优势。目前，越南、菲律宾、印度尼西亚、泰国等多个国家在我国的带动和帮助下开始研究或直接引种我国的杂交水稻，并都产生了显著的增产增收作用。如越南，2004 年种植杂交水稻 60 万公顷，每公顷单产 6.3 吨，比其全国平均水稻单产增产 40%。由于越南大力推广杂交水稻，其一举成为亚洲仅次于泰国的第二大米出口国。菲律宾种植杂交水稻已有一段时间，2003 年的时候，菲律宾总统亲自接见袁隆平院士，并号召全国农民耕种中国的杂交水稻，争取粮食自给。2004 年，该国杂交水稻种植面积进一步扩大，达到 12 万公顷，平均单产每公顷 6.4 吨，比其全国水稻平均产量高 80%。印度尼西亚于 2001 年示范了 350 亩杂交稻，平均每公顷产量 9.5 吨，而当地的良种是 3.5 吨，取得良好的

示范效果，该国杂交水稻种植面积也进一步扩大。[①]

（二）杂交水稻的国际市场空间不断拓展

在全球食物需求不断上升的同时，世界粮食增产的潜力却愈来愈受到限制。从世界谷物的供求情况来看，世界谷物产量呈逐年略降态势，目前世界只有11%的陆地面积用来种植粮食，如干旱和洪水等，粮食生产在一些地区变得难以为继，相当部分的可耕地因沙漠化和水土流失而导致农作物歉收。东盟一些国家也面临粮食安全问题。因经济的增长、人口的增加、消费模式的变化而导致耕地资源的相对缺乏，各国不得不采取增加粮食进口等相关措施。在可耕种面积有限的情况下，东盟各国都在积极寻求挖掘单位面积潜力，提高单位面积粮食产量的途径和办法。而杂交水稻单产面积高，推向国际市场后将受到广泛的欢迎。

（三）杂交水稻的技术已经非常成熟

目前，我国的杂交水稻技术已经处于国际领先地位，以袁隆平院士为代表的中国农业科学家所研究的杂交水稻技术得到了我国政府以及世界农业技术权威机构的广泛认可。2002年袁隆平院士获得了"国家最高科学技术奖"；2004年袁隆平院士获得世界农业类最高奖项："世界粮食奖"和"沃尔夫农业奖"等多项荣誉，其主持的我国超级杂交稻亩产800公斤的二期目标在湖南提前完成。同时，湖南杂交水稻的核心技术已经达到保密要求，通过对外援助我国的杂交水稻种子，不会泄漏我国杂交水稻的核心技术；相反，由于杂交水稻研发周期长、涉及面广、难度大，许多技术为我国技术人员所独有，再加上完善的知识产权保护措施的建立，将会形成国外对我国杂交水稻技术的长期依赖性。

（四）湖南已经具备杂交水稻外交的执行能力

中央高度重视农业对外合作。中央的领导在出访东盟国家时，都把农业

---

① 杂交水稻之父袁隆平：超级水稻多养7000万 [N].环球时报，https://tech.sina.com.cn/d/2005-03-08/1348544648.shtml.

合作纳入了双边合作的重要领域，并且明确建议"落实好包括中国杂交水稻和玉米在菲推广等农业合作项目"。近年来，在中华人民共和国商务部和科技部的支持下，湖南已给东盟国家培训了杂交水稻方面的专家，并与东盟国家开展了杂交水稻种子业务往来。特别是袁隆平农业高科技股份公司已为东盟国家培训了不少杂交水稻专家，并经过外经贸部的批准（[1999] 外经贸政审函字第 1662 号），在 6 个国家进行了杂交水稻种植的示范推广，2008 年出口 1800 吨种子到越南、菲律宾等国，具有丰富的对外交往经验。

第三节　强大的韧性和巨大发展潜力

当前的湖南，处于历史上发展最好最快的时期之一，既有着加快发展的良好基础，又面临着进一步扩大对外开放的重大机遇。这都为湖南进一步扩大与东盟国家交流合作创造了更为宽广的空间，提供了更为便利的条件。

一、优越的区位交通为湖南与东盟国家交流合作奠定良好基础

湖南位于中国南方中部，其区位交通优势主要体现在以下几个方面：

（一）东西结合点

湖南处于东南沿海地带与西部欠发展地带的结合点，也是联系我国中部与东南沿海全方位开放地区的前沿，处于承东启西、联南接北的战略地位，在我国对外开放由东向西、从南到北的梯次转移中起着"二传手"的作用。

（二）毗邻港澳

湖南与港澳地区的交流合作具有天然的地理优势，湖南是港澳地区连接内陆，实现向中部腹地省份进行经济辐射的跳板。交通条件的改善更使湖南与港澳联系的区位优势日益凸显，武广高铁开通后，湖南至广州的车程缩短到三个小时，湖南可以更加便利地利用地理和交通优势，加强与港澳地区的交流合作。作为武广高铁的延伸部分——广深港高铁开通后，长沙到香

港对开直达仅需 2 小时 36 分，长株潭与港澳形成了 2 个半小时经济圈。武广延伸至香港高铁全线开通为推动湘港澳合作奠定了坚实的基础、提供了难得的机遇。

（三）形成了立体化的交通网络

铁路方面，湖南省的铁路网较为发达，有京广、浙赣、湘桂、湘黔、枝柳五条铁路干线贯穿全省，武广高铁早已建成通车，泸昆高铁也已建成通车。公路方面，全省公路通车里程 6 万多公里，多条国道经过湖南省境内，形成了以长沙为中心的四小时高速经济圈，长株潭城市群形成了半小时高速公路通勤圈。航空运输方面，长沙黄花国际机场可直飞北京、上海、广州、深圳、香港、曼谷等国内外 40 多个大中型城市。另外，湖南还有长沙黄花国际机场、张家界荷花国际机场、常德桃花源机场、衡阳南岳机场、岳阳三荷机场、怀化芷江机场、郴州北湖机场、邵阳武冈机场、永州零陵机场、株洲芦淞机场等民用机场。水运方面，湖南虽不沿海，但境内水系发达，经洞庭入长江可直达出海口。

综上所述，湖南处于东南沿海和上海浦东及长江流域这两个综合经济实力最强、最具生机活力的改革开放重点区域之间，同时享有南北两种效应，加之现代化的铁路和公路系统，以及发达的航空运输和水上运输，这种得天独厚的区位交通优势，为湖南与东盟国家交流合作提供了良好条件。

二、众多的人才资源为湖南与东盟国家交流合作提供智力支撑

"人才是提升核心竞争力的关键"，"谁拥有人才优势，谁就拥有发展的优势"。人力资源是所有资源中最宝贵的资源，人是生产力诸因素中最积极、最活跃的"第一资源因素"。

从总体上看，湖南人才队伍具有以下几大优势：一是专业技术人才在全国和中部六省排位靠前。有关数据显示，截至 2020 年 12 月，我省人才总量

达到 780 万人左右，比 2008 年增长 76%。① 同时，湖南的科技人才优势尤为突出，以两院院士、国家重大科技计划与基金项目承担者、国家科技奖励获得者、国家级重点学科、重点实验室、工程技术研究中心学术带头人、省科技领军人才、121 人才工程第一层次专家、芙蓉学者等为主体的高层次创新型科技人才，其总数量超过 2000 人。② 二是宣传文化人才在全国占有重要位置。近年来，湖南省宣传文化人才队伍快速增长，为湖南文化事业快速发展创造了良好条件；三是长株潭"两型社会"建设已显现人才聚集效应。据调查，全省高层次、高技能人才主要聚集在长株潭地区的重点高校、重点学科和优势领域；四是高层次人才已成为高新技术产业、新兴产业和第三产业快速发展的中坚力量；五是服务新农村建设的人才队伍日益壮大，尤其是新生代农村人才不断增加，为农村经济社会高质量发展提供了重要保障；六是技能人才特别是高技能人才队伍异军突起。正是由于这些优势的凸显，湖南扩大开放的路子越走越开阔，湖南与东盟国家交流合作的阳光越来越灿烂。

三、响亮的文化品牌为湖南与东盟国家交流合作打造崭新平台

近些年来，"文化湘军"异军突起，湖南相继构建了广电、出版、报业、娱乐四大核心优势产业，通过整合区域文化资源和调整产业布局，取得了中国文化发展的 20 多个"第一"，在全国乃至东盟都产生了巨大影响。这为湖湘文化走向东盟开辟了空间，也为湖南"走出去""引进来"开辟了新的途径。

（一）享誉全国的新闻出版产业为湖南与东盟国家交流合作赢得了无限商机

在我国新闻出版总署公布的 2006 年对外推广的 419 种图书中，湖南出版集团所属 6 家出版社有 38 种图书入选，与江苏并列全国第一。此前，湖南出

---

① 　湖南省人民政府.从人力资源大省迈向人才强省——《湖南省中长期人才发展规划纲要（2010—2020 年）》系列解读之一［EB/OL］.www.hunan.gov.cn.2010-08-28.

② 　湖南省人民政府.从人力资源大省迈向人才强省——《湖南省中长期人才发展规划纲要（2010—2020 年）》系列解读之一［EB/OL］.www.hunan.gov.cn.2010-08-28.

版集团的科普图书、古典名著、音乐图书等稳居全国同类图书市场销量第一。总资产超过 60 亿元的湖南出版集团，在全国文化企业 50 强中排名第四。这为湖南与东盟国家文化交流合作奠定了良好基础。

（二）风头正劲的电视湘军为湖南与东盟国家交流合作增添了无穷魅力

曾国藩和他的湘军已经消失在历史的深处。但是，150 多年后，"湘军"这个名词再度引起了人们的普遍关注。湖南广播影视集团被人称为"电视湘军"。在新媒体方面，湖南广播影视集团的广告收入连续多年保持着 50% 的增长速度。可以想象，从改革之日起，湖南电视业以 100 万元启动资金创办了湖南经济电视台。通过建立与传统电视业完全不同的管理体系，湖南经济电视台突破传统论资排辈、靠行政提拔为主的单一激励约束机制，在人事管理、收入分配、管理体制等方面，按照市场规律实行绩效管理。包括台长在内的员工实行全员聘任，在全国率先实行了制片人负责制，实行了自收自支的财务管理体制。这体现了湖湘文化的活力，也有利于湖湘文化走进东盟。

（三）异军突起的动漫产业为湖南与东盟国家交流合作搭建了广阔平台

湖南动漫产业在中国动漫产业中一直占有重要的地位，湖南动漫主要以原创电视动漫为主，在全国动漫发展格局中自成一体、充满活力。值得一提的是，2004 年 4 月 29 日，国家广播电视总局正式批准成立金鹰卡通卫视，这是中国第一家获准通过卫星传输的动画专业频道，也是湖南电视台的第二个上星频道。湖南原创实力雄厚，拥有得天独厚的电视播出平台资源，有动漫工作室上百家，通过计算机处理技术和互联网功能，在网上构筑了一个"网络动漫军团"。湖南动漫企业在严峻挑战面前，坚持调整结构、转移重心、打造精品、提高效益，创造了许多亮点。产业结构实现多元化转变，由单一的电视动漫发展为漫画杂志、手机动漫、网络动漫、戏曲动漫、电影动漫等多种业态；实现了由数量向质量的转型，涌现了《金鹿游中华》《蓝猫龙骑团》《山猫和吉咪》《美丽人生》等 10 多部精品力作，等等。这些不仅提升了湖南在全国的地位，也扩大了湖南在国际上的影响，而且为湖南与东盟国家文化交流合作营造了良好环境。

四、强力的国家配套政策为湖南与东盟国家交流合作注入新活力

目前的湖南处于历史上发展最好最快的时期之一。湖南进一步的发展也面临着加快发展的千载难逢的重大机遇，为湖南与东盟开展更高层次、更广领域的交流合作提供了宽广舞台。

（一）国家政策支持力度加大

湖南省区位优势明显，可以享受多个国家重大区域发展战略的政策优惠。特别是长株潭、湘南、大湘西三大区域经济板块，相继进入国家战略层面，对湖南的发展构成了有力支撑。一是湖南在全面享受中部崛起战略政策的同时，湘西土家族苗族自治州和茶陵、韶山等40个县（市）比照实施西部大开发有关政策，长沙、株洲、湘潭、衡阳等4个城市比照实施振兴东北地区等老工业基地有关政策。二是国家批准长株潭城市群为全国"两型社会"建设综合配套改革试验区。这是国家实施区域发展战略布局的重大举措，对湖南实施中部崛起战略有着重要支撑作用。目前环长株潭城市群，以"两型社会"建设为契机，发挥高端制造和服务经济的引领功能，地区生产总值已占全省80%左右。三是国家批准湘南湘西（其中湘南包括衡阳、郴州、永州三市）为国家级承接产业转移示范区，有利于湖南区域协调发展。四是湖南自贸试验区自2020年9月获批，服务国家战略，聚焦湖南特色，发挥长沙、岳阳、郴州三大片区优势，着力打造"一产业、一园区、一走廊"三大战略。这些重要的国家区域发展战略都在湖南聚焦，构成了一个覆盖湖南全境，相得益彰、相互促进的完整政策支撑体系，为湖南与东盟国家交流合作提供了前所未有的战略机遇。

（二）法治环境逐步优化

随着对外开放的扩大和深入，湖南相继出台了推动对外开放，促进国际交流与合作特别是开放型经济发展的政策法规，为推进湖南与东盟国家交流合作提供了有力的政策法制支持。一是加强法治建设，明确"法治湖南"的

目标。近年来，湖南坚持把优化法治环境作为改善开放环境的重点，继 2008 年在全国率先推出了首部系统规范行政程序的地方政府规章《湖南省行政程序规定》后，2010 年湖南省又出台国内第一部全面规范行政裁量权的省级规章《湖南省行政裁量权办法》以及全国首部规范政府服务的《湖南省政府服务规定》；2011 年又正式公布了一部翔实的地方法治建设路线图——《法治湖南建设纲要》。这一系列规章在全国首开先河的创举，标志着湖南步入了法治新时代。全省权力运行不断规范，办事效率不断提高，政务服务进一步优化，为湖南高质量发展提供重要保障。二是开放政策更加优化。为加大招商引资力度和规范全省涉外经济贸易政策，湖南省委、省政府出台了一系列政策措施，如："关于加快引进战略投资者的指导意见""关于转发省商务厅〈湖南入世后过渡期综合性应对工作方案〉的通知"等。长沙海关先后制定并实施了"提高通关效率十项措施""支持湖南承接沿海产业转移，发展加工贸易十项措施""支持长株潭'两型社会'建设有关措施"等。这些为加强湖南与东盟国家交流合作提供了有力的政策保障。

（三）口岸设施建设不断完善

湖南省现有岳阳城陵矶和长沙霞凝港两个水运口岸。城陵矶港的泊位、散货泊位不断增多，相关基础设施不断完善，各项运营工作进展顺利。长沙霞凝港投入运营后，业务量增加很快，其基础设施、设备在内河港口属一流水平。该港充分利用长株潭经济发达、外贸货源充足优势，开辟了数十条国际航线，并将大批外贸货物从上海港中转，居全省内河港口首位。这为湖南与东盟国家开展经济领域的交流合作奠定了良好基础。铁路口岸是湖南发展开放经济的基础设施，是湖南国际交流与合作的基本条件。湖南目前设有长沙树木岭、醴陵和娄底三个铁路口岸。树木岭口岸作为湖南省首个铁路口岸早已建成通关。醴陵铁路口岸集铁路口岸功能、国际集装箱多式联运、中转及第三方物流功能于一体，企业可在本地报关。醴陵铁路口岸将以湘东赣西地区的区域性物流中心为目标，积极为进出口企业提供便利的通关服务，促进湖南及醴陵市外向型经济发展。同时，湖南已批准设立岳阳公路口岸、郴州公路口岸、永州公路口岸、衡阳公路口岸等，均为二类口岸，已建成并投入使用。公路口岸具备了海关、检验检疫、货代、运输等检查检验和服务功能，形成了"一站式""一条龙"服务的快速大通关平台。目前，湖南设立的郴州、长沙、岳阳等出口加工区已封关运行；长沙金霞保税物流中心、香港直通车、五定班列（轮）、国际物流通道、烟花出口通道、电子口岸等平台的运行，节约了运输时间，降低了物流成本，促进了湖南与东盟国家的交流合作。

（四）政府管理服务不断创新

近年来，湖南省各涉外工作部门认真贯彻落实中央和省委精神，不断优化国际交流与合作的环境。在人员对外交往方面，湖南按照中央制止公款出国（境）旅游专项工作的总体部署，严格执行"总量控制、计划管理"的规定，推动电子护照项目建设，推广APEC商务旅行卡，不断提高因公出国（境）管理服务水平，为公民、法人赴境外开展交流与合作提供了方便。与此同时，加大了政府引导与支持力度，成立了开放型经济发展专项资金，先后出台了财政、税收、金融等各方面的支持政策，加强了外事、外经、外贸、外智、外宣"五外"联运机制等各类工作机制的建设，湖南省发改委、商务厅等各涉外或相关公共管理部门结合各自职能特点，出台了扩大对外开放，支持国际交流与合作、推动"走出去"等工作的具体措施，形成了全省统一高效地推动国际交流合作的公共管理服务体系。

第五章

湖南与东盟国家交流合作的战略定位

湖南与东盟国家距离较近，是中国与东盟国家交流合作的重要省份之一。新时代，湖南与东盟国家交流合作紧紧围绕服务开放型经济发展大局，在扩展交流合作领域和渠道、创新交流合作方式、提高交流合作成效等方面取得实效，推动湖南在经贸、人文、社会等领域的国际交流与合作跃上新台阶。

第一节 坚持"亲、诚、惠、容"的周边外交理念

"亲、诚、惠、容"是中国与周边国家发展关系的重要理念。周边国家在中国外交总体格局中占据首要位置。所谓"亲"，就是坚持睦邻友好，守望相助；讲平等，重感情；常见面，多走动；多做得人心、暖人心的事，增强亲和力、感召力、影响力。所谓"诚"，就是诚心诚意对待周边国家，争取更多朋友和伙伴。所谓"惠"，就是本着互惠互利的原则同周边国家开展合作，编织更加紧密的共同利益网络，让周边国家得益于中国发展，使中国也从周边国家共同发展中获得裨益和助力。要倡导包容的思想，强调亚太之大容得下大家共同发展，以更加开放的胸襟和更加积极的态度促进地区合作。

中国与周边国家山水相连，人文相通，利益相融，命运与共。做好周边外交工作，需要更加奋发有为地推进周边外交，为我国发展争取良好的周边环境，使我国发展更多惠及周边国家，实现共同发展。

中华人民共和国成立后，党中央领导集体高度重视周边外交，提出了一

系列重要战略思想和方针政策，开创和发展了我国总体有利的周边环境，为我们继续做好周边外交工作打下了坚实基础。党的十八大以来，党中央在保持外交大政方针延续性和稳定性的基础上，积极运筹外交全局，突出周边在我国发展大局和外交全局中的重要作用，开展了一系列重大外交活动。

无论从地理方位、自然环境还是相互关系看，周边对我国都具有极为重要的战略意义。审视我国的周边形势，周边环境发生了很大变化，我国同周边国家的关系发生了很大变化，我国同周边国家的经贸联系更加紧密、互动空前密切。这客观上要求我们的周边外交战略和工作必须与时俱进、更加主动。

我国周边充满生机活力，有明显发展优势和潜力，我国周边环境总体上是稳定的，睦邻友好、互利合作是周边国家对华关系的主流。我国周边外交的战略目标，就是服从和服务于总体国家安全观，全力保障中国式现代化稳步推进。在这种背景下，我们全面发展同周边国家的关系，巩固睦邻友好，深化互利合作，维护和用好我国发展的重要战略机遇期，维护国家主权、安全、发展利益，努力使周边同我国政治关系更加友好、经济纽带更加牢固、安全合作更加深化、人文联系更加紧密。

做好新形势下周边外交工作，要从战略高度分析和处理问题，提高驾驭全局、统筹谋划、操作实施能力，全面推进周边外交。需要着力维护周边和平稳定大局。走和平发展道路，是我们党根据时代发展潮流和我国根本利益作出的战略抉择，维护周边和平稳定是周边外交的重要目标。

着力深化互利共赢格局。统筹经济、贸易、科技、金融等方面资源，利用好比较优势，找准深化同周边国家互利合作的战略契合点，积极参与区域经济合作。同有关国家共同努力，加快基础设施互联互通，建设好丝绸之路经济带、21世纪海上丝绸之路。以周边为基础加快实施自由贸易区战略，扩大贸易、投资合作空间，构建区域经济一体化新格局。不断深化区域金融合作，积极筹建亚洲基础设施投资银行，完善区域金融安全网络。加快沿边地区开放，深化沿边省区同周边国家的互利合作。

着力推进区域安全合作。我国同周边国家毗邻而居，开展安全合作是共同需要。要坚持互信、互利、平等、协作的新安全观，倡导全面安全、共同安全、合作安全理念，推进同周边国家的安全合作，主动参与区域和次区域安全合作，深化有关合作机制，增进战略互信。

着力加强对周边国家的宣传工作、公共外交、民间外交、人文交流，巩固和扩大我国同周边国家关系长远发展的社会和民意基础。关系亲不亲，关键在民心。全方位推进人文交流，深入开展旅游、科教、地方合作等友好交往，广交朋友，广结善缘。对外介绍好我国的内外方针政策，讲好中国故事，传播好中国声音，把中国梦同周边各国人民过上美好生活的愿望、同地区发展前景对接起来，让命运共同体意识在周边国家落地生根。

政策和策略是党的生命，也是外交工作的生命。做好外交工作，胸中要装着国内国际两个大局，国内大局就是"两个一百年"奋斗目标，实现中华民族伟大复兴的中国梦；国际大局就是为我国改革发展稳定争取良好外部条件，维护国家主权、安全、发展利益，维护世界和平稳定、促进共同发展。找到利益的共同点和交汇点，坚持正确义利观，有原则、讲情谊、讲道义，多向发展中国家提供力所能及的帮助。

第二节 推动中国—东盟全面战略伙伴关系行稳致远

当前全球治理格局正在发生极为深刻的变化，东盟作为一个整体在全球治理体系中扮演着非常重要的战略角色。加强与东盟之间的地缘政治联系，对中国具有重要的战略价值。为促进中国—东盟关系高质量发展，需要立足于新时代的战略背景，深入分析东盟与中国关系发展路径，传承中国同东盟国家的历史友谊，走好中国—东盟合作共赢之路。

自中国与东盟于 2021 年 11 月 22 日宣布正式建立全面战略伙伴关系以来，双方朝着构建更为紧密的中国—东盟命运共同体迈出了新步伐。2022 年，以党的二十大精神为指导，中国周边外交开启了新征程，将为中国—东盟关系高质量发展进一步赋能。中国继续视周边外交为对外关系的首要任务，把东盟放在优先位置；中方愿同东盟各国共同努力，为地区和全球治理作出亚洲贡献，彰显亚洲力量。进入2022年11月之后，3场重要多边国际会议—东盟峰会及东亚合作领导人系列会议、二十国集团峰会、亚太经合组织领导人非正式会议，分别由柬埔寨、印度尼西亚、泰国3个东盟国家相继主办，东南亚乃至亚洲迎来"高光时刻"、全球治理迎来"亚洲时刻"。

回顾中国与东盟友好合作进程，最深刻的感受是中国与东盟友好关系不断发展，成果丰硕。

一是高层保持密切交往。中国国家领导人同东盟国家领导人通过多种方式进行深入战略沟通。印度尼西亚总统佐科成功访华。2022年初，柬埔寨、新加坡等东盟成员国领导人出席北京冬奥会开幕式。

二是同心抗疫共克时艰。中国与东盟国家坚持团结抗疫，树立了全球抗疫合作典范。中国启动"中国东盟健康之盾"合作战略，包括继续向东盟国家提供新冠疫苗无偿援助，加大疫苗联合生产和技术转让，开展关键药物研发合作，帮助东盟加强基层公共卫生体系建设和人才培养等，将助力地区国家提高疫苗接种率，有效提高东盟国家应对重大突发公共卫生事件能力。

三是经贸合作屡创新高。中国与东盟互为最大贸易伙伴，双方贸易额较30年前增长了100倍，直接投资已累计超过3000亿美元。① 中老铁路顺利通车，雅万高铁、中泰铁路、中马和中印尼"两国双园"等一批共建"一带一路"项目取得积极进展。

四是安全合作稳步前行。2022年是《南海各方行为宣言》签署20周年。《南海各方行为宣言》是中国与东盟国家在南海问题上签署的首份政治文件，确立了各方处理南海问题的基本原则和共同规范。在中国和东盟国家共同努力下，《南海各方行为宣言》全面有效落实，"南海行为准则"磋商积极推进。军事安全交流走向深入，反恐、应对气候变化、网络安全、打击跨国犯罪、

---

①　中文经贸合作论坛成功举办［EB/OL］.http://m.mofcom.gov.cn/article/zwjg/zwsq/zwsqyz/202208/20220803338627.shtml. 2022–08–04.

防灾减灾等非传统安全领域合作成果丰硕。

当前，中国东盟关系发展进入快车道，跑出加速度，双方正朝着共建和平、安宁、繁荣、美丽、友好"五大家园"的目标稳步前进。中国始终走和平发展道路，奉行互利共赢的开放战略，秉持亲诚惠容的周边外交方针，坚持与邻为善、以邻为伴，坚持睦邻、安邻、富邻。我们愿与东盟一道，推动中国东盟友好合作行稳致远。

一、为深化政治互信把稳舵

坚持高层战略引领，为推进中国东盟全面战略伙伴关系和构建更加紧密的中国—东盟命运共同体提供强大动力。中国将继续支持东盟中心地位和东盟共同体建设，支持以东盟为中心的区域合作架构，促进地区团结合作。

二、为实现共同发展扬起帆

双方继续着力促进疫后复苏，提升区域产业链供应链韧性，确保跨境贸易畅通。全面实施《区域全面经济伙伴关系协定》，加快启动中国—东盟自贸区 3.0 版建设。推动科技创新合作，激发地区新的发展动能。加大对本地区数字基础设施和数字化转型投入，深化电子商务等务实合作，加强数字互联互通。积极开展绿色、低碳、循环经济合作，共同建设好清洁能源科技合作平台。

三、为加强人文合作定好锚

双方关系实现跨越式发展离不开中国和东盟十国 20 多亿民众的大力支持。双方需要加强谋划筹备，推动文化、旅游、智库、媒体等各领域实现更加紧密的互动交流。充分发挥中国—东盟各合作基金作用，组织好中国—东盟菁英奖学金等重点人文交流项目，进一步促进双方民众相知相亲。

潮平两岸阔，风正一帆悬。中国愿同东盟各国一道，坚定践行开放的区域主义，共同谱写地区合作发展的崭新篇章。

第三节　加快推动湖南开放型经济高质量发展

美不自美，因人而彰；美美与共，相得益彰。多年来，湖南稳步推进与东盟经贸合作，探索经贸合作新模式。2021 年，湖南与东盟的进出口总额达977 亿元。《区域全面经济伙伴关系协定》（RCEP） 2022 年 1 月 1 日生效后，同年上半年湖南对东盟进出口 692.7 亿元，增长超七成。湖南与东盟更高水平、更深层次的通力合作，将继续为双方带来实实在在的福祉，为构建更紧密的中国—东盟命运共同体贡献更大的力量。在这样的背景下，湖南将以打造内陆地区改革开放高地为目标，以高水平开放促进深层次改革、推动高质量发展，加快构建以融入共建'一带一路'为重点的全方位对外开放新格局。

一、结合区域特色和优势，推动形成科学合理协调的战略布局

国际交流合作的区域布局是事关全局和长远的战略和系统思维。在一个国家和地区的国际交流合作中，区域特色是互通有无的基础，谋划全球布局需在审视"合作对象"区域特色的基础上，遵循以下三个原则。一是促进优势互补并显著改善民生原则。国际交流与合作的一个重要功能就是相互取长补短促进发展，相互取长补短的基础就是要优势互补，把那些能够显著改善本国或地区民生的合作国家优先确定为重点地区。二是兼顾国家发展战略和地方长远利益的原则。民族国家是国际关系中最重要的行为主体，地方政府是国家行为主体的重要部分，担负着维护国家主权、安全和发展利益的义务和责任。地方发展战略和国家发展战略方向保持一致，地方利益和国家利益基本协调，增进地方利益就成为增进国家利益的有机组成部分。三是促进包容性发展、共建合作平台的原则。平台共建已成为国际重大事项和经济社会领域交流合作的重要策略。注重与合作对象的平台共建有利于扩大国际交流与合作的影响力，有利于加快开放型经济的区域布局。

东盟是中国安全战略的核心利益所在，东盟则是中国走向世界的南大门。扩大湖南与东盟国家的合作关系，是湖南国际交流与合作今后一段时期的重点。2010年10月，17届东盟首脑会议通过了《东盟互联互通总体规划》，东盟自由贸易区的地位和影响力正在扩大。湖南可以利用自身的优势及早重点介入东盟，发展双边和多边经贸合作。一是在科技领域加强与东盟国家的交流与合作，在帮助部分技术相对落后的东盟国家提高科技水平中实现双赢；二是在文化领域选择一些合适项目进行紧密的交流合作。湖南正着力厚积文化资本，在推动湖湘文化新一轮改革发展过程中，加快与周边和发展中国家的文化资本产业化合作、市场化交流和国际化互动，以文化互通达到经济共荣的和平共处关系。三是在经济领域加强同东盟的密切合作关系。经济合作是周边和发展中国家最需要最渴望的领域，也是发展长期紧密关系的重要手段。湖南与东盟将在农业生产体系、机械工程装备等方面发展更加紧密的合作关系，也是湖南开放型经济走向第三世界的重要一环。

二、强化创新驱动，大力扶持重点产业走出去

坚持"引进来"和"走出去"相结合，更加注重"走出去"的战略方针，以经济建设为中心，构建并发挥产业优势，大力扶持重点产业、朝阳产业走出去。构建产业优势，湖南的重点可放在农产品加工、烟花、陶瓷、有色金属等传统优势产品的贸易合作与先进装备制造、新材料、生物医药、文化创意、影视传媒、文学演艺、新能源、信息、节能环保等战略性新兴产业以及量子、生命科学等未来产业。

在工程机械方面，着力扶持中联重科、三一重工、山河智能等龙头企业，重点走向越南、印度尼西亚、泰国等国家和地区。中联重科股份有限公司（简称"中联重科"），在全球工程机械行业排名第7位。中联重科的生产制造基地分布于全球各地，在全球40多个国家建有分公司以及营销、科研机构，为全球6大洲80多个国家的客户创造价值。三一重工在混凝土机械、履带起重机械、桩工机械、挖掘机械、煤炭机械等领域已处于国内领导地位。在扩大国内

市场份额的同时，三一重工坚持"走出去"，已陆续在东盟投资建造研发制造基地，业务覆盖东盟国家。山河智能装备股份有限公司（简称：山河智能），创立于1999年8月，以中南大学为技术合作单位，是一家产学研相结合的现代化工程机械制造企业。公司主要生产桩工机械、工程机械、现代凿岩设备三大门类装备，取得数十项国家专利。产品批量出口到东盟多个国家和地区。

在装配制造业方面，电动交通运输设备、电力、电气设备等具有明显的优势。装备制造是制造业的核心组成部分，是实体经济发展特别是工业发展的基础。湖南在国内外装备制造业中具有明显的比较优势。大力扶持以电动交通运输设备、电力、电气设备等为重点的优势产业走出去，有利于处理好产业结构优化升级、高新技术、工业现代化与发展装备制造工业的关系，为实现湖南新型工业化奠定坚实的基础。未来湖南将在高端电力牵引轨道交通装备、新能源汽车及汽车新品种、高档数控模具、大型冶金、矿山设备、高技术船舶及海洋工程装备、航空装备、航天装备等领域形成优势产业，完全能够在现有的优势产业中，先行扶持一批大型龙头企业集团走进东盟国家。

在电动交通运输设备和电力方面，将重点扶持南车时代、衡阳特变电工等大型企业走向东盟国家。南车株洲电力机车研究所有限公司（南车时代）始创于1959年，前身是铁道部株洲电力机车研究所，现为中国南车股份有限公司一级全资子公司。公司目前已形成"电气传动与自动化、高分子复合材料应用、新能源装备、电力电子（基础）器件"四大产业板块、九大业务主体，旗下拥有三家上市公司、两个国家级企业技术中心、两个企业博士后科研工作站、两家外资合资公司），致力于成为电气装备、新材料应用产业的领跑者。南车时代将利用周边国家的历史条件和地缘政治环境，谋划"走出去"工程。特变电工衡阳变压器有限公司（以下简称衡变公司）是特变电工的控股公司，始建于1958年，经过五十多年的发展，现已成为中国输变电行业超、特高压、大容量变压器类产品制造的核心骨干企业，掌握了特高压交直流输电、大型水电、火电、核电主机及安装调试等世界输变电制造领域最关键核心技术和产品，同时在我国大型水电、火电、燃气发电、抽水蓄能发电等。

三、推进文化创意走出去，积极抢占东盟市场

文化创意产业被列为湖南七大新兴战略产业之一。承担发展重任的出版湘军、广电湘军、动漫湘军、演艺湘军，乘着改革开放的东风阔步前进。在文化产业增加值占 GDP 的比重超过 5% 后，其产业效益、产业带动和示范效应等作用日益明显。[①] 扶持文化产业新支柱的形成并大力推动其"走进东盟"，不仅为湖南经济的持续、稳定发展注入强大的活力，而且在优化产业结构、扩大居民消费、增加就业、带动相关产业发展等方面都将产生越来越大的影响。

构建文化创意产业新优势，推动湖南的文化龙头、文化元素、文化投资走进东盟国家。文化龙头走出去，就是要利用政策导向作为税收杠杆，扶持和激励广电传媒、出版集团等文化龙头企业进军海外市场，特别是东盟的文化市场。文化元素走出去，就是要充分利用湖南文化现代元素打造国际化的文化精品，让现代文化元素走进东盟的精神在世界绽放。传统文化不能丢，但只有传统文化与现代元素的完美结合，才能摘掉被西方文化支配的"紧箍咒"。湖南的"蓝猫""山猫""金鹰"等动漫龙头公司目前在国内已有较大影响，《山猫吉咪历险记》衍生产品曾销往东盟国家，我们可以探索借助动漫影视创意产品开发、动漫文化产业链建设和动漫衍生品交易平台，推动湖南与印尼等东盟国家签署节目输出和产业合作协议。文化投资走出去，就是要让湖南文化产业链以直接投资的方式延伸到国外，并在目标市场呈现可持续增长。在文化产业领域设立新的企业集团，负责收购和控股境外媒体，同时由省内大型文化传媒集团牵头，有计划有步骤地建立东盟文化产业基地（文化城），充分发挥其集聚效应和产业孵化功能。

四、加强农业对外合作，推进现代农业走出去

湖广熟、天下足。湖南不仅有鱼米之乡的美称，更有隆平高科龙头企业、现代生物技术优势以及五大现实基础。具体而言，一是农业结构调整稳步推

---

① 文化产业成为湖南重要支柱产业［N］.湖南日报，2011–11–02．

进，现代农业布局初步形成；二是产业化水平进一步提高，现代农业经营组织有序发展；三是农业科技创新和物质装备达到新的水平，现代农业生产要素条件显著改善；四是农业基础设施建设取得实效，现代农业建设能力显著提升；五是农业政策落实到位，现代农业建设的软环境有效改善。未来湖南农业，将以转变发展方式为主线，与湖湘特色相得益彰，与新型工业化协调发展。

　　湖南农业走出去，将以提高农产品市场竞争能力为重点，以开拓农产品东盟市场为突破口。龙头企业是农业"走出去"的决定力量，需加快形成政府引导、企业为主的农业"走出去"发展模式。我们应加强农产品出口基地建设，促进有竞争优势和出口潜力产业或产品的发展；加大农产品的境外促销力度，大力开拓成长型市场，稳步开发东盟市场；加强农业的招商引资，打造农业利用外资和农产品精深加工出口高地；充分发挥行业协会在农产品出口中的作用，组织企业积极应对东盟国家的贸易争端，应对东盟国家的反倾销、反补贴调查；完善农村市场体系，建设一批具有一定规模、辐射能力强，有特色的农产品批发交易市场；大力推进湖南农业标准化，修订农业地方标准、建立与国际、国家标准基本配套的标准体系等。改革开放以来，我国与东盟多个国家和地区及主要涉农国际组织和机构建立了合作关系，国内农业"走出去"呈加快发展的态势，但仍然存在经营方式相对简单、组织体系不健全、政策支持不够有力、跨国经营的高素质复合型人才缺乏等问题，制约了农业走进东盟。湖南需加强对现代农业东盟投资的整体规划和政策指导，制定有利于实施东盟投资的政策措施，为企业创造货物运输、资金进出、人员往来、信息服务等方面的便利条件。同时，以农业种植为基础，以市场为导向，开展东盟农产品加工贸易，不断延伸东盟农产品开发领域，提高农业"走出去"质效。

五、推进加工贸易走出去，持续扩大双方经贸往来和贸易规模

　　食品、烟花、陶瓷、有色金属等已成为湖南重点扶持的加工业。湖南加工贸易的走出去方式主要是产品出口。产品出口容易受到境外反倾销等贸易保护条款的制约。因此，湖南要有计划地支持重点企业，完成从产品出口贸

易模式向东盟加工贸易模式转型。湖南作为农业大省，在多种产品和资源方面具有世界比较优势，农产品及其加工领域有着巨大的出口空间。就食品行业而言，湖南具有较为明显的优势，可列为重点扶持对象之一，特别是实施"有机食品"走出去工程计划。就烟花而言，长沙的浏阳和株洲的醴陵，制作技术国际领先。全省有出口烟花生产企业已接近 300 家，出口烟花经营公司近 200 家，年出口额 4 亿美元左右，约占全国出口总量的三分之二。[①] 就陶瓷而言，湖南的技术优势仍然明显，出口和进口贸易额基数较大，但近年来出现进口大于出口趋势，高档陶瓷进口增长强劲。湖南积极利用陶瓷业发展的优势，大步走进东盟国家。就有色金属而言，湖南有色金属控股集团有限公司（简称"湖南有色"）是国内较强的国有企业，已拥有境内外多家有色骨干企业，可以凭借自身的技术优势走进东盟国家，抢占东盟的国际市场。

六、推进文化产业走出去，打造湖湘特色的文化交流精品

文化交流是国家公共外交的重要手段，更是各国各地区相互借鉴、取长补短、增信释疑、加强合作的桥梁纽带。文化已成为经济的重要部分，文化交流合作的重点将从以交流为主转向交流合作并重，以文化传播为主转向以文化资本合作为主。湖南在文化领域重点宜放在传统手工艺、影视传媒、文化旅游、演艺等方面的交流合作。就传统手工艺而言，古老的、民族的手工艺才是国际交流需要的，可围绕少数民族传统手工艺、湘东陶艺等展开重点交流合作。就影视传媒而言，可重点加强湖湘题材影视动漫作品的交流与合作。就演艺而言，可加大演艺团体、湘籍剧作家、画家、雕刻家等走出去步伐，引进东盟国家优秀的文学作品、演艺团体入湘交流演出。有计划地构建以内容为依托的交流平台，打造湘剧、湘绣、湘学、湘菜等湖湘特色的国际交流精品。

（一）湘剧

2006 年 5 月，湘剧被列入第一批国家级非物质文化遗产名录。湘剧

---

① 长沙 2023 年烟花爆竹出口 40.5 亿元，占全国半壁江山［N］. 长沙晚报，2024-02-01.

现有传统剧目682个，加上散折戏，多达1155个。中华人民共和国成立后，整理、改编、创作的剧目中，《琵琶上路》《打猎回书》《拜月记》《追鱼记》《金丸记》《百花公主》《李三娘》等传统剧目和《山花颂》《郭亮》《玛丽娜一世》《新刘海砍樵》等现代戏影响较大。

（二）湘绣

湘绣起源于湖南的民间刺绣，它吸取苏绣和粤绣的优点，发展成为今天的湘绣，是中国四大名绣之一。其特点是：构图严谨，色彩鲜明，各种针法富于表现力，通过丰富的色线和千变万化的针法，使绣出的人物、动物、山水、花鸟等具有特殊的艺术效果。湖南湘绣研究所创制的《雄狮》《饮水虎》等湘绣精品已成为中国工艺美术国家珍品，荣获了中国工艺美术百花奖金杯奖。

（三）湘学

湘学是湖湘文化的沉淀和传承，湘籍学者的思想史。周敦颐"濂学"与理学、王船山哲学、曾国藩《湘军志》等湘学之风源远流长。大力扶持湖南湘学院、湘潭大学湘学研究所等学术基地，打造湘学之精品。

（四）湘菜

湘菜是中国八大菜系之一。湘菜品种繁多，门类齐全，价廉物美。湘江流域的代表菜有"腊味合蒸""走油豆豉扣肉""麻辣仔鸡"等，洞庭湖区的代表菜有"洞庭金龟""网油叉烧洞庭桂鱼""蝴蝶飘海"、冰糖湘莲等，湘西代表菜有"红烧寒菌""板栗烧菜心""湘西酸肉""炒血鸭"等。

第六章

湖南与东盟国家交流合作的对策建议

湖南作为中部内陆省份，加强湖南与东盟国家交流合作，是统筹国内外两个市场、两种资源的现实需要，也是提高对外开放水平的战略选择。新时代，加强湖南与东盟国家交流合作，需要明确目标，突出重点，全面推进，为加快湖南国际化步伐、实现富民强省作出积极贡献。

第一节　树立湖南与东盟国家交流合作的正确理念

面对资源能源日趋紧张的经济全球化时代，湖南对外开放不是排他的，必须建立在人与人、人与社会、人与环境和谐共生的基础之上。湖南在与东盟国家的交流合作中，需顺应经济全球化和区域经济一体化的发展趋势，调整思维，开拓思路，以海纳百川、兼收并蓄的宽广胸怀的开放理念谋划新时代的国际交流合作工作。

一、正确处理民族之间的和谐共生关系

共生理论起源于生物学，又叫互利共生原理，是两种生物彼此互利地生存在一起，缺此失彼都不能生存的一类种间关系，是生物之间相互关系的高度发展。共生的生物在生理上相互分工，互换生命活动的产物，在组织上形成了新的结构，从而达到"共生效应"。

文化的交流和融合是建立民族之间长久的和谐共生的重要手段，尊重异

国民族文化有利于国际交流与合作。事实证明，彼此尊重对方文化，合作起来才会非常顺畅。例如，上海通用这个名字，中国人觉得他们受到尊重，因为这家公司姓上海；我们也觉得非常自豪，因为这家公司姓"通用"。中国人姓在前名在后，美国人则相反，文化互补而获得和谐共生。

二、正确处理国家之间的和谐共生关系

湖南应积极利用与东盟国家交流合作机会，参与国家和平形象建设，用真诚的经济合作换取国际信任与和平共处。充分利用和谐共生的有效途径，推进湖南与东盟深度交流合作。

在国际交流合作中，把握处理和谐共生关系的有效途径就能事半功倍。一是做到四个相互，即在交往中注重相互理解、相互尊重，在合作中注重相互学习、相互支持，让双方合作总体和谐、互利共生。二是援助弱者。湖南在与东盟国际交往中既要引资引智，又要有博大胸怀，乐善好施，援助弱国和弱者，交流合作的道路才会越走越宽广。三是开展利他行动。摒弃急功近利思想，站在对方立场舍得让利，交流合作的利益关系才会更加长久。

第二节　优化湖南与东盟国家交流合作的宏观环境

宏观环境已成为影响国际交流与合作的关键因素。优化经济发展的宏观环境，有利于加快开放型经济发展，增强国家综合实力，提高人民群众的生活水平。这就需进一步深化行政管理体制改革，健全国际交流与合作的法治环境，规范审批手续和审批环节，搭建服务和信息咨询综合平台，切实提高国际交流与合作工作的效率和效果。同时，还需大力引进培养高层次的复合型涉外人才，不断提高依法行政能力和外事服务水平。

一、健全法治环境

加强法治建设，为进一步扩大湖南与东盟国家交流合作创造良好的法治

环境，提供有力的法律服务和法治保障。首先，要强化法治观念。涉外部门的工作人员要树立职权法定、权责统一和依法行政三大观念，自觉转变与法治环境不相适应的思想观念和行为方式。其次，要强化法律制度建设。通过总结过去以来的实践经验，逐步将对外开放过程中的重点任务和有效做法以法律形式确定下来，为湖南加强与东盟国家交流合作提供更完备的法律依据。再次，积极推进法律服务的市场建设。加强专业法律服务人员的培养和队伍建设，培养一批能为外来投资者提供公司、金融、证券、国际经济、国际贸易法律服务的高水平律师人才。制定有利于法律服务市场发展的政策措施，吸引东盟知名的律师事务所、会计师事务所进驻湖南，同时有效整合本地律师资源，提升法律服务的整体水平。此外，建立涉外诉讼投诉协调机制，优化协调规则，规范协调程序，提高协调效率，有效解决外商投诉问题。

二、优化政策环境

结合湖南实际，制定相关配套政策，为湖南与东盟国家交流合作打下坚实基础。一是深化行政审批制度改革，从职权法定、依法行政和高效便民的角度出发，对本级行政审批项目的保留和精简作出科学判断。对保留下来的审批项目按照"精简效能、权责一致、公开透明"的基本原则，对审批事项进行逐项规范，简化相关流程，提高办事效率。二是简化因公出国（境）审批手续。要进一步简化从事国际交流与合作，特别是境外投资、对外承包工程、外派劳务人员、社会事业领域对外交流的人员的因公出国（境）手续，对因项目需要拟派出国人员，扩大办理"一次审批、年内多次有效"的出国任务审批"直通车"企业范围。积极协调有关国家驻我国使领馆为"走出去"人员提供签证便利，给予长期签证或多次往返签证。公安部门要建立外派劳务人员等护照办理绿色通道。发挥因公护照和APEC商务旅行卡在许多国家免签证、落地签证等功能，为湖南企业人员赴国外开展合作提供便利。三是提高口岸通关效率。海关、检验检疫、外汇、税务等部门要加强部门协作，充分运用现代科技手段，提高工作效率。要进一步加强口岸"大通关"建设，完善口岸联检机构布局，为企业"走出去"提供便捷的通关、结汇、法律政策咨询等服务，对境外投资企业运回的矿产资源、生物能源等自产产品，在通关方面给予便利。四是优化政府服务方式。适时推动政府的相关服务向海外延伸，形成政府全力支持国际交流与合作的境外支持服务网络。有计划地在湖南拟重点拓展的国际交流与合作重点区域设立联络或代表机构，加强现有驻东盟机构在湖南省国际交流与合作方面的先行、支持、服务和保障的功能。

三、完善投资环境

积极吸引和利用外商投资，是推进高水平对外开放、构建开放型经济体制的重要内容。为了有效开展国际交流与合作，各职能部门应通过整合政务资源和公共服务资源，搭建国际交流与合作平台。在投资平台上，针对企业"走出去"面临的政策、法律等一系列问题或困局，借助官方与非官方渠道，帮助企业加强与当地政府及相关部门的联系，尽快适应东盟国家的外部投资环境，协助解决与税务、海关、银行等政府部门或机构的联系和沟通问题；在投资服务上，加强重点专业市场的知识产权监管保护，建立跨区域、跨部门知识产权协同保护机制，鼓励外商投资企业依法进行专利申请、商标注册以及开展知识产权交易活动；在投资方向上，支持外商投资研发创新，推动重大科技基础设施对外开放合作，支持外商投资企业承担国家、省、市科技计划项目，开发绿色技术、设计绿色产品、建设绿色工厂，打造绿色供应链；在外资项目建设推进方面，健全重大和重点外资项目工作专班机制，加强要素支撑、政策支持和服务保障，推动外资项目早签约、早落地、早开工、早投产。出台促进绿色电力消费的政策措施，支持外商投资企业更多参与绿色交易和跨省跨区绿色电力交易；在外商投资权益保护方面，完善国际投资争端应对工作机制，压实主体责任，强化争端预防，妥善处理国际投资争端。坚决打击通过网络发布、传播虚假不实和侵权信息等侵害外商投资合法权益的恶意炒作行为，依法严肃查处相关责任机构和责任人。

四、创新人才环境

加大力度引进和培养适应国际交流合作需要的各类人才，为开放型湖南发展提供强有力的人才保障。要加大人才引进力度，多渠道、分层次培养、引进和选拔具有较高外语水平、丰富的专业知识、熟悉 WTO 规则的高素质复合型人才。要充分发挥涉外院校、外国专家、华人华侨的积极作用，"不求所有，但求所用"，不断创新人才引进方式，加大对人才的柔性引进力度，最大限度地利用他们的智力资源和社会资源为湖南与东盟国家交流合作服务。要加大培训力度，对经济部门干部进行开放型经济发展的知识培训，每年举办企业高管人员和业务骨干示范培训班。要优化干部队伍结构，大力选拔具有世界眼光、战略思维和熟悉开放型经济的干部进入各级领导班子，增强领导干部开放合作的工作能力。要加强外事侨务干部招收、培训和选调工作，培养一支熟悉国际规则、了解国际形势并精通外语的国际化复合型涉外人才队伍。

第三节　健全湖南与东盟国家交流合作的评价机制

建立科学有效的评价激励体系，是促进湖南与东盟国家交流合作健康发展的重要环节。要在充分调研分析和学习借鉴的基础上，建立科学合理的评价标准。根据评价结果建立奖惩分明的激励机制，并通过对外交流交往、项目合作，以及公务出访效益效果的反馈评估，真正将国际交流合作工作落到实处。

一、建立与东盟国家交流合作的指标体系

对一个地区的国际化程度进行科学评估，需要从经济国际化水平、参与国际活动的规模和层次、社会进步水平和可持续发展水平等层次进行评估。一是经济的国际化水平。主要包括生产的国际化组织程度；对外贸易的规模、

结构及外贸依存度；产品的国际竞争力及产品品牌的国际知名度；资本、技术、经济管理方式和人才等流动性要素的国际化程度和水平；海外直接投资（FDI）占全社会固定资产投资比重等方面。二是参与国际活动的规模和层次。主要包括出入境人员的规模、频率及便捷程度；与国际组织、外国政府（包含地方政府）、中介组织和机构、社会团体、企业等的联系及其紧密程度；国际友城的数量和交往质量；举办、承办或参加国际性会议次数、规模和效应；外国常驻机构如领事馆、地区总部、代表处的数量和层次等。三是社会进步水平。主要包括社会的生存状态、思想观念和行为方式的开放度，如地区经济社会发展对世界的依存度，地区对国际经济社会发展的贡献，民众的开放心态和开放观念的形成，国际交往中形成的平常心、进取心、包容心、自信心和责任心，人们工作、学习、生活等日常行为的国际化程度等。四是提升可持续发展水平。主要包括航空港年旅客吞吐量、轨道交通年客运量、万元GDP能耗、空气质量优良率、污水达标排放率、绿化覆盖率等指标。

二、完善与东盟国家交流合作的评估机制

在湖南与东盟国家交流合作过程中，需要对结好国家的前景特别是投资实效进行论证、评估、评价，并根据评估和评价结果对结好工作适时进行调整。一方面，对结好国家的投资环境进行评估。对投资环境的评估是一个动态综合系统，在确定投资环境的评价指标时，既要考虑与投资项目和投资者相关的硬环境（设施条件），也要关注投资的软环境（服务条件）以及投资风险的问题。其中，投资硬环境包括当地基础设施建设与材料供应的畅通性，如公路、铁路、机场、水电煤气、石油以及各种生产、生活资料等的供应等；投资软环境包括政策法治环境、人文环境、生产与卫生环境、政府工作效率、通信保障等；投资风险包括政治风险、资源不确定风险、经营风险、外汇风险等。另一方面，对结好内容、质量和实效进行评估。对结好内容和质量进程前期评估，从结好国家的产业政策、行业状况、企业情况、组织结构、重点人物和景点、风土人情和文化民俗等进行具体分析。同时要根据当前结好国

家的形势评价，确定与结好国家地区开展交流的方向、目标和形式，真正使评估结果为湖南与东盟国家交流合作工作提供有效的指导和帮助，以此提高湖南与东盟国家交流合作的针对性和实效性。

三、健全与东盟国家交流合作的激励机制

奖惩是对一个人工作、能力、学习能力等积极因素的肯定，是激励机制的重要内容。建立奖惩激励机制，需要充分考虑本地区的实际情况，并为不同的个体制定不同的奖励激励措施，以此调动各方面的积极性。在湖南与东盟国家交流合作中，将对外交往工作实效评估和成果反馈纳入绩效考核当中，建立合理有效的奖惩机制，以此提升国际交流合作的质效。同时，要进一步完善目标责任考核制度，建立科学的统计指标体系和核算方法，把促进湖南与东盟国家交流合作的目标和要求转化为可考核的客观指标，逐级分解落实目标，在注重短期交流指标的同时，更加注重长期实质性交往的测评指标，把交流合作完成情况作为绩效考核的重要内容和干部选拔、奖惩、培训的重要依据，并落实奖惩措施，开展表彰奖励和相应处罚。

四、创新与东盟国家交流合作的反馈机制

建立湖南与东盟国家交流合作的跟踪反馈机制，是提高国际交流合作工作的透明度，避免交流不畅、信息不通等问题产生的重要一环。一是注重对外交往的考核。在与结好国家交往前和交往中，发现困难和问题要及时给予帮助，积极探索总结开展交往新途径、新方法，创建更多更好的实质性交往渠道、平台和载体。二是重视合作项目效果。通过跟踪了解检查对象在项目运作中的职务履行情况，贯彻相关政策、决议情况，以及项目运作的效率、效果情况，全面掌握项目运作过程的各个环节，对需改进的事宜，提出反馈建议，项目主管部门根据相关建议，对实施方案进行修改，经反馈，达成一致后组织实施。三是强化公务出访效益效果。按照"谁派出、谁负责"的原则，加强对派出团组的跟踪管理。外出前，结合典型事例，采取集中教育、

团长谈话等方式，对出国（境）团组要进行行前的外事纪律教育，增强警示效果。出访团组负责人要切实负起责任，不得擅自更改行程，延长境外停留时间。团组在境外期间，重要情况要及时报告派出单位、任务审批部门和我驻外使领馆。团组回国后，及时报送出访情况报告和在外遵守纪律情况。进一步加强对出国（境）团组出访成果的跟踪调度，通过收缴护照和出访报告、查验出入境记录、向我驻外使领馆和邀请接待单位了解情况等方式，对出国（境）团组、人员执行外事纪律和出访效益情况进行跟踪评估和反馈。

第四节　坚持"引进来"与"走出去"相结合

进入新时代，坚持开放创新、积极融入全球创新网络比以往任何时候都显得更为迫切。推动互利共赢的国际交流与合作，坚持"引进来"与"走出去"并重，对于开放型经济高质量发展具有重大的现实意义。只有坚持"引进来"与"走出去"相结合，更好地利用国际国内"两个市场、两种资源"，才能为湖南开放型经济发展获得更大的空间，从而进一步提升对外开放的水平和效益。

一、掌握东盟国家的基本国情和经贸政策

东盟除新加坡外的基本国情是经济、技术、人民生活水平程度较低，与中国一样都是发展中国家。每个国家的国情不相同，都有自己的经贸政策和发展战略。一是加强对东盟国家国情国力的分析，掌握其经济技术发展水平和在世贸组织中的实际情况，熟悉他们的技术标准、技术法规和合格评定程序，了解其文化传统、风俗习惯等。二是加强对自贸区《货物贸易协议》《服务贸易协议》《投资协议》和《争端解决机制协议》等文件的学习研究，掌握区内经贸合作的规则和各国贸易、投资、对外经济政策及市场准入门槛。三是加大对东盟各国的实地考察和交流力度。分期分批组织相关企业组团赴

东盟各国实地考察；有计划地邀请东盟投资商、贸易商来湘考察和经贸洽谈。四是全面把握自贸区规则，了解自贸区降税的时间进程表，重视对东盟市场的可行性分析。

二、争取国际大型经贸活动在湘举行

国际大型经贸活动作为湖南与东盟国际交流合作的桥梁，也是展示湖南开放型经济发展实力的重要平台。这对湖南经济社会发展具有重要的促进作用，尤其对推动湖南经济多元化发展，促进湖南企业与东盟企业在经贸、投资、旅游、文化等各领域的交流合作提供不可多得的发展商机。我们要充分发挥和利用本省各种有利条件及地域人缘优势，积极争取参与和举办大型国际会议、知名大企业年会、季会等高端商务会议，主动承办大型招商引资博览会和经贸活动，为湖南企业与东盟国家经贸合作搭建平台，提供更便捷、优质、高效的服务。要坚持"政府引导、企业主体、市场运作、协调联动"的基本原则，借鉴国际经验，引入符合湖南实际的经贸合作模式，努力提高湖南出口商品的境外市场占有率。同时，要加大市场营销力度，强化政策引导，加强配套服务能力建设，全面推进会议会展业与国际标准接轨。

三、争取跨国公司地区总部落户湖南

总部经济是国际化、信息化大背景下全球经济发展的一种重要形态，大力发展总部经济是探索国际贸易的重要方式。针对东盟国家不同特点，创新经贸交流合作机制和方法，优化经贸合作的营商环境，争取更多的东盟企业落户湖南。充分发挥长株潭一体化的政策优势，积极引进东盟国家的银行、保险机构、总部经济等高端产业落户湖南。加强与东盟知名企业的对接，积极宣传推介湖南的区位优势和投资环境，大力促成东盟的国际著名跨国公司总部或分支机构到湖南投资落户。从财政、人才、基地建设、便捷服务、战略合作等方面对跨国公司予以政策优惠支持。建立完善的管理协调机制，努力降低跨国公司企业税负和营运成本等，加快推动东盟的跨国公司地区总部在湘建设。湖南组织企业到东盟参加经贸会展活动，借助中国—东盟博览会这一具有一定国际化水平、投资贸易兼备、参与成本相对较低的经贸平台，吸引更多的东盟跨国公司落地湖南。

四、为企业拓展东盟市场提供渠道支持

在支持湖南企业"走出去"的过程中，应充分利用国际友城资源，拓展东盟国家市场。我国驻东盟使领馆，需要熟悉当地法律法规、市场动态等，与驻在国政府、商会、企业各方面建有长期友好关系，加强政策信息的沟通及其他方面的联系。应主动与驻外使领馆保持着良好的合作关系，引入更多国际创新资源，积极促进对外经贸交流合作，在某些方面还需要争取使领馆的支持与帮助。东盟驻华使馆最直接了解其本国经济发展实际，兼有开拓中国市场、吸引中国企业投资职能，并掌握着给中方"走出去"的人员发放签证的权力。此外，要充分发挥东盟华人华侨在资金、技术、人才、市场等方面的资源优势，加强与东盟华人企业、商会、社团和知名侨领的联络联谊，积极推动东盟湖南同乡会的成立，建立相应资源数据库，及时收集和发布产业转移和合作信息，促进湖南企业"走进东盟"。

五、彰显区域资源禀赋和特色产业优势

做大做强湖南优势特色产业，坚持"有所为、有所不为"的原则，按照"小品种、大产业"的思路，既强调特色，又突出优势。统筹考虑湖南资源禀赋特征、产业比较优势基础、环境承载力、市场条件及发展潜力等因素，力争建成产品优势明显、区域品牌响亮、产业链条完整、带动增收显著的优势特色产品聚集区，助力外贸高质量发展。充分发挥湖南高新技术、机电产品、农产品深加工以及烟花鞭炮等特色企业的传统优势，进一步扩大对东盟市场的占有份额。不断调整优化出口结构，着力在先进装备制造业、轨道交通、节能环保、新能源、新材料、新生物、信息产业、航天航空等领域开辟新的发展空间，增强湖南在东盟市场的国际竞争力。充分发挥服务贸易的比较优

势，继续巩固发展旅游、运输等传统服务贸易出口，加快发展以计算机信息服务、通信、金融、保险等新兴服务贸易。

六、建立较为完善的承接产业转移机制

因地制宜承接发展特色产业，依托湖南产业基础与劳动力、资源等优势，推动重点产业承接发展，进一步壮大产业规模，加快产业结构调整，培育产业发展新优势。坚持合作共赢的基本原则，统筹资源环境、产业基础及碳达峰碳中和目标，创新体制机制，完善政策体系，支持湖南更好承接东盟国家产业有序转移。有针对性地开展各类招商活动，加强对东盟的产业投向引导，不断提高东盟资金在先进制造业、高新技术、现代服务业、农业和基础设施等领域的投资比重。继续加强面向东盟国家的招商引资载体，在有条件的地方建立湖南—东盟经济示范区等特色园区，推动出口加工区和保税物流中心的建设发展。

七、优化高效便捷的通关全链条全流程

通关便利化是通过对通关程序的简化、适用法律和规定的协调、基础设施的标准化和改善，为经贸活动创造协调、透明、可预见的环境。加强部门间的协调配合，海关、检验检疫、外汇、税务等部门要充分利用现代科技手段，进一步简化手续，提高通关效率。积极推动湘桂口岸合作，构建"属地申报、口岸验放"的区域合作快速通关机制。尽快落实与广西签订大通关协议，加强湖南商品从广西北海港出口通道建设，保证烟花在北海港出口畅通无阻。进一步优化旅客通关动线，加强口岸现场管理，方便车辆快速通行，减少旅客等车时间，并根据人流量实施动态调节管理。同时与跨境旅行社建立长期合作关系，提前掌握旅行团队的出行规模，在口岸外围设立旅行团队大巴车辆停放位置、接送区域和旅行团队集合点，协助安排团体通关服务和秩序引导，提供专业口岸公共服务。

第五节　全面推进湖南与东盟国家各领域的交流合作

扩大社会各领域的交流与合作，形成各领域的交流合作机制，是当前活跃湖南与东盟国际交流合作，提升湖南综合实力，扩大湖南在东盟国家的知名度和美誉度的重要途径。

一、重点推动湖湘文化"走出去"

文化是国家综合实力的重要组成部分，湖湘文化是中华民族传统文化的重要内容。从古至今，湖南在武术、中医、美食、传统艺术等方面取得显著成就；近年来，又相继形成了广电、出版、报业、娱乐、动漫等优势文化产业，在全国乃至世界产生了较大影响。推动湖湘文化"走出去"，提升湖南对外开放"软实力"，既是服务国家总体外交的需要，也是加快"文化强省"建设的重要举措。一是充分发挥政府主导作用，建立由省政府牵头，省文旅厅、商务厅、外事办等相关部门参加的联席会议协调机制，研究决策重大问题，形成工作合力。二是积极整合文化资源，培育一批具有国际竞争力的外向型文化企业和中介机构。推动湖南卫视、湘版图书、对外文化展览和文艺演出等走进东盟市场，鼓励支持民间资本参与重大对外文化交流项目，构筑官、民、商并举的文化国际交流与合作新格局。三是大力促进文化产业与旅游、通信、会展、商贸、教育、培训、休闲等产业的融合，开展多渠道、多层次、多形式的对外文化交流。积极借鉴东盟文化产业发展的先进理念和经验，推动艺术团体赴东盟演出，努力将"文化湖南"打造成弘扬湖湘文化的知名品牌，扩大湖湘文化在东盟的影响力、吸引力。

二、推进其他重点领域的交流合作

在推进经贸合作和文化交流的同时，要进一步重视和扩大科技、教育、体育、医疗卫生等多领域的交流合作。这些领域的交流更容易参与互动，形式也更加生动，对促进湖南与东盟的交流、沟通和信息共享，以及延伸产业链条和促进经济社会发展起着重要作用。在教育方面，加强政府宏观管理，对各级各类学校进行准确分析，实行分类指导，制定教育国际交流与合作的目标、任务与举措，以高等院校的国际交流合作为龙头，带动其他层次学校国际交流合作的整体发展。充分发挥国家留学基金地方合作项目的优势，建立地方合作项目留学人员人才库，突出重点人才的培养工作。建立湖南双语教师人才库，定期选送双语老师出国培训。加强对中外合作办学的宏观指导和监管，建立评估体系，坚决杜绝以追求经济效益为目的，低水平重复办学。积极做好汉语国际推广工作，以"汉语桥"世界大学生中文比赛为契机，带动湖南教育领域的国际交流与合作向纵深推进。在科技方面，进一步加大对国际科技合作的投入，并对国际科技合作频繁的单位设立专项经费。特别是在杂交水稻方面，要适当放宽品种资源限制，鼓励杂交水稻技术出口，支持国际合作研发和推广，确保湖南杂交水稻技术的国际领先地位。进一步明确和扩大因公科技出访审批范围和权限，将省属科研院所、知识产权部门、高新技术企业和承担国家级、省级科技计划的项目单位按出访任务性质纳入因公科技出访审批范围。在卫生方面，培养一批高素质的涉外卫生人才队伍，在政策和资金方面对国际医疗交流合作频繁的单位予以支持，特别是对引进东盟国家先进技术和智力的项目有所倾斜。要依靠友城交往扩大医疗卫生领域合作，积极在东盟国家中寻求建立"友好医院"或签署医疗卫生合作协议，扩大医疗专业学术交流和人才培训。充分发挥援外医疗的平台作用，积极推进湖南医药、制药产业进入东盟国家。

三、形成各领域的交流合作机制

加强与东盟国家交流合作，需动员社会力量，整合社会资源，建立一套覆盖社会各领域的便于集中协调的工作机制。一是强化交流联络员机制。不断拓宽渠道，加大聘用国际知名人士和民间友好人士作为湖南与东盟友好交流联络员的力度，做好友好交流联络员的选聘和培训工作，充分发挥联络员的影响力和牵线搭桥的作用。二是建立综合调研机制。及时分析当前面临的新形势、新情况和经济社会发展动态，积极通过各种途径、渠道搜集在相关领域的信息数据资料，并加以分类整理，为社会各界进行友好交流工作提供可靠的信息资源服务。三是建立资源共享机制。加强市州之间，以及与其他兄弟省份之间的交流与学习，建立优势互补、渠道共通的资源共享机制。

第二篇 02

湖南与东盟主要国家
交流合作研究报告

第七章

湖南与越南交流合作

第一节　近年来越南经济社会发展情况

20 世纪 90 年代，随着中越邦交正常化，中国与越南的经贸合作逐渐热络，中国与越南的合作迈上新台阶。近年来，越南在经济发展、市场潜力等方面表现非常亮眼，中国越来越多的公司企业将目光投向越南。

越南是东南亚的重要经济体之一。近年来，越南经历了快速的经济增长，在过去的十年里，年均增长率约为 6%—7%。2020 年，该国的国内生产总值（GDP）为 3412 亿美元，是世界上第 40 大经济体。越南的人均收入也一直在稳步上升，在 2020 年达到 3500 美元。该国的经济以服务业为主，约占其 GDP 的 43%。工业是经济的第二大贡献者，约占 GDP 的 38%。[①]

工业是越南国民经济的重要支柱产业。越南的工业主要有汽车工业、电子工业、油气工业等。截至 2020 年底，越南汽车相关生产企业有 358 家，但越南汽车企业以进口部件组装为主，国产化率较低，仅 5%—10%。[②] 这些企业分布在汽车产业链的上下游，其中多数汽车企业从事整车组装，也有一些

---

① 越南，是一个怎样的国家？［EB/OL］. https://baijiahao.baidu.com/s?id=176069680596
1431259&wfr=spider&for=pc.2023-03-18.

② 越南经济总量相当于我国哪个省［EB/OL］.https://zhidao.baidu.com/question/370796
222128054532.html.2023-04-05.

车企进行汽车车身的生产，绝大多数企业生产汽车的零部件，部分核心机件仍需进口。越南的电力工业成长较快，2016 年越南生产和购买电力总量 1770 亿千瓦时，同比增速 10.8%。2020 年全国电力总需求达到 3400—3700 亿度，并将火电、核电和风电作为今后的发展重点，也开始重视再生能源发电。^① 近年来，越南手机、计算机及零部件生产出口的主导作用逐渐凸显，越南政府积极推动产业结构调整，逐步从劳动密集型产业向技术密集型产业转型。特别是在电子信息、汽车制造等新兴产业方面取得显著成果，为国家经济发展注入了新的活力。

然而，越南现有工业结构以轻工业为主，其中以电子、纺织、鞋类和食品加工为代表，重化工业占比非常少。截至 2017 年，三星在越南的生产投资总额已经超过 75 亿美元，LG 和微软也分别投资 15 亿美元和 3.2 亿美元^②，苹果公司更是将亚洲研发中心安置在越南，中国企业富士康也进驻越南设厂。

越南的纺织业是该国增长最快和最重要的行业之一，也是该国经济的最大贡献者之一，为数百万人提供就业，生产各种成品，包括 T 恤衫、裤子、裙子和其他类型的服装。每年创造近百亿美元的收入。其纺织业的主要优势之一是能够以低成本生产高质量的产品。国际上普遍都看好越南的经济发展，将越南看作下一个"世界工厂"，准备从中国手中接过这一重任。由于一些不可描述的原因和国内劳动力价格的上涨的影响，很多外资企业都将分厂向东盟国家转移，特别是越南承接了不少劳动密集型企业。比如说电子企业，服装企业等劳动密集型企业，越南就承接了不少。像阿迪，耐克都在越南建立了分厂，三星和苹果公司也在越南建立了分公司，越南也以此为豪，准备乘着这个机会在制造业方面超越中国。

越南是全球重要的水泥生产国，已经成为世界上出口水泥最多的国家之一，全球排名第五，仅次于中国、印度、伊朗和美国。据了解，截至 2020

---

① 越南的经济表现［EB/OL］.www.tannet-group.com.2020-04-15.

② 苹果产业链出走越南，"越南制造"能否华丽转身？［EB/OL］.新浪财经，http://finance.sina.com.cn/stock/relnews/us/2019-07-18/doc-ihytcerm4628983.shtml.2019-07-18.

年 12 月 31 日，越南全国共投资建设了 85 条水泥生产线，总产能 1.04 亿吨 / 年。此外，越南政府总理批准至 2030 年投资新建 24 条生产线，产能为 3631 万吨。预计至 2030 年越南全国将有 109 条水泥生产线，总产能达 14035 万吨 / 年。2020 年越南熟料和水泥产量约 1.04 亿吨，但总销量仅 1 亿吨（国内销售约 6200 万吨，出口 3800 万吨）。[①] 在越南，排在前 10 位的水泥生产企业都是本土生产商，几乎绝大多数的水泥企业都是政府直接或者非直接拥有及控制的。

制造业是越南支柱产业，采矿业、批发零售业及修理业也是重要行业。从 GDP 行业占比份额角度来看，越南加工制造业出口额同比增长 4.7%，占出口总额的 84.6%，制造业自然成为越南的支柱性行业。批发零售业、采矿业、金融保险业等也是越南的重要行业，份额占比分别达到 10%、8%、5.5%，增速分别为 11%、-4% 和 10%。部分占比较小的行业拥有较高的增长速度，未来所占份额有望进一步提升。

越南是一个传统农业国。农业依然是该国的经济支柱，从事农业的人口占越南总人口的 75% 左右，农业产值占到越南生产总值的 30% 以上，耕地及林地占总面积的 60%。粮食作物包括稻米、玉米、马铃薯、番薯和木薯等。越南也是农产品的主要出口国，如大米、咖啡等。

农林牧渔业是越南的重要产业之一。2020 年，越南农林水产业增长 2.68%，对全国经济增长的贡献率达 13.5%。2020 年前 6 个月，越南林产品出口收入超过 53 亿美元，比 2019 年同期增长 2.7%。同时，越南进口木材及木制品 11.2 亿美元。越南渔业产品总产量达到 850 万吨，比 2019 年增长 1.8%，其中捕捞量 385 万吨，增长 2.1%，养殖量 456 万吨，增长 1.5%。其中海鲜产品出口营业额为 84 亿美元。[②]

---

① 供过于求　越南水泥等部分建材产能过剩［EB/OL］.人民资讯, https://baijiahao. baidu.com/s?id=1700631134247535300&wfr=spider&for=pc.2021-05-24.

② 2020 年，越南 GDP 总量 3847.182 万亿越南盾，增速 2.91%! 明年目标 6%?［EB/OL］. https://baijiahao.baidu.com/s?id=1687330811663846736&wfr=spider&for=pc.2020-12-28.

越南的服务业也是迅速增长的行业，其中旅游、金融和信息技术是增长最快的行业之一。越南也正在成为一个受欢迎的外国投资目的地，许多跨国公司在该国设立了分支机构。自革新开放以来，越南经济保持较快增长，经济总量不断扩大。三产结构趋向协调，对外开放水平不断提高，基本形成了以国有经济为主导、多种经济成分共同发展的格局。

越南经济近年来发展较快，但在东南亚 11 国中，越南的整体实力只能排在第三梯队。尽管越南的工业制造能力进步很大，但由于越南的体量和国内市场有限，注定无法做大做强，和中国仍然有着巨大的差距。

第二节　中国与越南交流合作的现状

中越两国山水相连，是好邻居、好朋友、好同志、好伙伴，都是共产党领导的社会主义国家，政治制度相同、理想信念相通、发展道路相近，志同道合、命运与共，都致力于人民幸福与国家富强，以及人类和平与进步的崇高事业。1950 年 1 月 18 日，中越两国建交。建交以来，中越两国人民在争取国家独立和民族解放斗争中并肩战斗，在社会主义革命和建设事业中相互支持、相互帮助，结下了深厚友谊。两国关系虽有过曲折，但总体保持向前发展势头。特别是自 1991 年 11 月中越两党两国关系实现正常化以来，两国领导人保持了频繁的互访和接触，双方在各领域的友好交往与互利合作不断加强。

2023 年是中国与越南建立全面战略合作伙伴关系 15 周年。中越加快推进共建"一带一路"倡议和"两廊一圈"对接，用足互联互通便利条件，着力保持产业链供应链稳定畅通，不断提升经贸投资合作水平，推动经贸关系高质量发展，更好服务两国人民福祉。

一、双边经贸关系和经济技术合作

中越两国不仅在地理上互为近邻，在经济上也具有互补性，为彼此的发展给予了支持，也给两国合作奠定了坚实的基础。深化中越关系，有利于两国经济的共同发展。

东盟成员国中，与中国前三大贸易伙伴依次为越南、马来西亚和印度尼西亚。越南是中国在东盟最大贸易伙伴，中国对越投资主要集中在加工制造业，特别是电子、手机、计算机、纺织服装、机械设备等行业。中国是越南第一大贸易伙伴、第一大进口来源地和第二大出口目的地。2021 年，双边贸易额首次突破 2000 亿美元大关，即 2302 亿美元，同比增长 19.7%。2022 年，中国与越南的贸易额达到 2349.2 亿美元，占越南全年进出口总额的 24%。其中，中国出口 1469.6 亿美元，同比增长 6.8%，进口 879.6 亿美元，同比下降 4.7%。越南机械设备、工具和零配件产品的最大进口来源地是中国、韩国和日本。而中国占比最大，2022 年来自中国的机械设备、工具和零配件进口额约 119.16 亿美元，占越南机械设备、工具和零配件进口总额的 50% 以上。自中国进口额也比第二大来源地韩国（33.78 亿美元）高出 3 倍，比第三大来源地日本（21.45 亿美元）高出近 5 倍。①

（一）贸易方面

中国已连续多年保持越南第一大贸易伙伴，越南是中国在东盟的第一大贸易伙伴、全球第四大贸易伙伴国。近年来，中越双边贸易快速发展。据有关资料显示，2023 年前 10 个月，双边贸易额达 1851 亿美元②，边境小额贸易和边民互市日趋活跃，跨境电商蓬勃发展，贸易领域亮点纷呈。中国出口商品主要为机电产品、机械设备和面料、纺织纤维以及其他原辅料，从越南主要进口矿产资源等。

（二）农业方面

中国与越南农业领域合作空间广阔，农产品领域优势互补，农产品进出口规模持续扩大。2022 年 7 月，中华人民共和国海关总署发布公告，允许符

---

①　中越贸易"飞跃"2000 亿美元之后［N］.北京商报，2022-11-01.

②　走近今天的越南 2023 前十个月浙江越南贸易额超 160 亿美元［N］.浙江日报，2023-12-12.

合要求的越南鲜食榴莲进入中国，越南榴莲对华出口迎来大幅增长，给越南果农带来巨大商机。从榴莲到火龙果、香蕉、红毛丹、西瓜等，中越贸易的"果篮子"越做越大。据越南农业与农村发展部公布的数据显示，2022年中国新增准入的鲜榴莲、鲜甘薯、燕窝合计进口146.5亿元，占同期自越南农产品进口的32.8%。2023年前11个月，中国对越南出口农产品343.1亿元，同比增长3.1%。其中，蔬菜、柑橘、鲜葡萄分别出口65.8亿元、23.9亿元和13亿元，同比分别增长12.7%、29.1%和1.7%。[1] 中越双方还同意推动两国更多优质农食产品互供出口。

（三）投资方面

越南作为东南亚新兴经济体之一，随着自身经济的高速发展，在亚洲的影响力越来越大。凭借着较低的劳动力成本，灵活的制造能力和日益扩大的市场，越南成为众多投资者的生产制造基地，目前已有大量中国企业在越南注册公司和开办工厂。中国对越南投资合作存量大、领域广、增长快。绿色发展、数字经济等领域投资合作稳步推进，成为两国投资合作的新增长点。

中越坚定维护多边贸易体制，在世贸组织、亚太经合组织等平台加强协调联动。双方共同推动RCEP生效实施，携手推进中国—东盟自贸区3.0版建设，在东亚、澜湄框架下的合作不断走深走实。双方继续办好经贸合作区，重点加强农业、基础设施、能源、数字经济、绿色发展等领域的投资合作。鼓励和支持有实力、有信誉、具备先进技术的企业赴对方国家投资符合各自需求和可持续发展战略的领域，将为此营造公平便利的营商环境。据越方统计，截至2022年底，中方对越直接投资存量233.48亿美元。[2] 2023年7月，中国石家庄—越南河内国际货运班列首发，全线运输距离2700多公里，每周开通一班，使两国优质产品更加便捷地进入对方市场；9月，广西凭祥友谊关

---

① 海关总署：前11个月中国和越南进出口稳步增长［N］.北京日报，2023-12-12.

② 中国—越南合作发展的今天［EB/OL］.东盟商机，https://mp.weixin.qq.com/s?__biz=MzIxNDE0MTA0MQ==&mid=2650708109&idx=1&sn=ba741ce0811ae638f9d01ef0fb8ed200&chksm=8fa62993b8d1a085db1954127635c5f39e61cea9bc18496d11d0c3c8c208c386959e93d1dff7&scene=27.2024-03-24.

智慧口岸开工建设，成为中越首个跨境智慧口岸项目，双方将合作建设智能跨境货运专用通道，实现货物 24 小时全天候智能通关；不久前，中越平孟—朔江口岸正式恢复通关，中越东兴—芒街口岸北仑河二桥客运功能启用，助力中越乃至中国和东盟实现更高水平开放合作。

二、其他领域交往与合作

中越关系正常化以来，两国在文化、科技、教育等领域的交流合作不断向广度和深度发展，党、政、军、群众团体和地方省市交往日趋活跃，合作领域不断扩大。双方还开展了社会主义理论研讨会和青少年交流活动。两国部门间签署了外交、公安、经贸、科技、文化、司法等各领域合作文件。两国空运、海运、铁路等均已开通。

（一）财政金融方面

继续加强两国央行、金融监管部门交流合作，发挥好两国金融与货币合作工作组作用，推动两国货币合作。支持双方深化在亚洲基础设施投资银行下的合作，按照银行的战略政策和程序，为有关项目提供融资支持。在粮食安全与绿色发展方面，双方积极推进农技合作、农业政策交流等，探讨开展低碳农业、数字农业、绿色农业、水土保护等领域合作，推动绿色低碳农产品可持续发展。双方积极参与构建全球清洁能源合作伙伴关系。深化生物多样性保护、应对气候变化、新能源汽车等领域合作，包括亚洲自然保护区管理、保护迁移野生物种、边境地区外来入侵物种管控等领域合作和经验交流。

（二）文化与旅游方面

越方支持中国在越文化中心建设，中方欢迎越南在华设立文化中心，运营维护好越中友谊宫。越方积极支持河内中国文化中心开展活动。双方支持两国文化机构、艺术院团、文化艺术职业院校开展交流与合作。加强两国旅游政策协调沟通，共同开发旅游线路、打造旅游产品。落实好 2023—2027 年中越文化和旅游合作执行计划，加强文化和旅游各层级团组交往，促进旅游业快速复苏和健康发展。支持双方空运企业根据市场需求增加中越航班。

（三）教育体育、人力资源、科技方面

落实好中越教育合作协定，鼓励两国留学生、教育管理干部和教职人员往来，通过各类来华留学奖学金项目加强对越南教师专业、业务培训，促进两国教育机构交流合作，积极发挥河内大学孔子学院作用，深化职业教育、数字教育和体育合作。加强两国高校智库交流。在有效落实两国边境省区跨境劳务管理协议基础上加强劳务领域合作，保障两国边境省区劳工合法权益。推进符合两国经济社会发展需要的人力资源、技能、社会民生和社会保险交流合作。积极加强核安全法规管理规定、知识产权、标准化领域对接合作，加强各层级团组交流。

（四）卫生健康与防灾减灾方面

双方继续开展卫生健康，包括卫生保健、传染病防控、传统医学、防灾减灾等领域合作交流。支持两国地方政府开展跨境疫病信息共享和联防联控合作。同时，在国际诊疗方面，中越双方医疗机构通过合作，为在对方国家工作的人员提供一些比较优质的国际诊疗服务。

第三节　湖南与越南交流合作的重点

共行天下大道，共创美好未来。改革开放特别是近年来，湖南经济综合实力显著增强，已经形成良好的产业基础。当前湖南正在加快推进新型工业化进程，面临着全球产业转移、中部崛起、自贸区建设等历史性战略机遇，新一轮快速上升的通道已经打通，一个充满魅力、活力、潜力的湖南已经吸引越来越多海外投资者的关注。

近年来，湖南与越南的经贸交流和合作日益深化，合作不断深化，领域不断拓宽，层次不断提升。目前，湖南在越南投资领域广泛，投资金额逐年增加，主要集中在机械制造、矿产开发、农产品加工等。

长沙、邵阳等 5 家机械加工企业在越南投资设厂，如湖南邵阳恒丰有限公司在越南兴建打火机厂，年产量已经超过 1 亿只。

（一）坚持贸易与投资双管齐下

湖南是越南重要的贸易伙伴之一。随着中越关系不断向前发展，湖南与越南的合作日益密切，在两国交流合作中发挥越来越重要的作用。随着 RCEP 的签署，湖南与越南的合作空间更为广阔，双方在贸易、投资和经济合作方面保持着密切的联系。2023 年，湖南对越南进出口总值 217.19 亿元，同比下降 21.5%。其中，出口 174.94 亿元，同比下降 29.0%，进口 42.24 亿元，同比增长 38.9%。[①]

（二）推动农业领域交流合作

湖南与越南农业合作日益加强，越南的新鲜榴莲、果肉、干辣椒、龙眼干等涉农产品进入湖南市场，双方在农产品贸易、农业科技交流、产业投资合作等方面的交流合作将持续深化。为此，我们需要把握以下三个重点：一是发展双方农产品贸易，不断扩大双方农产品进出口贸易；二是加强双方农业科技交流，深化双方农作物病虫害特别是水稻"两迁"害虫的监测和防控合作；三是突出双方农业产业合作，推进越南—中国（湖南）农业合作示范区建设。

（三）突出双方的制造业和供应链

越南吸引了许多湖南企业的投资，尤其是在制造业领域。但是，越南经济在很大程度上仍依赖于加工制造业，也依赖于来自湖南的原材料。根据中国海关 2021 年公布的数据，越南约 54% 的机械设备及零部件来自湖南。湖南与越南经济高度"联结"，为双方经济增长提供了重要动力。湖南企业应抓住这一有利机会，在越南设立工厂和生产基地，利用越南的低成本劳动力和便利的出口条件，加强双方的制造业和供应链合作。

（四）强化双方的基础设施建设

湖南积极参与越南一些重要的基础设施项目建设，如公路、桥梁、港口

---

① 资料来源：长沙海关。

等。湖南的技术和资金支持对越南的基础设施建设起到了积极的推动作用。就目前而言，越南的经济增长迅速，但基础设施建设却长期滞后，在国际市场处于较低水平，并且逐渐演变为外商来越投资的不利因素之一。在此背景下，越南政府高度重视国内基础设施建设，不断加大对相关项目的资金投入，这也引起了一些海外大型工程企业的投资兴趣。湖南乘着"一带一路"的东风，一些大型工程企业凭借自身的良好海外经营基础，参与越南的高速公路、城市轨道、铁路及港口建设等领域的基础设施建设。

（五）重视双方的旅游和文化交流

中国和越南拥有灿烂多元的文化底蕴和丰富多彩的旅游资源，两国之间的文化旅游交流不断增加。近年来，湖南乘着中国—东盟命运共同体建设的东风，围绕实现"三高四新"美好蓝图，不断拓展深化与越南交流合作，越南已跃升为湖南重要的贸易伙伴，湖南深入开展了"锦绣潇湘"走进越南系列文旅合作交流活动。随着双方关系的发展，互联互通建设的推进，湖南和越南间的文化联系更加紧密，湖南成为越南重要的旅游客源地，也是越南游客喜爱的出境旅游目的地之一。中国日报网报道，2023 年 3 月，湖南省张家界市副市长汪涛率团到越南拜访胡志明市旅游厅、中国驻胡志明总领馆，走访越南最大的组团社 Vietravel 和越南旅游业务知名品牌企业 Group Tours 媒体旅游股份有限公司等地，为张家界的越南入境旅游市场增添活力。①

（六）强化教育领域交流合作

教育国际交流与合作不是简单的业务性工作，而是关乎国家对外工作布局、关乎教育事业发展全局的大事。近年来，中国湖南与越南交流频繁，尤其是在教育领域的交流合作广泛深入，取得了积极成效。2008 年至今，湖南师范大学与河内国家大学、河内师范大学、胡志明国家大学等越南六所高校签订友好合作伙伴关系协议。2010—2023 年，湖南师范大学共招收越南籍语

---

① 张家界开拓入境游市场 一年欲揽 30 万越南游客［EB/OL］.中国日报网，https://baijiahao.baidu.com/s?id=1760953487262838698&wfr=spider&for=pc.2023-03-21.

言生和学历生 200 余人。2023 年 8 月，越南金瓯省地方政府管理与城市规划及新农村建设专题研修班开班仪式在中南大学铁道学院举行。2023 年 8 月，湖南工业职业技术学院与苏州富纳艾尔科技越南有限公司、越南河内工业职业大专学校在苏州富纳总部开展洽谈，三方就越南本土化人才培养、员工培训、技术服务、标准制定、留学生培养、科研攻关等合作事宜进行了深入交流，达成合作共识，签署了合作备忘录。

第四节　推动湖南与越南交流合作的对策建议

湖南处于东部沿海地区和中西部地区的过渡带、长江开放经济带和沿海开放经济带的接合部，是"一带一路"的内陆核心要地。随着"一带一路"倡议的协同推进，湖南应秉承"共商、共建、共享"原则，健全交流合作机制，探索交流合作的新路径新模式，着力打造内陆开放新高地。

（一）加强联合推广，打造交流合作品牌

通过资源共享、互利共赢，联合推广双方的产业或产品，在"一带一路"沿线各国和地区塑造湖南的品牌形象。积极参加"丝绸之路"国家的品牌交流活动，充分利用湖南卫视、中南传媒的平台优势和湖南的国际影响力，扩大湖南与越南在各领域的交流合作，推动湖南特色产业和特色产品"走出去"。依托永久落户湖南的"汉语桥"等国际会展赛事活动和湘南湘西承接产业转移示范区等国家级平台，深化湖南与越南交流合作，以此打造更多的优势品牌。

（二）健全沟通对接机制，推动交流合作多结硕果

积极贯彻落实中国与"一带一路"沿线各国和地区签订的合作协定、年度执行计划、谅解备忘录等政府间文件，加快推动湖南与"一带一路"沿线各国和地区交流合作。以国际友好城市为桥梁，与越南逐步建立城际文化交流合作机制，展示双方的文化魅力和合作成果。鼓励支持市县地方政府、行

业协会、高校智库、文博单位和其他企事业单位多渠道、多层次、多形式赴越南开展交流合作，共建友好单位，建立常态化的交流合作机制。

（三）丰富合作内容，创新交流合作模式

针对越南经济社会发展水平以及与湖南合作的现状，确定合作重点，提高合作实效。经营好重点地区和领域，选择越南与湖南友好城市等一批重点地区作为突破口，拓展合作空间，丰富合作内涵，为区域经贸合作发挥示范作用。坚持"政府引导、市场主导、企业主体"的原则，加强双方产业合作，实现互惠互利。针对恐怖主义、传染性疾病、跨国犯罪等非传统性安全威胁，积极协调立场、加强协作，健全安全风险预警机制，提高风险应对处置能力。

第八章

湖南与老挝交流合作

第一节　近年来老挝经济社会发展情况

老挝是中国一衣带水的邻邦，共建"一带一路"的重要合作伙伴。中国有很多国人在老挝经商，长期以来都是和平友好使者。2023 年 10 月，在中老两国元首共同见证下，两国政府有关部门签署了《关于共建"一带一路"重点项目和任务清单的谅解备忘录》《数字经济合作的谅解备忘录》，以推动双方在共建"一带一路"合作规划下各领域务实合作。

在经济方面，老挝是一个低收入国家，经济主要依赖农业、畜牧业和矿产资源。虽然老挝政府一直在推动经济发展和吸引外来投资，但仍然存在贫困和不平等问题。农村地区的居民普遍生活贫困，而城市地区的富裕阶层相对富有。据老挝国家统计局发布的年度 GDP 初步数据显示，2022 年老挝国内生产总值（GDP）增长超过 3%。2023 年上半年老挝经济同比增长 4.03%，人均国内生产总值（GDP）为 1824 美元 ①。

在基础设施方面，老挝的基础设施建设相对滞后。尽管近年来进行了一

---

① 　老挝经济、贸易近况［EB/OL］.东盟商机，https://mp.weixin.qq.com/s?__biz=MzIxNDE0MTA0MQ==&mid=2650703892&idx=1&sn=a25c85d075880a80660752cc9f8bf0af&chksm=8fa6390ab8d1b01cba88ad0cb9635cd3d6ac402fdff6edc071716fc160f09d760ddcf7df27c0&scene=27.2023-11-27.

些改善，但许多农村地区仍然缺乏基本的道路、电力和供水设施，使得居民的生活条件较为困难。

在教育方面，老挝的教育水平相对较低。虽然老挝政府一直在加大对教育投入，但仍然存在教育资源不足、教育质量低下等问题。许多贫困家庭无法给孩子提供足够的教育机会，导致教育不平等。

在医疗方面，老挝的医疗设施和服务相对较差。大部分农村地区缺乏基本的医疗设施和医生，而城市地区的医疗资源有限。由于缺乏医疗保险和高额医疗费用，许多居民无法得到适当的医疗照顾。

在社会发展方面，老挝仍然存在一些社会问题，例如贫困、失业率较高、妇女和儿童权益受限等。老挝政府正在努力解决这些问题，但仍需要更多的努力去改善社会状况。

总体而言，老挝是一个经济落后、教育和医疗水平相对滞后的国家。尽管老挝政府正在积极推动各领域改革和发展，但仍然面临着许多挑战，需要更多资源和合作来改善当前的社会状况。

第二节　中国与老挝交流合作的现状

中国与老挝的关系有近 2000 年的历史，在此过程中，两国人民开展有益互动，文化、传统和世界观相互交融。中老作为两个相邻国家，一直是好邻居、好朋友，双方经贸投资合作和人员往来密切，大大增强了双方的友谊和友好关系。

目前，中国是老挝第二大贸易伙伴，也是老挝最大投资来源国。1993 年 1 月，中国与老挝签署了《中老关于鼓励和相互保护投资协定》；1993 年 12 月，中国与老挝签署了《中老汽车运输协定》；1994 年 11 月，中国与老挝签署了《中老澜沧江—湄公河客货运输协定》；1996 年 10 月，中国与老挝签署了《中老旅游合作协定》；1997 年 5 月，中国与老挝签署了《中老关于成立两国经贸技术合作委员会协定》；2000 年 4 月，中国与老挝签署了《中国、老挝、缅甸和泰国四国澜沧江—湄公河商船通航协定》；2019 年 4 月，两党两国最高领导人签署《中国共产党和老挝人民革命党关于构建中老命运共同体行动计划》，确定了 5 年内推进战略沟通与互信、务实合作与联通、政治安全与稳定、人文交流与旅游、绿色与可持续发展的"五项行动"，开启了中老命运共同体建设新篇章。

近年来，在两党两国最高领导人战略引领下，双方以互信合作共谋发展，以真诚相助共迎挑战，切实践行命运共同体精神。面对两国人民的共同期盼，双方和衷共济、携手并肩，开辟两国高质量合作新格局，特别是将中老铁路打造成中老人民的幸福路、发展路、友谊路，为两国人民带来了巨大福祉。中老命运共同体建设实践证明，人类命运休戚与共、各国利益紧密相连，构建人类命运共同体是世界各国人民的前途所在。当今世界变乱交织，百年变局加速演进，人类社会面临前所未有的挑战，双方愿携手践行全球发展战略、全球安全战略、全球文明战略，一道弘扬和平、发展、公平、正义、民主、自由的全人类共同价值，共同探索人类现代化路径，不断开创人类更加美好的未来。为谋划好下一阶段两党两国关系发展的原则和方向，推动中老命运共同体建设行稳致远，双方坚持政治上互尊互信、经济上互惠互利、安全上相守相助、人文上相知相亲、生态上共生共治，携手共建高标准、高质量、高水平的中老命运共同体，为构建人类命运共同体作出积极努力和示范。

老挝有句谚语："一根柴棍烧不成旺火，一根木棍围不成篱笆。"多年来，中老双边经贸合作关系发展顺利，合作水平不断提高，合作领域不断扩大，合作内容不断丰富，从国家、民间到私人企业各个层面的合作全面拓展，呈现出多领域、多层次发展的良好态势。中国在老挝的重要投资项目涉及经济合作区、铁路、电网、水电站、房地产和通信卫星等多个领域。

一、双边贸易持续增长

中国已成为老挝第二大贸易伙伴和最大出口目的地，是老挝第一大外来直接投资国。据中方统计，2020 年中老双边贸易额达 35.5 亿美元，2022 年中老双边贸易达 56.8 亿美元，同比增长 31%，其中，中国向老挝出口增长 40.9%，从老挝进口增长 24.9%。[①] "一带一路"合作十年间，中老双边贸易额从 2013 年的 27.4 亿美元增长至 2022 年的 56.8 亿美元，金额翻了一番。[②]

二、重大项目合作取得丰硕成果

2021 年老中铁路按期通车，对两国关系发展具有重大里程碑意义，成为区域互联互通的重要支撑。运营两年来，取得了举世瞩目的成就。铁路沿线的万象赛色塔综合开发区、玄烨集团老挝现代农业产业园在助力老中产能合作、维护老中产业链安全方面发挥了重要作用。

三、中国企业投资老挝的热情不断升温

截至 2022 年年底，中国对老挝各类投资存量累计达 135 亿美元，比十年前翻了 5 倍，投资涵盖能源、交通、金融、园区、农业等诸多领域。其中，中资企业在老投资建设的水电站项目总装机 234.8 万千瓦，占全国发电总装机的 22.1%。[③]

四、农林领域成为中老互利合作新的增长点

近年来，中国的科研机构和企业与老挝在多领域的交流合作也在持续推进并不断升级，其中阳光嘉润（老挝）生态农业产业园是老中合作中比较具有代表性的。它不仅因地制宜地打造老挝以榴莲等热带水果为主的现代化农业，更重要的是将拉动更多包括民营企业在内的老中两国企业参与双边互建，

---

① 中华人民共和国商务部亚洲司 . 2020 年 1—12 月中国—老挝经贸合作简况［EB/OL］.http://yzs.mofcom.gov.cn/article/t/202103/20210303042832.shtml.2021-10-15.

② 外交部 . 中国同老挝的关系［EB/OL］. https://www.fmprc.gov.cn/web/gjhdq_676201/gj_676203/yz_676205/1206_676644/sbgx_676648/.2024-04.

③ 张文韬，胡雨晴，李琪 . 筑牢钢铁纽带 跑出发展加速度［N］. 云南省社会科学院 2023-12-27.

推动相关产业合作。2022 年老挝农产品出口金额 17 亿美元，其中 80% 农产品销往中国 ① 。

五、中老铁路黄金通道的辐射作用逐步显现

中老铁路自 2021 年年底竣工通车，开启了中老合作新的里程碑。中老铁路磨丁至万象段铁路运营 21 个月以来实现客货运输两旺，大大超出预期，累计发送旅客 310 万人，其中跨境旅客发送 3 万人次；发送货物 519 万吨，其中跨境发送 440 万吨。 ②

六、产能合作的作用日益凸显

中老铁路充分发挥"引擎"作用，带动老挝铁矿石、橡胶、农产品等产业发展，助力老挝经济实现更高质量的增长。以亚钾国际为代表的矿产开发企业，充分发挥自身技术和工艺优势，开创性地实现了老挝年产百万吨级钾肥的规模性开发，一举打造出了老挝钾肥的标志性名片。亚钾国际计划将氯化钾年产能扩大至 500 万—700 万吨规模，届时，老挝将成为全亚洲最大的钾肥生产基地。

七、金融领域合作成效显著

近年来，中国银联与老挝外贸银行合作正式开通银联卡业务。中国工商银行万象分行、中国银行万象分行正式营业。太平洋证券与老挝农业促进银行等合资成立的老中证券有限责任公司开业。

八、医疗合作持续深入

老中两军在老中铁路开行"和平列车"，进行人道主义救援演练和义诊，中方已派出多批援老医疗专家组，开展"湄公河光明行"等医疗服务活动，对老挝援助的人民军 103 医院和玛霍索医院现已正式营业，赢得了老挝人民

---

① 中国喜提老挝"菜篮子"！老挝农产品出口中 80% 到了中国［EB/OL］. https://baijiahao.baidu.com/s?id=1670994422760480978&wfr=spider&for=pc.2020-07-01.

② 赵文宇. 中老携手共建高质量"一带一路"前景广阔［N］.国际商报，2023-10-18.

的广泛赞誉。据老方统计，中国是老挝第一大官方援助国。近年来中国对老挝民生领域的投入持续扩大。

九、教育合作实现了相知相亲

教育合作方面，两国在学历学位互认、职业教育合作办学、孔子学院建设等方面都取得了很大成绩。为配合老中铁路建设运营，2019 年中国立项援建老挝铁道职业技术学院，帮助老挝建设一所全日制高等职业技术专科院校，填补了老挝铁道职业教育的空白。

十、旅游合作迈出了新步伐

革新开放以来，旅游业成为老挝经济发展的新兴产业。老挝琅勃拉邦市、巴色瓦普寺已被列入世界文化遗产名录，著名景点还有万象塔銮、玉佛寺，琅勃拉邦光西瀑布等。近年来，老挝与超过 500 家国外旅游公司签署合作协议，开放 15 个国际旅游口岸，同时采取加大旅游基础设施投入、减少签证费、放宽边境旅游手续等措施，旅游业持续发展。中国许多游客赴老挝旅游，老挝也有一些游客来中国旅游。

十一、两国生态共生共治成效更加突出

在推进老中命运共同体建设过程中，两国在生态文明建设方面开展了务实合作。在坚持人与自然和谐共生方面，老中两国加大了澜沧江—湄公河水生生物资源和水域生态环境保护。除了建立定期互访机制，还共同开展渔政联合执法活动和增殖放流活动，来改善流域内生物多样性和自然环境。尤其是在绿色发展方面，老中铁路的建设充分考虑了沿线森林密集、生物多样性资源富集的特点，最终建成了兼顾经济效益和环境保护，坚持建设与生态环境相互融合，与山川同美的绿色生态铁路长廊，为老挝争取 2050 年实现净零排放发挥了重要作用。

展望未来，随着中老经济走廊建设和中老泰联通构想的逐步推进，中老铁路打造国际物流黄金大通道，推动形成以通道促物流、以物流促经贸、以

经贸促产业的合作格局；全面实施 RCEP 协定，中方给予老挝 98% 产品税目零关税以及中国—东盟自由贸易区 3.0 谈判开启，域内产品关税减免、更宽松的原产地规则和高水平的贸易投资便利化安排等优惠政策落地实施，将充分挖掘老挝的区位、资源等后发优势，进一步打开了中老互利合作以及中国—东盟经贸合作发展新空间。

第三节　湖南与老挝交流合作的重点

20 世纪 90 年代后，各方面的竞争开始加剧，一些湖南商人进一步南下深入老挝，开拓新的市场。湖南人既有商业头脑和经验，又有吃苦耐劳的优秀品德，不愁挣不到钱。随着出入境程序的简化以及 1993 年磨憨口岸的开通，这些湖南商人在老挝也站稳了脚跟，并组团取暖。之后，湖南人的足迹几乎遍布整个老挝。约有 20 万华人长期在老挝定居，其中湖南人就占了一半还要多（其中大多来自邵阳、邵东两地）。后来，随着"一带一路"倡议的提出，在邵东政府的积极鼓励下，湖南邵东人成了贡献最大的在老挝湘商。约 8 万邵东人在老挝经商打拼，极大地解决了老挝人的就业问题。

老挝一直是湖南的重要贸易伙伴，2022 年湖南对老挝进出口总额 10.24 亿元，同比增长 218.46%；湖南在老挝累计设立境外投资企业 181 家，累计对老投资 8.5 亿美元，在老挝投资兴业的湘商约有 10 万人，其中 80% 以上是邵商。自 2022 年 1 月以来，开行怀化至老挝班列 81 列，开行数居中部地区第一，货值约 10.69 亿元。[①] 未来一段时间，湖南将对老挝进行电站投资、工程承包及配套设施建设，开发铜、铁、钾盐、铝土等矿产资源，发展粮食、绿色农业、热带水果等产业，继续加强在铁路、公路、航空、水运等互利合作。概括起来，主要体现在以下几个方面：

---

① 湖南经贸代表团出访老挝 努力打造地方对老合作高地［N］.湖南日报，2023-11-25.

一、加强能源领域合作

一是水电、火电开发。为了使老挝水电能够顺利开发，老挝政府制定了促进水电开发和水电可持续发展政策，加速发展水电站，提高电力覆盖率，完善电力系统，加大电力出口等。水电开发为老挝经济社会发展作出了巨大的贡献，电力系统的发展改善了老挝的电力状况，提高了国民生活水平，缩小了城市与农村的贫富差距，还扩大了对周边国家的电力出口等。2022 年 7月老挝中资发电企业协会正式成立，协会成员来自中国电建、中水对外、南网国际、中国电工、中国大唐、中广核等在老挝注册的 14 家发电企业，目前在运营总装机 2316MW，占老挝国家电网装机容量的 40% 以上。[①] 湖南应加强与老挝在水电火电领域的开发合作。二是清洁能源开发。老挝清洁电力能源得到了快速发展，全国通电率达 95% 以上。随着水电站快速建设，以及光伏、风能等新能源开发，老挝电网状况不断得到改善，全国用电得到保障，电力出口也有效扩大。湖南应凭借"一带一路"的优势，加强与老挝在清洁能源领域的合作。三是矿产开发。老挝是"一带一路"沿线的重要国家，其矿产资源丰富，目前已发现铁、金、铜、铅、锌、钼、锑、锡、锰、铝土矿、钾盐、石膏、煤、宝石等 20 余种矿产。由于老挝是与中国陆地相连的友好国家，因此也成为中国地勘单位和民营企业长期进行矿业投资的首选之地。湖南与老挝将在矿产资源开发领域进一步深化合作，实现优势互补，互利共赢，为增进两地传统友谊作出湖南应有的贡献。

二、注重基础设施建设

老挝是个地理位置得天独厚的内陆国家，但由于经济贫困，交通等基础设施一直是制约其发展的巨大障碍。然而，湖南作为交通大省，积极参与老挝的基础设施建设，助力老挝经济快速发展。湖南人在老挝的足迹，是中国与老挝紧密联系的缩影。湖南与老挝合作开拓老挝市场，协同发展，为老挝

---

① 桑文林，龚婷. 中国电建在老挝发布《老挝中资发电企业社会责任报告》[EB/OL].
http://www.chinapower.com.cn/guihuajianshe/xinwen/2023-11-03/223146.html.2023-11-03.

城市基础设施、铁路发展建设、公路发展建设、机场发展建设、水运发展建设、城市轨道交通发展建设、通信基础设施发展建设以及老挝电力、天然气、水利、城镇供水、通信、污水处理等基础设施发展作出贡献。

三、突出工业领域合作

湖南以落实构建中老命运共同体行动计划为主线，推动"湘""老"合作走深走实。以中老铁路开通和 RCEP 实施为契机，2022 年 8 月，湖南省人民政府与老挝农林部签署了"一路两园"项目合作备忘录。"一路两园"，即发挥"一路"（中老铁路及其延伸线）通道作用，共同建设好"两园"（老挝万象市现代农业产业园和湖南省内相关产业园区），构建湘老经济合作新格局。此次中联重科与老挝农林部签署《助力老挝建立农业机械标准合作备忘录》，既是落实构建中老命运共同体行动计划的实际行动，也是"湘""老"合作迈出了坚实有力的一步，进一步彰显了湖南装备走向世界的信心和决心、能力和水平。双方合作的主要目的是支持和促进建立老挝农业机械标准体系；从湖南引进新农机、新设备，用于老挝农业领域。双方合作的主要内容：借鉴中国农业机械标准以及相关国际标准，学习交流农业机械标准及技术优势；围绕农业机械分类及编码标准、技术门槛、补贴认证、作业测试以及售后服务等方面，助力建立老挝农业机械标准体系，并在老挝全国推广实施。由此看来，湖南有技术、标准和产品优势，老挝有强烈的市场需求，双方农机合作前景无限。尤其是借力中联重科农机公司这家中国头部农机制造商的技术与经验，共同打造老挝的农业机械化标准，助力老挝农业现代化发展。

四、创新农业领域合作

2022 年 8 月，双方将以中老铁路为通道，通过共同建设好老挝万象市现代农业产业园和湖南省内相关产业园区，全面加强湖南与老挝的国际农业合作，力争在协议期间实现老挝与湖南年均进出口额突破 100 万吨，为促进双方优质农产品贸易和农业产业现代化发展作出积极贡献。2022 年湖南与老挝农产品贸易进出口总额 589.15 万美元，同比增长 6472.96%，其中出口 118.29 万美元，同比增长 1219.71%，进口 470.87 万美元（2021 年为零进口额）。2022 年湖南出口老挝的主要农产品为肉类、水果和坚果。其中，肉类 105.33 万美元、水果及坚果 6.34 万美元。湖南从老挝进口的主要农产品为水果、淀粉及菊粉。其中水果 339.89 万美元、淀粉及菊粉 130.97 万美元。[①] 同时，自备忘录签署以来，湖南根据议定的合作事项，全力推动湖南炫烨生态农业发展有限公司、湖南农业发展投资集团有限公司、红星实业集团有限公司等农业龙头企业抱团，共同做好老挝农产品进口及境内分销工作，由炫烨（老挝）有限公司重点负责老挝境内相关农产品的生产、采购并出口中国。

五、加强文化与旅游合作

旅游是不同国家、不同文化交流互鉴的重要渠道。文化和旅游国际交流合作是促进民心相通的重要选择。一是开通直航航线。2015 年 8 月 31 日，湖南开通了首条到老挝的直航——长沙至万象航班，每周一和周五执飞一班。2018 年 11 月 28 日，琅勃拉邦至长沙首航航线开通，每周三执飞一班。二是开展湖南万名游客畅游老挝活动。2018 年 7 月 31 日，湖南启动"万名游客畅游老挝"计划，湖南 20 家旅行商和媒体对老挝的重点旅游产品线路进行实地踩线考察和营销宣传，组团湖南游客前往老挝旅游观光。2019 年 8 月至 12 月，湖南联合我驻老挝大使馆、老挝新闻文化旅游部，省文明办、省民政厅、共青团湖南省委、省工商联、省妇联，境内外媒体和旅游协会，旅行社、旅行商开展"2019 湖南万名游客畅游老挝"活动。三是参加中老旅游年推广活动。2019 年 1 月，省文旅厅率团赴老挝、参加了老中旅游合作论坛、2019"老中旅游年"开幕式、中国旅游推广和中老联合演出。四是邀请老挝文旅部门和旅行商代表来湘参加相关文化旅游活动。2017 年 11 月，湖南举办"一带一路"主流媒体聚焦"锦绣潇湘"文化旅游推介会和主题采访活动，邀请了老挝国家电视台等媒体开展了文化旅游实地采访。2018 年 4 月，时任老挝新闻文化

①　资料来源：长沙海关统计数据。

和旅游部副部长沙万空·拉沙迪姆及老挝主流媒体和旅行商代表赴邵阳参加湖南春季乡村旅游节。2019年9月，老挝文化和旅游部副部长沙万空·拉沙迪姆率老挝文旅部门和旅行商代表团来访，出席了2019湖南国际文化旅游节开幕式，并在湘考察精品文化旅游线路。

六、注重教育交流合作

教育国际交流与合作是推动教育国际化发展的重要途径。通过拓宽教育资源、提升教育质量、培养国际化人才和促进文化交流等方面的努力，可以推动教育向更高水平、更宽领域发展。一是签订合作协议。湖南师范大学、长沙民政职业技术学院、湖南高速铁路职业技术学院、湖南商务职业技术学院与老挝教育机构签订合作协议8份。二是来华留学生。全省共有302名老挝留学生，集中在中南大学、湖南大学、湖南师范大学、湘潭大学、长沙理工大学等13所高校。三是加强职业教育合作。2019年4月，在长沙民政职业技术学院建立"中国—老挝职业教育与培训基地"，同时举办第一期职业师资培训班。9月，老挝—中国职业技术教育培训基地在老挝首都万象挂牌成立，老挝导游职教师资培训班同时开班。2019年12月，第一届老挝电子商务培训班在湖南商务职业技术学院正式开班。2022年11月29日，由老挝教体部职业教育发展中心委托长沙民政职业技术学院研发的3项《老挝职业教育国家标准》：机电一体化、社区服务、电子商务5级职业标准通过老挝教体部认证签批，批准在老挝全国推广试行使用。该项目是我国研发输出、老挝教育部认证的首批老挝职业教育国家标准，填补老挝职业教育多领域空白。为深化中老两国在职业教育领域的交流与合作，2023年9月6日，中国—老挝职业教育产教联盟（以下简称"联盟"）成立大会暨2023老挝电子商务职业技能培训班开班仪式在老挝万象举行。来自中老两国政府、教育主管部门、行业组织、职业院校和企业等联盟成员代表共100余位中老嘉宾出席会议，共同见证联盟成立。该联盟在"中国—东盟职业教育联合会"框架内开展合作，由长沙民政职业技术学院和老挝教育与体育部职业教育发展研究院牵头成立。联盟目前共吸纳了 50 家中方、40 家老方的职业院校和行业企业为成员单位，将进一步深化标准融通、人才共育、师资赋能、产教融合和人文交流等合作。[①]

第四节　推动湖南与老挝交流合作的对策建议

老挝是最不发达国家之一，经济实力弱，市场小，传统上与周边国家开展合作。近年来，随着经济的快速发展，老挝与周边国家的经贸合作发展势头明显上升。作为内陆省份的湖南，不沿海、不沿边的区位状况，让开放型经济成为湖南一直以来的发展短板。对接"一带一路"、深入实施"走出去"、锚定"三高四新"美好蓝图，成为湖南经济开放突围的重要契机。

一、加强文化旅游业合作

湖南与老挝在文化旅游等领域的合作正在务实推进，并加快落地落实。2018 年 7 月，湖南万名游客畅游老挝计划启动，向老挝输送游客 1 万多人，预示了老挝旅游的广阔前景。为了进一步深化老挝与湖南的旅游合作，增进彼此间的人文交往，老挝驻长沙领事馆联合湖南省文化和旅游厅，组织一系列的文化宣传活动，进一步推广老挝的旅游，通过发展旅游业促进减贫和经济发展，增加人民福祉。

二、加强农业领域合作

湖南坚持以"山海湘约，共话粮安"为基本思路，进一步深化粮食领域合作，促进资源共享、技术交流、市场开拓，提升粮食产能。一是中联重科与老挝农林部签署《助力老挝建立农业机械标准合作备忘录》，双方将推进科技和农业合作，切实增进在农机标准、农技农艺、农业服务、金融配套等方面的交流互鉴。二是双方共同探索粮食产业融合发展模式。湖南的很多企业

---

① 这个国际职业教育产教联盟成立！看湖南职教如何"扬帆出海"［N］.湖南日报，2023-09-08.

到老挝投资发展,并将粮食安全领域的先进技术、杂交水稻和米粉等优质产品引入到老挝,对促进老挝粮食安全保障能力的提升、密切两地人民友谊起到重要的作用。三是双方将从扩大农业投资、推动农业贸易等方面加强合作,为国际合作提供全新范例。此外,将共同探索湖南"米粉+"产业融合发展新模式,为湖南的粮油产业高质量发展贡献力量。

三、加强工业领域合作

我们常说"三流企业做产品,二流企业做品牌,一流企业做标准"。中国制造业对世界经济贡献大,中国品牌很多也在国际市场上打响,而中国的顶级企业正在用自身实力引领"中国标准"走向世界。在老挝,中联重科的混凝土机械、工程起重机械、建筑起重机械、挖掘机械、农业机械等设备,参建中老铁路、中农钾盐矿、赛色塔工业园、孟松600兆瓦风电项目、巴莱水电站及鑫越城等多个标杆项目。中联重科应发挥这方面的优势,通过与老挝合作,设立农业机械标准,助力以中联重科为代表的中国农机制造商进入老挝市场并持续经营。

乘着中老铁路开行的东风,湖南将进一步抢抓高质量共建"一带一路"的重大历史机遇,全面践行中老命运共同体行动计划确定的"五项行动",结合老挝市场需求和湖南"走出去"特色优势产业,发挥"湖南所有",结合"老挝所需",完善经贸合作机制,搭建合作交流平台,持续优化营商环境,不断创新投融资模式,推动实现湘老贸易畅通、产业联通、市场融通,努力将湖南省打造成为对老合作高地。

第九章

湖南与柬埔寨交流合作

第一节　近年来柬埔寨经济社会发展情况[①]

柬埔寨实行君主立宪制，为中等偏下收入国家，是世界贸易组织（WTO）、东盟的成员，为传统农业国，工业基础薄弱，依赖外援外资。据柬埔寨政府统计，2022 年柬国内生产总值（GDP）约合 295.97 亿美元，同比增长 5.4%，人均 GDP 为 1785 美元。其中工业增长 9%、服务业增长 4.3%、农业增长 0.7%，年均通货膨胀率为 5%。美元与瑞尔汇率保持在 1 : 4065 范围内，外汇储备 212.68 亿美元。广义货币（M2）1719621 亿瑞尔，同比增长 8.3%。

在财政方面，2022 年柬埔寨全年国家财政预算结余 40870 亿瑞尔，约合 10.22 亿美元。其中，预算执行收入 261923 亿瑞尔，约合 65.48 亿美元，同比增长 23.5%；预算执行支出 221053 亿瑞尔，约合 55.26 亿美元，同比下降 3.6%。

在农业方面，2022 年柬埔寨全年实现稻谷种植面积 340 万公顷，较 2021 年减少 149552 公顷，同比下降 4.21%，其中旱季稻 64 万公顷，雨季稻 276 万公顷。全年稻谷产量 1162 万吨，同比减少 4.77%，其中旱季稻 291 万吨，雨

---

①　驻柬埔寨王国大使馆经济商务处 . 2022 年柬埔寨宏观经济形势及 2023 年预测［EB/OL］. 福建省商务厅，https://swt.fujian.gov.cn/xxgk/swdt/swyw/gjyw/202305/t20230515_6169701.htm. 2023-05-15.

季稻 871 万吨。全柬经济作物种植面积 1574331 公顷，可收获面积 1417261 公顷，产量 18668106 吨，较上年减少 2.56%。此外，2022 年大米出口 637004 吨，同比增长 3.23%，出口至 56 个国家和地区，主要为中国（288830 吨，同比下降 6.74%）、欧盟 22 国（204323 吨，同比增长 31.17%，）、东盟 4 国（马来西亚、文莱、新加坡、越南，共 64733 吨）、其他 29 国（79118 吨）。目前柬埔寨共有 61 家大米出口企业。

在建筑方面，2022 年柬埔寨共批准 4276 个建筑项目，同比减少 27 个，建筑面积 728.98 万平方米，投资额 29.72 亿美元，同比分别下降 43.92% 和 344.27%。其中，国家部委批准建设的项目 226 个，同比减少 162 个，建筑面积 565.9 万平方米，投资额 23.59 亿美元，同比分别下降 46.7% 和 44.09%；省级批准建筑项目 4050 个，同比增加 135 个，建筑面积 163.08 万平方米，投资额 6.13 亿美元，同比分别下降 36.74% 和 44.97%。

在旅游方面，据柬旅游部报告显示，2022 年全柬共接待外国游客 227.66 万人次，同比增长 1058.6%，旅游收入 14.15 亿美元，同比增长 669%，对国内生产总值贡献率约 3.6%。前五大游客来源地分别为：泰国（853376 人，同比增长 942.7%）、越南（463995 人，同比增长 1997.6%）、中国（106875 人，同比增长 133.5%）、美国（93386 人，同比增长 1329%）、老挝（92609 人，同比增长 32740.1%）。其中，空路来柬 79.16 万人，同比增长 693%；陆路和水路来柬 148.5 万人，同比增长 1436.2%。金边、暹粒和西哈努克省三大国际机场是重要的外国游客入境地，入境人数分别为 609667 人、165180 人和 16756 人，同比分别增长 575.6%、15124% 和 97.1%。

在投资方面，据柬发展理事会报告显示，2022 年共批准新投资项目和扩大投资项目 186 个，同比增加 10.1%，投资额 40.33 亿美元，同比下降 7.4%。其中农业 1.52 亿美元，同比增长 13.15%；工业 15.65 亿美元，同比下降 27.92%（经济特区外投资 9.77 亿美元，同比下降 30.97%；经济特区内投资 5.88 亿美元，同比下降 22.19%）；旅游领域 4.97 亿美元，同比增长 288.48%；基础设施及其他领域 18.19 亿美元，同比下降 5.35%。共创造 14.4 万个就业岗位。

　　在贸易方面，据柬海关统计，2022 年全柬进出口贸易总额 524.25 亿美元，同比增长 9.2%。其中出口 224.83 亿美元，同比增长 16.4%；进口 299.42 亿美元，同比增长 4.3%。出口的主要商品有成衣和相关布制品配件、非针织布制品与配件、电器设备及相关配套产品、皮具和毛具、鞋袜和相关产品等；进口的主要商品有石油和冶炼产品、针织产品、车辆、机器设备和太阳能板及配件、机器设备和电力设备及其配件、塑料原材料和塑料制品及橡胶制品等。

　　在工业和手工业方面，2022 年全柬在运营的大型工厂共 1982 家，较上年增加 103 家。新成立的大型企业 186 家，同比减少 23 家。关闭的大型企业 83 家。2022 年创造 1026671 个就业岗位，同比增长 4.05%。新成立的中小企业和手工作坊共 1229 家，继续经营的企业共 1423 家，创造 21069 个就业岗位；关闭企业 490 家，减少 5885 个就业岗位。主要涉及纺织制衣、食品、饮料、木材加工、纸产品和印刷、化工、橡胶、塑料、金属生产和加工等行业。2022 年工业领域投资额 166.91 亿美元，同比增长 20.84%。

　　在矿产能源方面，据柬国家电力局（EAC）报告显示，全年电力供应 154.56 亿度，同比增长 18%。其中，国内生产电力 103.13 亿度，同比增长 6.18%，占全国电力供应的 66.73%；进口电力 51.43 亿度，同比增长 51.92%，占全国电力供应 33.27%。此外，水泥产量 852.65 万吨，同比下降 4.7%。[①]

第二节　中国与柬埔寨交流合作的现状

　　中国和柬埔寨是铁杆朋友，中国始终是柬埔寨最可信赖的朋友、最为坚定的依靠，两国的友谊就像一棵参天大树，历经风雨，依然茁壮成长。从早期的建交，到后来的曲折，再到今天的紧密合作，两国之间的关系如同一幅跌宕起伏的画卷。这种特殊的友谊，承载了历史的记忆，也凝结了两国人民

---

　　①　2022 年柬埔寨宏观经济形势及 2023 年预测［EB/OL］. http://cb.mofcom.gov.cn/article/ddgk/zwminzu/202305/20230503409191.shtml.

的深厚感情。

在中柬建交之前，两国交往的历史早已悠久。在汉朝时期，柬埔寨与中国就开始了长达两千多年的交往历史。中华人民共和国成立后，柬埔寨在国际社会的支持下获得独立，并于1954年与中国建交，拉开了两国友好交往的序幕。然而，在友好的背后，曾有一段艰难的历程。20世纪70年代，柬埔寨发生政治动荡，西哈努克国王因亲华政策受到国内保守派的反对，最终导致政变，中柬关系陷入低谷。朗诺政权上台后，对内进行残酷压制，"红色高棉"崛起，对外则奉行反华政策。时光流逝，历史的风雨洗刷了一切，也没能摧毁两国人民深厚的友谊。朗诺政权垮台后，中柬关系重新回到正常轨道，两国在政治、经济、文化等各个领域展开广泛合作。中国在柬埔寨的援助项目，不仅仅是经济上的支持，更是对柬埔寨人民的关心和帮助。

作为"一带一路"重点工程，中柬产能合作重点项目，吴哥国际机场年旅客吞吐量达700万人次，可满足大型宽体客机起降，有力支撑了远程洲际航线。为了吸引更多的中国游客，柬政府允许全国所有旅游业者直接接受人民币，吴哥国际机场的通航运营促进了当地旅游业的发展，保护吴哥窟历史文化遗迹，促进了柬埔寨北部地区的经济发展。

在中国公司的帮助下，柬埔寨进入了"高速公路时代"，2022年柬埔寨第一条高速公路——金边至西港高速投入使用。2013年以来，中国以援建和提供优惠贷款的方式，为柬方修建了3000多公里公路和桥梁。

水利水电方面，截至2021年，中国企业在柬投资24亿美元，共计7座水电站，发电量占柬总发电量的64%。[①] 除了水电外，中国还帮助柬方开发绿色能源，中柬合资建成了柬最大的太阳能发电厂并投入使用，保障了柬方的电力供应。

中国企业大力投资柬埔寨的农业种植和加工产业。2016年中国热带生态农业合作示范区在柬埔寨东北部桔井省成立，主要种植香蕉、芒果、橡胶等

---

① 何诗霏．柬埔寨：期待"中国速度"延续"铁杆友谊"［EB/OL］. https://www.sohu.com/a/733351688_426502.2023-11-02.

热带作物。香蕉、芒果、龙眼等作物成功出口中国，促进了柬埔寨水果种植业的发展，提高了当地水果产区的就业率。除了种植业，示范区还从中国引进香蕉产业链配套设施，基本形成香蕉全产业链布局。

中国拥有丰富的市场、资金、人才和技术，与柬埔寨加强农业产业合作，有助于柬埔寨提高农作物及水果全产业链发展，同时助力柬加快农业产业发展，培育行业人才，提升柬农业产业价值。

2022年1月，中柬签署的双边自贸协定生效，这是柬埔寨对外签署的首个双边自贸安排。中柬自贸协定的实施对柬埔寨促进经济发展意义重大，通过自贸协定，柬埔寨大量商品进入中国市场，促进其本国的产品和市场多样化。中国拥有原材料、生产力、劳动力、教育等众多优势，经济高速发展的成功经验，也成为柬埔寨今后发展经济的榜样。

同年，RCEP生效实施。RCEP协定是世界上最大的自贸协定，亚太地区生产总值约占全球的30%，人口约占全球三分之一，该协定的实施促进了亚太地区经济发展、一体化进程和地区间的互联互通。RCEP协定包括货物与服务贸易、投资、经济与技术合作等领域，拓宽了中柬原有的自贸协定规则所包含的领域，涉及了电子商务、知识产权、政府采购、竞争与中小企业等议题。

柬埔寨充分利用RCEP和自贸协定，加大对中国及周边国家的出口，提高了柬方产品在中国的竞争力和消费者的认可度。通过相关协定，中柬双方发挥了各自的比较优势，加强经贸合作，包括货物、服务、电商等领域的合作。

RCEP和中柬自由贸易协定也加速推进共建"一带一路"项目的实施。柬埔寨是最早支持并参与"一带一路"倡议的国家之一，中柬双方一直在促进柬方的"四角战略"与共建"一带一路"的有机结合。在共建"一带一路"框架下柬埔寨与中国的合作受益良多，从基础设施的建设，打通互联通道，到贸易和旅游业的发展，促进柬埔寨经济社会发展。

2023年是柬中友好年，也是两国建交65周年，这种友谊将一年比一年更加牢固。据柬埔寨商业部的报告显示，2023 年前 9 个月，柬中双边贸易交易额达 90.99 亿美元。其中，柬埔寨出口中国 10.59 亿美元，中国出口柬埔寨80.4 亿美元；2022 年柬中双边贸易额达 87.96 亿美元，同比增长 3%。^① 这是柬中贸易活动的正面信号，柬中双边贸易额进一步增长。

第三节　湖南与柬埔寨交流合作的重点

自 2012 年柬埔寨湖南总商会成立以来，一直致力推动中柬、柬湘政府之间、政企之间的合作与交流，配合湖南有关部门推动"名品出湘、优品入湘"成效显著，也为宣传湖南、推介湖南、投资湖南、提升湖南做了大量工作。湖南主动融入"一带一路"倡议，深度参与 RCEP 合作，与柬埔寨在经贸、科技、文化、旅游等领域深化交流合作。柬埔寨政府支持湖南企业在柬投资发展，发挥工程机械、汽车、生物医药等领域的产能、资金、技术、人才优势，助力柬制造业及相关行业提质增效。

一、经贸合作

柬埔寨致力于推动经济发展，优化投资环境，吸引更多特别是来自湖南的投资者。推动柬埔寨与湖南的经贸合作，为双方的商务合作搭建更加便利的平台。2021 年，我省对柬埔寨主要出口产品为"鞋靴零件（1.94 亿元）""成卷或成张单面或双面喷涂的纸及纸板（0.98 亿元）""箱包类产品（0.81 亿元）"；主要进口产品为"磺（酰）胺（0.85 亿元）"^②"初级形状的丙烯或其他烯烃聚合物（0.01 亿元）"。据统计，2022 年 1—7 月，湖南对柬埔寨主要出口产品为"宽度≥ 600mm 的铁或非合金钢平板轧材，经包覆、镀层或涂层（0.92 亿

---

① 前 9 个月，柬埔寨和美国外贸 70.77 亿，和越南 20.3 亿，和中国多少？［EB/OL］. https://baijiahao.baidu.com/s?id=1779827638247996109&wfr=spider&for=pc2023‑10‑15.

② 湖南省对柬埔寨出口的主要产品有哪些［EB/OL］. https://www.x315.cn/doc/I956EV.2021‑06‑24.

元）""其他家具及其零件（0.77 亿元）""鞋靴零件（0.71 亿元）"。[①] 目前，湖南已成为柬埔寨优质大米、新鲜香蕉和芒果的主要出口市场；柬埔寨的胡椒、龙眼、野生水产、养殖水产及食用水生动物等陆续进入湖南市场。据统计，2023 年，湖南对柬埔寨进出口总值 15.78 亿元，同比下降 43.1%。其中，出口 13.46 亿元，同比下降 49.6%，进口 2.3 亿元，同比增长 124.5%。[②]

二、对外投资

"十三五"期间，柬埔寨是湖南省对东盟投资排名第二的国家。截至 2023 年 7 月，湖南在柬埔寨设立境外投资企业共 46 家（含已经注销的），涉及对外直接投资中方合同额 4.99 亿美元，其中存续的企业 25 家，涉及中方合同投资额 3.58 亿美元。[③] 主要境外企业有凤凰实业有限公司，涉及中方投资额 15000 万美元；柬中金属材料产业园投资发展有限公司，涉及中方投资额 7570 万美元；中湘海外柬埔寨公司，涉及中方投资额 2800 万美元。2023 年 1—7 月，湖南对柬埔寨实际投资额 3150 万美元。[④]

三、先进制造业

湖南是中国制造业大省、中国工程机械之都，目前已形成轨道交通、工程机械、汽车制造、电子信息、食品医药等一批千亿产业集群和三一重工、中联重科、中车株机等一大批龙头企业，拥有高速轨道交通、超级计算机、磁浮技术等先进制造的世界名片，湖南的装备与制造产品深受柬埔寨民众的喜爱。柬埔寨是"一带一路"的重要节点、东南亚通往全球市场的重要通道，推动湖南装备制造走进柬埔寨，正是优势互补、互利双赢的选择。湖南将与柬埔寨地方政府及有关方面一道，共享"一带一路"重大机遇，鼓励更多湖南优势企业到柬埔寨投资发展，为推动构筑更加紧密的中柬命运共同体作出新的贡献。

---

① 资料来源：长沙海关。
② 资料来源：长沙海关。
③ 资料来源：湖南省商务厅官网。
④ 资料来源：湖南省商务厅官网。

四、农业

2021 年，湖南与柬埔寨农产品贸易总额 434.88 万美元，其中出口柬埔寨农产品总额 421.59 万美元，占湖南农产品出口总额的 0.18%；从柬埔寨进口农产品 13.29 万美元，占湖南进口农产品总额的 0.003%。[①] 湖南主要出口柬埔寨的农产品为水果、烟草、水产品制品等，主要进口柬埔寨的农产品为淀粉及菊粉、糊精及其他改性淀粉等。2015 年柬埔寨开始引进湖南的杂交水稻。2015 年 9 月，袁隆平来柬试种"杂交粳稻品种"；2018 年 1 月，湖南杂交水稻研究中心与柬埔寨农林渔业部签订合作备忘录，计划在柬种植 20 万公顷的水稻。至 2018 年，1200 多亩杂交粳稻的四个品种，在柬试种成功，长势良好，稻米产量从每公顷 4 吨提高至 8 吨。2019 年，湖南省棉花科学研究所与浙江农林大学、江苏联发集团联合在柬埔寨开展棉花种植试验示范项目，探索适宜柬埔寨栽种的棉花品种和轻简高效种植技术模式。湖南省棉花科学研究所派出了专业技术人员在柬埔寨菩萨省巴甘县联发（柬埔寨）大中现代农业有限公司基地为当地官员、农业农民举办了 5 期棉花知识科普和栽培、病虫防控技术培训，组织了农民进行植棉机械操作技术、无人机使用技巧、测绘调试技术等培训。2019 年，湖南省农业农村厅农药检定所有关人员受柬埔寨农林渔业部邀请，与我国农业农村部一道前往柬埔寨执行农业管理技术交流任务。团组与柬埔寨农林渔业部法规司共同举办了第二届中柬农药管理技术交流会，双方还签订了中国—柬埔寨农药管理技术合作谅解备忘录，推动了湖南与柬埔寨农药合作进入新阶段。总的来说，湖南农业投资柬埔寨是一种新的发展模式，通过互补优势和政策支持，为湖南的农业企业提供更广阔的发展空间和商机。

五、医疗卫生

2016 年，湖南省儿童医院率先承担了国家卫计委首批援外创新"妇幼健

---

① 资料来源：长沙海关。

康工程"，以开展"儿科适宜技术"的培训形式开启了与柬埔寨儿科领域的交流合作模式。项目实施期间，医院专家团队组织开展了义诊咨询、专题讲座、技术培训、健康教育和疑难病例查房等系列活动，先后为当地200余名儿童提供了医疗服务、100余名医护人员提供了医疗培训；并对当地标准化病房建设进行了现场指导，共享了中国儿科治理方案和发展模式，捐赠了大量医疗物资和我国的医疗专业著作。在两国卫生部长见证下，湖南省儿童医院与柬埔寨国家儿童医院签署了合作备忘录。2017年，柬埔寨国家儿童医院专家组团来湘学习，并申请加入由湖南省儿童医院牵头组建的"发展中国家儿童健康联盟"。2018年，柬埔寨国家儿童医院派送4名新生儿科医护人员赴省儿童医院进修3—6个月，派送8名医护人员参加医院承办的援外培训项目。[①] 2019年，湖南省儿童医院派遣专家赴柬开展"柬埔寨国家儿童医院新生儿专科建设项目"调研工作，就项目三年规划达成共识，在新生儿适宜及核心技术培训、师资团队培养、儿童标准化病房建设、临床科研合作和远程医疗中心搭建等方面展开合作。

六、环保

2020年，湖南省水资源研究和利用合作中心牵头实施澜沧江—湄公河合作专项基金项目"低影响开发背景下城镇生活污水处理能力提升及环境保护科学普及的技术示范与推广"。协同湖南师范大学、柬埔寨湄公河委员会等国内外参与单位，积极推动中国海绵城市建设的规划设计理念及相关配套技术体系的研究与应用，提升示范区域污水处理厂的运营能力和管理水平，开展中小学生环保科普教育。

七、文化教育

2017年11月15日，柬埔寨管理与经济大学与长沙民政职业技术学院签署合作框架协议，双方将就共建培训中心、拓展学术交流与合作等领域进行

---

① 　资料来源：湖南省卫生健康委员会。

磋商；将互派教师到对方院校进行学术访问、短期讲学等交流活动。2019 年 9 月 14 日，湖南文理学院与柬埔寨东南亚大学签署合作协议书，双方通过合作，推进孔子学院在暹粒的申办和建设工作，进一步加强两国高校之间的文化和学术交流，也为暹粒和常德两座城市搭建友谊之桥。

第四节　推动湖南与柬埔寨交流合作的对策建议

柬埔寨政府和中国政府有着良好的关系，人民之间交往密切，友谊源远流长，柬埔寨在东南亚是一个快速发展的国家，同时也是东盟成员国，政局稳定、经济政策开放、劳动力成本较低、没有外汇管制，是本地区对外招商引资政策最为开放的国家之一。湖南与柬埔寨两地互补性强，合作前景广阔，潜力巨大，越来越多的湖南企业将投资合作的目光聚焦在柬埔寨。

一、创新投资合作机制，积极推进经济示范区建设

中柬在经贸、投资、旅游等领域合作紧密、潜力巨大。加强柬埔寨交通和电力基础设施互联互通，深化贸易和投资合作，拓展产业和园区合作空间，其中包括金港高速公路、暹粒吴哥国际机场、西港经济特区、金边港集装箱码头等。依托西哈努克港经济特区和金边——西港高速公路等项目，吸引更多有实力的湖南企业加大对柬投资力度。鼓励湖南与柬埔寨企业加强农用工业、能源、制造业等领域合作。湖南将积极参与柬埔寨的铁路建设，推进柬埔寨的公路、污水处理等配套基础设施建设。加强双方电力和电网合作，促进柬埔寨电力工业发展。

二、加快共建"鱼米走廊"，扩大两国间农产品贸易

聚焦渔业、稻米、热带果蔬、农资（化肥、农药、饲料），扩大两国间农产品贸易。为实现"鱼米走廊"目标，重点开展水产养殖、农产品加工、生态农业、农机、农技和人力资源等合作。探讨在柬建设现代农业示范区，开

展数字农业交流合作。深化湖南与柬埔寨检验检疫合作，实现跨境信息互联互通；深化动植物检疫和食品安全监管合作，加快柬埔寨优势农食产品出口湖南。打造"数字化循环水零排放、光伏设施、渔业＋加工废弃物资源化高质利用"全产业链，对柬方渔民开展技术培训，帮助柬方渔民上岸，就近就地就业。

三、发挥政府指导作用，开展互利共赢的贸易合作

政府要做好企业之间的协调工作，必须发挥政府在规范行业秩序方面的指导作用。深化共建"一带一路"合作，在"钻石六边"框架下推动两国工业、农业、投资、人文等领域合作进一步发展，打造柬中命运共同体。借助双边电商合作机制和中国国际进口博览会、中国进出口商品交易会、中国国际消费品博览会、全球数字贸易博览会、中国—东盟博览会等平台，提升柬商品在湖南竞争力。积极推动《区域全面经济伙伴关系协定》（RCEP）实施，促进中国—东盟自贸区建设。

四、深化产业合作，打造优势互补的新产业链

为了促进柬湘两地投资与贸易往来，提高两地的国际竞争力，通过双方探索互建柬湘产业园的合作模式，加速两地之间的产业融合，促进柬湘经济发展。双方将通过推动常态化沟通，合作探索建设中柬产业园，在电子信息、经贸投资、生物医药、新能源汽车、清洁能源、跨境电商、大宗商品交易、农业生产、农产品加工、物流仓储等产业领域深度开展相关合作，深化双方经贸合作关系。推介湖南绿色产业发展现状，了解柬埔寨绿色产业发展需求和相关绿色产业项目，探讨两地产业项目合作。坚持以产业合作开发经贸互补性，以产业合作带动数字经济、绿色经济、中小企业发展。合作办好产业园区，进一步提高投资合作水平。继续用好中柬自贸协定、RCEP协定、中国—东盟自贸协定，深化经贸合作，促成双方企业合作开发两国市场、区域市场乃至国际市场。

五、加强文化和旅游合作，推动落实中柬文化合作计划

文化和旅游业作为无烟工业、绿色金子，在柬埔寨经济社会发展中起着重要作用。鼓励湖南与柬埔寨旅游企业共同打造旅游产品、开发人力资源，相互支持旅游市场推广和机制建设。进一步了解柬埔寨的旅游状况，拓展柬埔寨的旅游线路，以满足游客的多样化需求。注重对旅游文化资源的保护和开发，尤其是注重保护柬埔寨的历史文化遗产、传统民俗文化等资源。继续开展柬埔寨的历史文化遗址保护修复项目，推进其他文化遗产的保护修复合作。支持双方空运企业根据市场需求增加航班线路，为双方经贸合作与人员往来提供便利。

第十章

湖南与泰国交流合作

第一节　近年来泰国经济社会发展情况

在经济日益全球化的今天，东南亚地区成为了许多企业和投资者关注的焦点。泰国作为东南亚最具活力和潜力的市场之一，吸引着越来越多的国际企业的目光。泰国地处东南亚中心区位，相比其邻国，经济较发达、经商便利、基础设施亦相对完善。2022年国内生产总值为4952亿美元，增长率为2.6%[1]。就人均收入而言，泰国被认为是一个中上收入国家，泰国全社会在2022年完成的名义GDP为17.3673万亿泰铢，与上年同期相比，实际增长2.6%，虽然比上年的1.5%有所扩大，名义人均GDP约为6908.8美元[2]。另据泰国经济和社会发展委员会发布的数据显示，2023年第一季度，泰国国内生产总值（GDP）同比增长2.7%，增速比上一季度的1.4%继续加快。2023年二季度，泰国经济增长进一步放缓，扣除价格因素后，实际GDP同比增长1.8%，增幅较上季度下滑0.8个百分点。2023年第三季度，泰国国内生产总值（GDP）增长1.5%，较上季度的1.8%有所下降。2023年第四季度，泰国

---

① 泰国2022年GDP同比增长2.6%低于预期［EB/OL］.中国新闻网，https://baijiahao.baidu.com/s?id=1758089083398830747&wfr=spider&for=pc.2023-02-17.

② 2022年，越南超过马来西亚和菲律宾，成为东盟第四大经济体［EB/OL］. https://baijiahao.baidu.com/s?id=1758356200578454602&wfr=spider&for=pc.2023-02-20.

国内生产总值（GDP）较上年同期增长 1.4%，较第三季度 4.6% 的增速大幅放缓，也远低于市场预期。① 第四季度 GDP 较上年同期增长 1.4%，较第三季度 4.6% 的增速大幅放缓，也远低于市场预期。经季调后，第四季度 GDP 环比下降了 1.5%②。

泰国的经济是以出口为导向的，出口占该国 GDP 的三分之二左右。该国的主要出口产品包括电子产品、汽车、农业产品和纺织品。工业是泰国经济的重要贡献者，泰国大概有 4500 家工厂，雇佣员工 100 多万人，占整个制造业就业人数的近 20%，GDP 总值占整个泰国的 17%。③ 泰国也是自然资源的主要生产国，包括橡胶、锡和天然气。

服务业是泰国经济的重要产业，旅游业的支持将继续推动泰国经济发展。2022 年第四季度泰国经济驱动因素方面，旅游业的持续复苏导致泰国经济承压，主要得到旅游业复苏且带动住宿和餐饮服务活动扩张的拉动。服务业出口同比增长 94.6%，旅游业的复苏也持续给就业带来冲击。此外，私人消费也在 2022 年第四季度中同比增长 5.7%，相比上一季度增长 9.1%④。

2023 年年初，随着世界走出新冠疫情阴霾，泰国对本国经济发展寄予厚望。然而，由于全球经济低迷，2023 年泰国经济发展缓慢。旅游业占泰国国内生产总值的 11.5%，2023 年入境泰国的游客数量达 2450 万人次，远远不如 2019 年的 3980 万人次。面临"低增长、高债务"的问题，2023 年泰国经济增长乏力，全年经济增长预期下调至 2.5%，2024 年的增长预期范围为 2.7% 至 3.7%。尽管 2023 年泰国经济出现疲软，但在经济基本面扎实、稳定的情

---

① 　2023 年三季度泰国实际 GDP 初值同比增长 1.5%［EB/OL］. https://xueqiu.com/5296061618/267615749.2023-11-20.

② 　泰国第四季度经济增长放缓至 1.4%，下调今年增长预期［EB/OL］. 新浪财经，https://baijiahao.baidu.com/s?id=17580462657649999983&wfr=spider&for=pc.2023-02-17.

③ 　《浙江省"一带一路"国别（地区）投资指引（泰国 2022 年版）》之一主要产业发展状况与重点平台［EB/OL］. http://news.sohu.com/a/674468104_121123888.2023-05-10.

④ 　2022 年泰国 GDP 增长 2.6%！相关研究中心预测 2023 年 GDP 将增长 3.7%［EB/OL］.泰国头条新闻，http://www.thaiheadlines.com/125775/. 2023-02-21.

况下，2024 年泰国经济仍可能较 2023 年加速复苏，其中旅游业复苏是重要的支撑因素。①

泰国在全球农产品出口中排名第 9、东盟地区排名第 3。2022 年泰国水果出口中，榴莲仍占据首位，总出口量达 881829.51 吨，出口额为 941.0024 亿泰铢。另据泰国开泰研究中心发布的报告显示，2023 年上半年新鲜／冷藏／加工水果的出口总值达到 55 亿美元，同比增长 10.3%。主要支持因素是在 2022 年低基数的基础上恢复增长，尤其是来自重要出口市场——中国（2022 年占泰国水果出口总值的 87%）的订单，在中国恢复开通边境口岸后，实现良好增长。② 此外，泰国商业部还通过贸易谈判，积极进行市场推广，扩大泰国水果向新市场出口，如榴莲向韩国出口、柚子向美国和阿联酋出口，龙眼向印度和印尼出口等。

泰国是一个相对开放的经济体，拥有良好的投资环境和一系列针对外国投资者的激励措施。该国已与一些国家签署了自由贸易协定，包括中国、澳大利亚和日本，并且是东南亚国家联盟（ASEAN）和世界贸易组织（WTO）的成员。

第二节　中国与泰国交流合作的现状

中泰互为重要经贸合作伙伴，中国连续多年成为泰国最大贸易伙伴，继续保持泰国最大进口来源国、第二大出口市场、第一大农产品出口市场。中国市场对泰国农业发展、农民增收的重要性不言而喻，中国消费者也从中受益，泰国榴莲已经从中国市场的小众水果发展成为"顶流"单品，粉丝群体遍布中国各个省市。中国消费者青睐泰国水果，中国政府支持泰国农产品出口中国。

---

① 2023 年的泰国：政局有变化 外交更务实［EB/OL］. 中国经济网，https://baijiahao. baidu.com/s?id=1786751752161416922&wfr=spider&for=pc.2023-12-31.

② 泰国上半年水果出口 55 亿美元增长逾一成 中国为重要市场［EB/OL］. 光明网，https://baijiahao.baidu.com/s?id=1772917476422774363&wfr=spider&for=pc.2023-07-31.

中国是年度泰国外资最大来源国。2023 年 1—9 月，中国出口到泰国贸易总额为 563 亿美元，2022 年同期贸易额为 576 亿美元，同比下降 2.22%；中国企业向泰国投资促进委员会申请在泰投资项目 264 个，同比增长 196.6%；涉及金额 974.6 亿泰铢（约合 28 亿美元），同比增长 116.5%。[①] 同时，中国企业在泰投资设厂，产品销往世界各地，增强了泰国的出口创汇能力，增加了就业机会，并帮助数以万计的泰国青年掌握重要技术技能。值得注意的是，中国电动汽车厂家是最早在泰生产的电动汽车外国企业，上汽、比亚迪、长安等正在为泰国电动汽车生产本土化发展作出贡献，成为泰国发展新能源产业、实现绿色经济转型的生力军。

绿色经济、数字经济是世界发展方向，是未来经济竞争的制高点，泰国在这两个方面走在东盟多个国家的前列，中国企业参与了这一重要进程。泰国是东南亚地区第一个开通 5G 商用的国家，现在正在努力建设智慧码头、智慧医院、智慧农业、智慧矿山等，让 5G 为各行各业赋能。华为、中兴、中国移动等中国的通信厂商和运营企业在泰生产经营，为泰国数字化、智能化转型发挥至关重要作用。

中泰之间密切交往合作，占据天时地利人和，是人心所向、大势所趋。中泰经贸、人文交流合作关系已经非常密切，两国人民已经从中深受裨益，两国互利合作前景可期。《区域全面经济伙伴关系协定》（RCEP）已经全面实施，中国—东盟自贸区 3.0 版谈判正在推进。

展望若干年后，随着中泰铁路建成，中老泰交通大动脉贯通，中南半岛乃至东南亚将与中国大市场高效连接，两国人员往来、物流运输、沿线产业融合发展的前景指日可待。

---

① 中国海关数据统计：2023 年 1—9 月出口泰国贸易数据变化 [EB/OL]. https://baijiahao.baidu.com/s?id=1781883811854401459&wfr=spider&for=pc.2023–11–07.

第三节　湖南与泰国交流合作的重点

泰国和中国的贸易历史源远流长。湖南与泰国在资源禀赋、产能合作等领域互补性很强，互有优势、互有需求、互有机遇，合作前景广阔。随着RCEP协定生效，湖南企业与泰国开展经贸合作的热情进一步高涨。湖南在泰国设立境外投资企业不断增加，对外直接投资中的合同金额不断增多。

泰国已经成为湖南在东盟的重要贸易伙伴。近年来，在双方政府的推动下，泰国与湖南的经贸交流日益密切。为了更好地为驻在国的企业提供支持和服务，湖南在泰国成立了泰国湖南商会及湖南省商务厅驻泰国商务代表处，并设立了湖南首家境外工业园——泰国湖南工业园。湖南的工程机械、箱包、五金工具、柑橘、食品、农机、电子产品等在泰国深受欢迎，如邵东的中药饮片、五金，双峰的小农机，以及湖南各类特色加工农产品吸引泰国客商。

一、经贸方面

自2010年中国—东盟自由贸易区启动以来，泰国与湖南经贸交流合作快速发展，湖南积极融入21世纪海上丝绸之路建设，开通长沙—广西—越南国际货运班列和黄花机场至东盟的国际客货运航线，打造对接东盟的新通道。通过加快建设好湖南在泰国等东盟国家的境外工业园，鼓励更多优势企业赴泰国投资，湖南省商务厅作为湖南对外开放的重要职能部门，按照中国政府和湖南省委、省政府的总体要求，采取一切有效措施，提供更多便利条件，扩大双边投资和贸易，为双方进一步深化合作、扩大交流做好服务。2022年，湖南对泰国进出口209亿元，同比增长15.2%。湖南在泰国累计设立境外投资企业126家，对外直接投资中方合同额6.88亿美元[①]。泰国在湘投资额较大

---

① 湖南省人民政府.湖南经贸代表团出访泰国［EB/OL］.http://www.hunan.gov.cn/hnyw/zwdt/202311/t20231129_32451347.html.2023–11–29.

的企业有：正大邵阳骨伤科医院等 6 家。2023 年湖南与泰国累计进出口 176.4 亿元，同比下降 14.2%，其中：湖南对泰国出口 94.3 亿元，同比下降 33.8%；湖南自泰国进口 82.2 亿元，同比增长 29.9%。以 2023 年数据为例，湖南对泰国主要出口：无缝钢铁管 4.25 亿元、箱包 2.72 亿元、特殊用途的机动车辆（例如，抢修车、起重车、救火车、混凝土搅拌车、道路清洁车、喷洒车、流动工场车及流动放射线检查车等）2.51 亿元、灯具及照明装置 2.35 亿元、合金钢平板轧材 2.17 亿元。湖南自泰国的主要进口：合成橡胶 24.53 亿元、自动数据处理设备及其部件 24.11 亿元、其他鲜果 9.28 亿元、集成电路 7.39 亿元、半导体器件 3.17 亿元。[①] 截至 2023 年 10 月，湖南在泰国设立的投资企业共 126 家（含已注销），对泰国直接投资中方合同额 6.88 亿美元，其中存续的企业 40 家，中方合同投资额 3.69 亿美元。[②]

二、农业机械方面

湖南农机与泰国将有更多的交流合作，实现湖南农业机械与泰国现代农业的双赢。近年来，湖南农业机械化经历了一个快速提升的过程，并且走出国门，逐渐打通国外市场，尤其是东盟国家的市场。目前，全省拥有 800 多万套农业机械，农业生产的主要环节耕、种、收、植保、运输、烘干等都基本实现了机械化，其中，水稻耕种收综合机械化水平超过了 70%，处于中国南方地区领先水平。湖南是农机研发和制造大省，农机生产总值居全国前五。中联重科是排名全球第五位的工程机械制造商，研发和生产能力强大，拖拉机、插秧机、收割机、烘干机是主导产品。中天龙舟拥有年产 1 万台收割机、5000 台履带式旋耕机与 30 万台柴油机的产能。湖南农友机械拥有"农友""好运来"两个中国驰名商标，公司生产各类大、中、小型农机，主要产品有收割机、粮食烘干机、旋耕机、拖拉机、小型碾米机、粉碎机等，其中组合碾米机可将稻谷一次性加工成大米，同时完成米、糠、碎米的分离，销量排名

---

① 资料来源：长沙海关。

② 湖南省商务厅 . 湘企出海 风正帆悬［EB/OL］. http://swt.hunan.gov.cn/swt/hnswt/swxq/mt/202312/t20231212_65641167470727680.html.2023-12-12.

全国首位，市场占有率达到 20%。湖南利用农业机械的优势，加强与泰国的合作，将农业机械的品牌擦得更亮，不断开拓泰国市场。此外，农用无人机合作空间不断扩大。湖南植保无人机技术有限公司研发的高科新农无人机出口泰国，成为中国首家出口贸易的农用无人机产品。在泰国全境内开展规模化作业，推进泰国农业种植全程机械化发展，不仅展示了无人直升机在水稻、榴莲、龙宫果等 10 余种作物病虫害防治方面突出的效率、效果，还带去了无人机播种、施肥、播撒鱼饲料等最新应用。

三、旅游方面

近年来，湖南接待泰国游客的数量保持持续较快增长，2023 年，湖南省接待泰国游客 50769 人次，占入境外国游客比重 5.9%，位居亚洲入境游客比重第 5[①]。2023 年 3 月 16 日下午，以"仙境张家界　峰迷全世界"为主题的张家界文化旅游推介恳谈会在泰国曼谷举行，中泰 6 家旅行社就双方互送和接待游客签订合作协议。2023 年 4 月 29 日，长沙至泰国芭堤雅客运航线复航，航线航班每周一、二、四、六执行。此外，2023 年 4 月 28 日，张家界往返泰国曼谷的国际客运航线复航。上述航线的恢复开通将为湖南与泰国之间开展旅游、经贸及文化交流提供便捷的空中通道，同时也将加速恢复湖南与东南亚之间的经济、文化、旅游等交流合作。

第四节　推动湖南与泰国交流合作的对策建议

中泰互为重要经贸合作伙伴，中国连续多年是泰国最大贸易伙伴、农产品最大出口市场、主要外资来源国。在中泰两国关系良好发展的大背景下，湖南与泰国两地友好往来不断深化、民间交流持续扩大、经贸合作成果日益丰富，已形成多层次、多渠道、全方位的合作格局。同时，泰国是湖南优势产业、优秀企业和优质产品"走出去"的主要目的地。借此契机，湖南将积

---

① 　资料来源：湖南省文化和旅游厅。

极抓住 RCEP 区域开放带来的新机遇，精准结合对方所需、湖南所能、企业所长，不断完善经贸对接机制，积极搭建合作交流平台，持续优化营商环境，把进一步深化湘泰合作交流、巩固扩大互惠互利的合作成果，作为打造内陆地区改革开放高地的重要抓手，积极务实推进与泰国的友好合作。

一、加强农机领域合作

泰国是东南亚农产大国，正在由传统农业国向工业国迈进，而湖南作为中国的主要农机产品生产地，其农机产品质量好、规模大、产量高，尤其是中小型农业机械，非常符合泰国农业发展的需求。湖南与泰国围绕政府所盼、企业所需、贸促所能，发挥联通政企，融通内外，畅通供需的作用，在引进新技术、促进新合作，研发新产品，拓展新市场等方面，着力促进农机产业全面发展。湖南主动对接高校的农机科研团队，注重"产学研"合作，引进新技术，研发新产品，拓展新市场，努力为东盟国家尤其是泰国提供所需的农机产品。

二、突出农产品领域合作

对外合作是湖南农业农村经济工作的重要组成部分，对省内"三农"发展发挥着越来越重要的作用，对国际粮农治理的影响越来越深远。我们应利用农业企业国际化经营服务平台（EHN）、香港美食博览会等经贸活动平台，坚持线上与线下相结合，全方位做好牵线搭桥工作，切实服务好中外企业，推动湖南更多特色优质农产品常态化出口。泰国将严格把控榴莲等产品的品质，满足湖南消费者需求，通过湖南进一步开拓中国市场，以此满足中国消费者的需求。同时，湖南将发展本省的特色农产品，利用自身的优势，推动常德澧县的阳光玫瑰葡萄、郴州永兴的冰糖橙、常德石门的柑橘等出口泰国，满足泰国消费者的需求。

三、注重加工贸易和电子产业合作

湖南省是中部农业大省，一直存在对外贸易量规模小，方式单一的问题，加工贸易和电子产业转移无疑将带来推进新型工业化进程的重大战略机遇。基于此，我们要引导加工贸易优势产业开展境外合作，加强与泰国的产能合作，依托泰国工业园区，实现链条式转移、集群式发展，推动湖南更多的电子产品走进泰国市场。支持加工贸易行业龙头企业在泰国设立营销服务网点、拓宽营销渠道。支持加工贸易优势产业和骨干企业扩大对泰国的投资和出口，推动装备、技术、标准、服务"走进泰国"，深度融入泰国产业链、价值链、物流链。借助泰国的所有资源，进一步帮助湖南企业对接泰国，带领家乡中小企业走进泰国。

稳步拓展对接泰国市场的渠道。海外市场是企业实现全球化布局、拓展业务范围、提高品牌影响力和降低运营成本的重要途径。充分发挥泰国境外商协会在湖南对外开放中的作用，加强对泰国境外商协会建设发展的指导，鼓励其扩大会员覆盖范围，引导泰国的优秀境外商协会与省内市场对接，推动双向经贸合作。持续完善以泰国湖南商协会、商务代表处、分支机构为支点的服务网络建设，积极推动泰国在湘设立办事处、代表处等分支机构，实现双方的经贸信息有效流通。通过展会、B2B网站、泰国海关数据、电商平台、当地代理商、泰国本土搜索引擎、Facebook、领英等社交平台等，宣传和推介湖南的产业、产品走进泰国市场。

四、优化产业链供应链区域布局

产业链供应链是制造业的筋骨血脉，是稳住经济大盘的重要支撑。湖南应抓住全球产业链供应链调整及转移的战略窗口期，聚焦生产制造、贸易、物流、市场、服务等全链条重点环节，建链补链延链强链，全力推动湖南自贸试验区主导产业深度融入面向泰国的跨境产业链供应链价值链，以此确保产业链供应链不易断裂、稳定运行。支持省内有条件的特色产业、优势企业开展对泰国的投资合作，鼓励湖南企业以投资方式对接泰国，合理规划生产资源配置、优化区域产业链供应链布局。鼓励湖南企业探索"市场换项目"合作模式，催生市场主体，做强做优做大市场主体，争取在泰国落地一批可再生能源资源型合作项目。

五、构建面向泰国的开放新格局

坚持以《区域全面经济伙伴关系协定》（RCEP）为重点，优化区域开放布局，增强国内国际两个市场两种资源联动效应，推进亚太区域经济一体化进程，并为世界发展再平衡作出重要贡献。积极对接RCEP协议，指导和帮助企业用好区域原产地累积、企业原产地自主声明等RCEP原产地规则和RCEP减税政策，以泰国为重点国家之一，用好泰国农业等优质资源，充分运用"6小时通关"规则，扩大特色产品出口及粮食、水产品、热带水果等进口。

六、大力培养高素质外派人才

在区域全面经济伙伴关系协定下，注重和加强人才培养，打造一支有战略眼光的高素质人才队伍。一是为培养RCEP外派人才营造良好环境。创建人力资源服务出口基地，为湖南企业开辟泰国市场提供人力资源保障服务。依托出口基地，引进专业人才培训服务机构，搭建人才共建共享平台，加强外交礼仪、涉外金融、财务管理、涉外劳动人事、商务纠纷、法律维权等方面人才的培养和使用。二是加强RCEP外派人才培养。鼓励引导高校主动服务国家和省重点战略，建立学科动态调整与退出机制。优化院校布局和专业结构，优先设置一批服务新兴产业、新兴业态发展的前沿新兴专业，重点发展一批重点领域的紧缺专业。三是设立一套RCEP外派人才全过程管理机制。进一步规范外派劳务备案管理，为劳务人员赴泰国务工提供护照办理等系列服务。全面推行行政事项线上办理，提升外派服务效能。大力提升对外劳务合作发展水平，积极开展海员海乘、医护、酒店服务、旅游、建筑施工等特色劳务基地建设，提升外派劳务人员的整体素质，扩大技能型、知识型劳务外派规模，形成多层次多领域的外派劳务人员结构，进一步健全外派人才管理体制机制。

第十一章

湖南与印度尼西亚交流合作

第一节　近年来印度尼西亚经济社会发展情况

作为一个面积大国、人口大国，印度尼西亚也是世界上排名靠前的经济体之一。二战后印尼脱离荷兰的殖民统治获得独立，建国初期印度尼西亚经济发展比较缓慢，1965 年起调整经济结构后，带动了本国经济快速发展，1970—1996 年印度尼西亚 GDP 年均增长 6%（本币）。

印度尼西亚经济发展迅速，连续多年保持了较高的增长率。2010 年印尼 GDP 暴增至 7550.94 亿美元，此后呈曲折增长趋势，2019 年增至 1.12 万亿美元，为近五十年最高，经济体量排名世界第十六。此后十年，印尼在世界经济中的比重均高于 1%，2019 年占比为 1.2754%。

印度尼西亚是一个稳步崛起的国家，在世界经济中的比重日益增长。从 1971 年的不足 0.3%，增长至 2019 年的接近 1.3%，称得上的是一个日益强大的印度尼西亚正在世界舞台上崛起，而且目前正处于上升期。[①]

印尼作为东盟最大的经济体，2020 年印尼经济增长—2.07%，已优于大多数 G20 成员国和东盟国家，只有中国、韩国、越南等少数国家表现比印尼

---

①　2022 年印度尼西亚人口及经济发展现状分析［EB/OL］.环球印象投资分析印度尼西亚事业部，https://www.baidu.com/link?url=QoMis3HelWjjpF0vPijuzJGN3DvPJBPKcQpoq4VVKkMBFJKHl4DVaE_CkzJRXTz1&wd=&eqid=8158ca670062092c000000066669951f.2022–01–14.

出色。目前，印尼政府针对经济复苏采取了十分审慎的政策，国家预算赤字仍控制在 6%。此外，许多国家的政府债务也在疫情期间大大增加，例如美国债务占 GDP 总值的 103%，法国 118%，德国 72%，印度近 90%，而印尼只有 38.5%。[①]

据印尼国家统计局公开的信息显示，2021 年第一季度的经济下降了 0.7%，完成的名义 GDP 约为 3971.159 万亿印尼盾；第二季度的 GDP 约为 4176.423 万亿印尼盾，同比实际增长 7.07%；第三季度为 4325.162 万亿印尼盾，增长 3.51%。第四季度的经济实际增速扩大至 5.02%，完成的名义 GDP 约为 4498.045 万亿印尼盾。2021 年全年的经济规模合计为 16970.8 万亿印尼盾，与 2020 年相比，剔除物价变动因素后，实际增长 3.69%。[②]

2022 年，印尼创下历来最大的贸易盈余，而投资则增长 44%，达到创纪录的 800 亿美元。被认为是东南亚最重要、最有活力的市场之一。2022 年，印尼国内生产总值 19588.4 万亿印尼盾（约合 1.29 万亿美元），同比增长 5.31%；人均国内生产总值 4783.9 美元。其中农业、工业、服务业均在国民经济中发挥着重要作用。2022 年全年印尼对外贸易总额 5295 亿美元，同比增长 23.79%。贸易顺差达 544.6 亿美元，同比增长 53.76%，创 15 年新高。从季度来看，印尼经济 2022 年第一至四季度增长率分别为 5.01%、5.44%、5.72%、5.01%。[③]

另据印度尼西亚中央统计局公布的数据显示，2023 年一季度以支出法计算的国内生产总值以 10 亿卢比为单位计量，实现 5,071,677.50，其中：消费总额实现 3,011,093.21，固定资产实现 1,476,500.27，出口净额实现 159,331.66，

---

①　2020 年印尼经济表现已优于多数 G20 和东盟国家［EB/OL］.新浪财经,https://baijiahao.baidu.com/s?id=1691980870123033261&wfr=spider&for=pc.2021-02-18.

②　印尼 2021 年 GDP 增长 3.69%，韩国增长 4%，那中、美、德、法等国呢？［EB/OL］. https://baijiahao.baidu.com/s?id=1724277689964659191&wfr=spider&for=pc.2022-02-09.

③　进军东南亚，最具开发潜力的贸易市场：印度尼西亚出口贸易分析［EB/OL］.https://baijiahao.baidu.com/s?id=1783433844200491637&wfr=spider&for=pc.2023-11-24.

库存余额 121,824.40。①2023 年二季度，印度尼西亚经济继续加快增长，扣除价格因素后，实际 GDP 同比增长 5.17%，增速比上季度回升 0.13 个百分点，比上年同期放缓 0.29 个百分点。2023 年第三季度，印尼国内生产总值同比增长 4.94%，家庭消费支出同比增长 5.06%，国内投资额达 374.4 万亿印尼盾，同比增长 21.6%，其中吸纳外国直接投资 196.2 万亿印尼盾，同比增长 16.2%。2023 年四季度印尼国内生产总值增长率为 5.01%。②

聚焦发展与合作、积极推动东盟一体化的印尼，越来越成为践行多边主义的一面旗帜。印尼还提出"2045 黄金印尼"目标，旨在成为全球第四大经济体，实现印尼现代化。这个目标正在有条不紊地推进。

总之，印尼是 21 世纪海上丝绸之路的首倡之地，也是中国高铁全要素、全系统、全产业链走出去"第一单"的开花结果之地。中国和印尼同为发展中大国、重要新兴经济体，两国发展阶段相似，共同利益广泛，合作前景广阔。中印尼合作已经从政治、经济、人文"三轮马车"升级为政治、经济、人文、海上合作"四轮驱动"，并对印尼崛起产生积极推动作用。我们相信，通过中印尼两国元首在巴厘岛 G20 峰会的双边会晤，两国将持续打造发展中国家互利共赢的典范、南南合作的先锋，两国共建命运共同体之路也将越走越深。

第二节　中国与印度尼西亚交流合作的现状

印度尼西亚是东南亚的重要国家，也是中国"一带一路"倡议的重要合作伙伴。中国与印度尼西亚是友好邻邦，也是重要的战略合作伙伴，两国在政治、经济、文化、人文等领域有着广泛而深入的交流与合作。作为两个发

---

① 2023 年印尼一季度经济发展概况［EB/OL］. http://surabaya.mofcom.gov.cn/article/zxhz/tjsj/202308/20230803425707.shtml.

② 2023 年印度尼西亚人均 GDP 初值达到 4914 美元［EB/OL］. https://xueqiu.com/5296061618/277972036.2024-02-05.

展中大国，我们从战略高度处理长远利益，维护国际公平正义，把两国关系推上一个新高度，造福两国和两国人民，并为发展中国家的团结合作和人类的和平发展事业作出新的贡献。

中国在印尼对外经贸关系中占有重要地位，近年来双边投资、贸易合作呈快速上升的趋势。中国—东盟自贸区已于2010年1月1日全面启动，2016年7月，中国—东盟自贸区升级版议定书正式生效，双边贸易和投资自由化便利化程度进一步提高，中印尼经贸关系发展面临着历史性机遇。

中国、印尼合作具备体系化和战略化的双重特征，体系化层面，中印尼两国合作需要坚持"消除贫困、增加就业、改善民生"的原则，范围遍及农业、基建、传统工业、数字化技术、金融合作等各个领域，覆盖国家经济发展的各个节点。

一、双边贸易持续增长

自2013年起，中国已经连续9年保持印尼最大贸易伙伴地位。据印尼官方统计，中印尼贸易额占2021年印尼贸易总额的25.72%。中国已连续12年保持印尼最大进口来源地。[1] 2021年自中国进口占印尼进口的28.66%。中国连续6年成为印尼最大的出口目的地国。2021年，印尼对中国出口占其出口的23.23%。据中国海关统计，2021年中印尼进出口贸易额1244.3亿美元，同比增长58.6%。其中，中国向印尼出口606.7亿美元，同比增长48.1%；中国向印尼进口637.6亿美元，同比增长70.1%。[2]

二、双向投资日益广泛

据中国商务部统计，2021年，中国对印尼投资43.73亿美元；截至2021年底，中国对印尼直接投资200.8亿美元。当前，到印尼寻求投资合作的中

---

① 中印尼经贸概况浅析［EB/OL］.https://www.sohu.com/a/701336552_121435503.

② 中印尼经贸概况浅析［EB/OL］. https://www.sohu.com/a/701336552_121435503.2023–07–18.

国企业数量不断增多，涉及领域日益广泛，大型投资项目不断涌现，中国对印尼投资的主要领域包括矿冶、农业、电力、地产、家电与电子和数字经济等。另据中国商务部统计，2021 年，印尼对华投资 2434 万美元，同比增长82.5%；投资项目 73 个。截至 2021 年 12 月底，印尼对华实际投资额 26.7 亿美元，项目 2246 个。[①]

三、农业合作不断深化

中国与印度尼西亚在农业科技、农业产业投资和农产品贸易方面已经具有良好的合作基础。最近几年中国在印度尼西亚的投资快速增加，中国与印度尼西亚的农业产业投资合作的企业主要来自天津、辽宁、江苏、浙江、福建、山东和广西等省、市、自治区，其中投资领域偏向于渔业、种植业（木薯、水稻、橡胶和棕榈）。其中福建、山东主要投资领域均为渔业捕捞；涉及种植业的省份主要是天津、湖南、广东，主要投资农产品为橡胶、木薯和棕榈等印度尼西亚重要的农产品的种植和加工。尽管投资企业数量和投资金额在持续增加，但是由于企业间缺乏有效合作，同质化严重，未能形成有效的力量，在合作规模和层次上仍有很大的提高潜力。

四、旅游业合作更加突出

近年来，中印尼旅游合作成果丰硕。据印尼中央统计局发布的数据显示，2023 年前 8 个月，入境印尼的中国游客超过 46.7 万人次。2023 年前 8 个月中国成为印尼的第五大外国游客来源地。数据显示，2023 年前 8 个月入境印尼的中国游客人数同比上涨超过 500%。[②] 赴印尼中国游客人数较疫情前同期仍有较大差距。

---

① 中印尼经贸概况浅析［EB/OL］. https://www.sohu.com/a/701336552_121435503.2023–07–18.

② 中国成为印尼第五大外国游客来源地［EB/OL］. 新华社新媒体，https://baijiahao.baidu.com/s?id=1778901052585216468&wfr=spider&for=pc.2023–10–05.

五、人文交流活动成果显著

人文交流已经成为促进两国人民心灵相通、相知相亲的重要纽带。近年来，两国推动人文交流合作取得丰硕成果，成为共建"一带一路"国际合作的重要样板。据有关权威机构发布的数据显示，2022 年中国与印尼人文交流依然保持较高水平互动，具体表现在：教育合作全方位深化，尤其是线上教育、职业教育与技能培训合作大规模发展；文体活动精彩纷呈，青年交流形式多样；卫生与减贫合作持续推进，科技合作迈向新台阶。

2023 年是"21 世纪海上丝绸之路"在印尼提出的十周年，也是中印尼建立全面战略伙伴关系十周年。中印尼双边关系在两国元首战略引领下，实现长足发展，为两国人民带来了实实在在的利益。中国连续 10 年成为印尼最大贸易伙伴，连续 7 年位列印尼前三大外资来源地，两国产业链供应链深度交融，实现相互成就。

第三节　湖南与印度尼西亚交流合作的重点

印尼与湖南的合作伙伴关系的加强是一个积极的发展，有助于推动双边的经济增长，实现资源优化配置，提高生产效率，创造更多的就业机会。湖南与印尼合作关系愈加强大，湖南已经成为印尼的重要贸易伙伴。印尼与湖南之间的强大合作伙伴关系已成为国际经济舞台上备受瞩目的焦点。双方的合作前景看似无限，涵盖了多个领域，为企业和经济发展提供了难得的机遇。然而，这也需要双方共同努力，解决一些潜在的挑战，如领域多元化、贸易平衡、外国直接投资和可持续发展等问题。只有通过有效的合作和明智的政策，双边才能实现共同繁荣。

一、加强与印尼的产业合作

湖南与印尼签署了 10 个不同领域的投资合作协议，包括电动汽车、乡村合作发展、消除贫困等。这体现了双方共同寻求多元化合作的愿望，也是双方产业合作的重点所在。这种多元化有助于减少合作的风险，因为它不会过于依赖某一领域，也有助于实现共同繁荣。从农业合作情况来看，2001 年以来，隆平高科承担的中—印（尼）科技合作项目"在印尼建立中国杂交水稻及配套技术示范区"开始实施。2002 年 9 月 13 日，印尼廖省省政府在水稻示范基地举办了隆重的丰收庆典节暨现场评议会。值得一提的是农业进出口情况，2022 年，湖南出口至印度尼西亚农产品总额为 3668.88 万美元，同比增长 32.42%，占同期湖南农产品总出口额的 1.36%。出口农产品主要是蔬菜、烟草，其中：蔬菜 1539.13 万美元、烟草 972.21 万美元。[①] 湖南从印度尼西亚进口农产品总额为 4344.21 万美元，同比降低 41.69%，占同期湖南农产品总进口额的 0.096%。进口印度尼西亚的农产品主要是动植物油脂、水果及坚果，其中：动植物油脂 3139.89 万美元，水果及坚果 848.90 万美元（2022 年全省农产品出口 26.88 亿美元，进口 45.43 亿美元）。2023 年 1—6 月，湖南出口至印度尼西亚农产品总额为 1585.67 万美元，同比增长 16.39%，占同期湖南农产品总出口额的 1.16%。主要出口农产品为蔬菜、植物提取物，其中：蔬菜 1170.11 万美元，植物提取物 131.91 万美元。湖南从印度尼西亚进口农产品总额为 2595.74 万美元，同比增长 474.52%，占同期湖南农产品总进口额的 0.11%。进口印度尼西亚的主要农产品为动植物油脂、水果及坚果，其中：动植物油脂 2030.01 万美元，水果及坚果 440.72 万美元。[②] 此外，由于不同领域的合作需要不同的专业知识和技术，技术转让和知识共享将是合作中的一项关键任务。

二、重视与印尼的贸易合作

湖南已成为印尼的重要贸易伙伴之一。这表明湖南在印尼的经济影响力不断增强，但也引发了一些担忧，例如贸易不平衡的问题。印尼需要确保贸

---

① 资料来源：长沙海关。
② 资料来源：长沙海关。

易合作是互利的，而不是单方面受益的，以保护本国或本地区产业发展和民众的就业机会。这就需要细化合作协议，进一步落实"一带一路"倡议，加强工业互联网政策和法规的探讨与衔接，确保双方的利益平衡，以达到双赢的目标。从进出口情况来看，2022 年湖南对印度尼西亚进出口总值 215.11 亿元，同比增长 65.8%。其中，出口 138.3 亿元，同比增长 75.0%，进口 76.8 亿元，同比增长 51.5%。2023 年湖南与印度尼西亚累计进出口总额 200.67 亿元，同比下降 6.3%，出口额 90.28 亿元，同比下降 34.6%，进口额 110.38 亿元，同比增长 44.8%。[①] 同时，要加强贸易规则和法律体系的监管，推进内外贸法律法规、监管体制、经营资质、质量标准、检验检疫、认证认可等衔接，提高法治化和便利化水平，确保贸易领域合作高质量开展。

三、加大对印尼的直接投资

直接投资是投资的重要方式之一，是投资者将货币资金直接投入投资项目，形成实物资产或者购买现有企业的投资。湖南已成为印尼的直接投资来源地之一。这反映了湖南企业对印尼市场的兴趣和信心。印尼一直在致力于优化投资政策，包括投资便利化、税收优惠、开发经济特区、土地重新分配等多项举措来改善印尼的投资环境，确保外国直接投资符合国家的利益和安全需求，同时并建立相应的审查机制。同时，要深入了解印尼的市场和相关投资政策，了解投资中可能存在哪些风险，如何对风险进行规避和处置，投资时要充满信心、不乱方阵，确保各项投资有计划有步骤地进行。根据 2021 年年度信息报告，印度尼西亚在湘存续企业共有 6 家，在湘投资总额较大的企业有：海底世界（湖南）有限公司（总投资 1205.1 万美元，水利、环境和公共设施管理业）、湖南玛塔多机械有限公司（总投资 759.995，制造业）、长沙普悦欣房地产经营有限公司（总投资 720 万美元，房地产业）等。另据相关数据显示，截至 2023 年 7 月，湖南对印度尼西亚设立境外投资企业共 77

---

① 湖南省人民政府. 湖南三年来首个高规格出访团，带回了什么？［EB/OL］. http://www.hunan.gov.cn/hnyw/sy/hnyw1/202309/t20230914_29484956.html.2023-09-14.

家（含已经注销的），涉及对外直接投资中方合同额 13.6 亿美元，其中存续的企业 28 家，涉及中方合同投资额 8.9 亿美元[①]，主要境外企业有：印尼德邦镍业公司、印尼新华联镍业发展有限公司、翡翠湾金属工业有限公司等。

四、突出与印尼的人文合作

2019 年 11 月 12 日，由中国公安部主办、湖南省公安厅协办、湖南警察学院承办的印尼打击网络犯罪培训班在湖南警察学院如期开班。2022 年 2 月 24 日，在教育部的指导下，学堂在线与印尼网络教育学院大规模开放式在线教育合作协议签约仪式成功举行。湖南师范大学旅游学院《酒店管理导论》课程入选首批向印度尼西亚提供的高水平慕课。

五、彰显与印尼的旅游交往

2019 年全年，湖南省旅行社组织赴印度尼西亚旅游的游客达到 97323 人次，比 2018 年增长 7.25%。印度尼西亚来湖南旅游的游客达到 80586 人次，比 2018 年增长 44.77%，占入境外国游客比重为 3.22%。[②] 2021 年 12 月 27 日—29 日，由文化和旅游部主办，湖南省文化和旅游厅、长沙市人民政府承办的中国—东盟文化旅游活动周在湖南长沙举办，印度尼西亚驻华使馆代表出席。

第四节　推动湖南与印度尼西亚交流合作的对策建议

湖南是中国面向印度尼西亚开放合作的重要省份和"一带一路"有机衔接的省份，在对外文化交流、推动文明交流互鉴方面具有独特的区位优势。湖南主动适应经济全球化的发展要求，积极参与共建"一带一路"，充分发挥

---

① 　资料来源：湖南省商务厅。

② 　湖南省文化和旅游厅对省十三届人大五次会议第 0006 号建议的会办意见［EB/OL］.湖南省文化和旅游厅，http://whhlyt.hunan.gov.cn/whhlyt/rdjy/202207/t20220725_27565980.html.2022–07–25.

湖南与印度尼西亚地缘相近、人缘相亲、文缘相通的独特优势，开展形式多样的文化交流活动；通过地方层面与印度尼西亚的人文合作，深化中国—东盟全面战略伙伴关系，助力构建更为紧密的中国—东盟命运共同体，生动诠释"和合共生建家园，命运与共向未来"的深刻内涵。

一、加大贸易投资合作

投资贸易合作是"一带一路"建设的重要内容，在带动经济增长、促进国际合作和互利共赢、提高人民生活水平等方面发挥着重要的作用。一是推动贸易和产业融合发展。高质量建设加工贸易产业园，着力构建智能终端、网络通信等产业集群。创新市场采购贸易方式，大力培育市场采购贸易主体。推广跨境电子商务零售进口退货中心仓模式，加快建设面向印尼的物流中心仓。二是加大招商引资力度。聚焦湖南重点产业集群，加强与印尼驻华投资促进机构的对接联系，吸引更多的外资投资湖南。三是推动"走出去"高质量发展。推动湖南工程机械、轨道交通等行业优势企业优化海外市场布局，积极参与国际产业链供应链重塑，建立境外能源基地。鼓励和引导上下游关联企业抱团"走出去"，推动"湘企＋央企""湘企＋外企"等融合"走出去"，带动湖南产品、技术、标准和服务"走出去"，打造湖南海外投资品牌。四是加快发展服务贸易。在中国（湖南）自由贸易试验区推进落实跨境服务贸易特别管理措施（负面清单）。支持印尼投资者在金融、医疗等领域参与湖南优质资源开发和重点产业项目建设，有序推进电信、互联网、教育、文化、医疗等领域相关业务开放。支持中医医疗机构推广远程医疗诊断等"互联网＋医疗健康"新模式，建立中国—东盟民族医药远程诊疗试点平台。

二、打造面向印尼的跨境产业链

构建跨境产业链是我国正在推进的"全球价值链提升工程"的一项重要内容，也是实现湖南新型工业化的有效途径。一是增强开放型园区产业引领作用。支持湖南企业在印尼布局建设园区，提升境外园区发展水平，引导湖南企业用好境外园区平台构建跨境产业链。推动湖南—印尼合作的项目建设。二是推动湖南与印尼新兴产业合作。加快推进第五代移动通信技术（5G）、云计算、大数据、物联网、人工智能、智能传感等技术合作与融合，推动绿色经济发展。积极支持湖南的高等院校、科研机构与印尼的高等院校、科研机构开展联合研发和技术交流。三是促进跨境投融资便利化。积极推动人民币跨境使用，便利企业资金跨境运营。建立完善合格境外有限合伙人（QFLP）基金项目库，推动 QFLP 基金项目量效提升。四是开展国际标准化合作与交流。持续开展与印尼的农业标准化合作，在农业等领域建成一批海外标准化示范项目。发挥工程机械、轨道交通等产业优势，深度参与国际标准化活动。

三、构建高标准的营商环境

从理论上来说，营商环境是一个系统性的环境，更强调市场化、法治化、便利化、国际化的"软环境"。从实践上来说，营商环境的优劣决定着经济发展的速度和质量，已经成为衡量一个地区发展软实力的重要标志。优化营商环境是提升竞争力的重要法宝，是吸引聚集发展要素的内在要求，更是激发市场主体活力的必备条件。一是提升贸易投资自由化便利化水平。优化"风险分级、分层查验"监管，强化国际邮件、跨境电商、国际快件"三合一"集约式监管。推动基础设施互联互通，提升航空口岸通关便利化水平。全面落实外商投资准入负面清单，清理压缩投资限制性措施。二是提升知识产权保护国际化水平。加快推进知识产权保护中心、知识产权快速维权中心、国家海外知识产权纠纷应对指导中心湖南分中心、中国—东盟国际知识产权运营中心、中国—东盟知识产权大数据中心等国际知识产权支撑体系落地建设，提供知识产权快速审查、快速确权、快速维权"一站式"综合服务，打造国际知识产权总部基地和服务业集聚区。推动国内外知识产权专业服务机构在湖南设立分支机构。三是持续做好宣传培训。通过部门自主组织、政府购买服务等方式，加大对各市和中小微企业的培训力度，指导各市州和企业合理运用 RCEP 规则、相关自贸协定进行产业合作、境外投资和国际市场布局。

第十二章

湖南与新加坡交流合作

第一节　近年来新加坡经济社会发展情况

新加坡自然资源匮乏，属外贸驱动型经济，以电子、石油化工、金融、航运、服务业为主，高度依赖中、美、日、欧和周边市场，外贸总额是 GDP 的四倍。新加坡致力于推动多边主义和贸易自由化进程，视对外贸易为国民经济的重要支柱。新加坡主要出口电子真空管、加工石油产品、办公及数据处理机零件、数据处理机和电讯设备等，以及化工产品、消费品、机械零部件、药品等。据新加坡贸工部数据显示，2021 年全年经济增长 7.2%。2020 年新加坡经济萎缩 5.4%，是 1965 年独立以来经济表现最差的一年[①]。

从 2021 年全年看，新加坡各行业都实现了正增长。其中制造业全年增长 13.2%，增速比 2020 年的 7.5% 更快。建筑业增长 20.1%，扭转了 2020 年 38.4% 的萎缩。服务业增长 5.6%，与 2020 年萎缩 5.1% 相比，同样出现了逆转。2022 年新加坡经济增长 3.8%，比 2021 年的 7.6% 大幅放缓。2022 年，新加坡的所有行业皆有增长。制造业增长 2.6%、建筑业增长 6.5%、服务业增长 5%。其中，建筑业同比增长 10.4%，比前一季度的 7.8% 增长加快，公共和私人部门的建筑产出都在持续复苏。然而，从绝对值来看，建筑业的增值

[①] 新加坡经济 2020 年全年萎缩 5.4%［EB/OL］.环球网，https://baijiahao.baidu.com/s?id=1691725045616479730&wfr=spider&for=pc.2021–02–15.

仍然比新冠疫情前低 19.3%，服务业第四季同比增长 4.1%，所有相关领域都有所增长。①

从 2022 年全年看，新加坡各行业都实现了不同程度的增长。据新加坡贸易与工业部公布的数据显示，2022 年新加坡国内生产总值（GDP）增长率为 3.8%，低于 2021 年 7.6% 的增长率。数据显示，2022 年新加坡制造业产值增长 2.6%，建筑业产值增长 6.5%，服务业产值增长 5%。三大产业产值虽然均实现了不同程度的增长，但与 2021 年制造业产值增长 13.2%、建筑业产值增长 20.1%、服务业产值增长 5.6% 相比，增速均出现一定幅度下降。②

2022 年，新加坡经济承受了来自多方面的考验与挑战。世界经济整体低迷，外部需求大幅减少。全球高通胀率迫使各国央行频频加息，新加坡房贷利率、定存利率、储蓄债券和国库券利率都跟着走高。楼市火热让房价和租金不断上涨，促使政府推出新一轮房地产降温措施。金融市场有起也有落。前两年备受热捧的加密货币崩盘。科技业风景不再一枝独秀，裁员冻薪接二连三，大小科技股不同程度下挫。

纵观 2022 年新加坡经济，GDP 实现 3.8% 的增长来之不易。首先，新加坡作为高度开放的外向型经济体，年度进出口总额一般是 GDP 的 3 倍至 4 倍，经济增长主要依靠外贸来驱动。但是，疫情冲击持续，大国地缘政治博弈加剧等因素减少了外部需求，企业生产新订单显著减少，出口疲弱拖累了经济增长。其次，乌克兰危机及西方制裁俄罗斯造成的能源、粮食等大宗商品价格大幅波动和价格走高，使原本外部需求相对低迷的消费市场雪上加霜。再次，西方发达经济体通胀率高企、美元加息等因素产生的负面效应外溢，推高了新加坡的通胀水平。

从 2023 年全年看，新加坡经济增长 1.2%，据新加坡统计局发布的数据显示，2023 年一季度，新加坡经济增长乏力，扣除价格因素后，实际 GDP 同

---

① 新加坡 2021 年经济增长 7.6%［EB/OL］.中国新闻网，http://news.cnhubei.com/content/2022-02/17/content_14508066.html.2022-02-17.

② 2022 年国内生产总值增长 3.8%，新加坡经济下行压力加大［EB/OL］.金融界，https://baijiahao.baidu.com/s?id=1755353460886688886&wfr=spider&for=pc.2023-01-18.

比增长 0.4%，较上季度回落了 1.7 个百分点，比上年同期下滑 3.6 个百分点。
2023 年第二季度，新加坡名义 GDP 为 1629.58 亿新加坡元（按当前市场价格
计算），整个 2023 年上半年名义 GDP 达到 3221 亿新加坡元，实际 GDP 为
2601.23 亿新加坡元。2023 年三季度，新加坡经济增长持续乏力，但有所起色，
扣除价格因素后，实际 GDP 同比增长 1.1%，较上季度略为加快了 0.5 个百分
点，比上年同期下滑 3.0 个百分点；经季节调整后，实际 GDP 环比增长 1.4%，
折年率增长 5.6%。

与此同时，新加坡经济在 2023 年也迎来了良好的发展机遇。一是积极
利用交通枢纽、金融和展览中心等区位和发达经济体优势，利用签署的 20 多
个自由贸易协定，强化同主要经济伙伴之间的联系与合作，不断拓展新的市
场。二是充分利用中国调整疫情防控政策契机，加强两国经济合作。根据世
界银行的数据，中国 GDP 每增长 1%，可以拉动新加坡 GDP 增长 1.2%。三
是国际旅游业日趋复苏到常态，全球供应链改善，有利于带动和促进新加坡
的经济增长。四是政府持续推行积极财政政策、货币政策和配套措施，致
力于打造世界一流的制造业生态体系等举措，有利于保持经济稳定和促进
增长。

展望新加坡 2024 年的经济前景，挑战与机遇并存，全年将有所回升。2024
年的国内生产总值能否如贸工部预估取得 1% 至 3% 增长，很大程度上取决于
外部局势是否稳定。2024 年 1 月 1 日起，新加坡消费税将从 8% 上调到 9%。①

第二节　中国与新加坡交流合作的现状

新加坡是中国重要邻国，两国一直保持着密切的高层交往。自 1990 年两
国建交以来，中新关系基础牢固，合作领域广泛，友好合作不断迈上新台阶。
中国与新加坡贸易投资合作关系紧密，经济发展互助互进。

---

① 　新加坡 2023 年经济增长为 1.2%［EB/OL］.界面新闻，https://baijiahao.baidu.com/s?i
d=1786792898962712773&wfr=spider&for=pc.2023−12−31.

近年来，中新经贸合作不断深化，展现出较强的发展韧性。中国为新加坡第一大货物贸易伙伴、第一大出口市场和第一大进口来源国以及第三大服务贸易国，中新贸易在中国与东盟贸易中发挥着引领作用。2008 年签署的中新自贸协定是中国与亚洲国家签署的第一个自贸协定，为 2010 年正式建成的中国—东盟自贸区打下了坚实基础。

自 2013 年"一带一路"倡议提出以来，中国连续 9 年成为新加坡最大贸易伙伴。2022 年中新双边贸易额为 7715.4 亿元人民币，同比增长 27.4%。2023 年 1—7 月，中新双边贸易额为 4447.4 亿元人民币，同比增长 15.2%。[①]

与此同时，新加坡已成为中资企业"走出去"开展贸易投资合作的主要目的地之一。中国对新投资重点聚集在贸易、石油、航运以及电力等行业。2023 年上半年，中国企业在"一带一路"沿线各国非金融类直接投资同比增长 23.3%，主要投向的国家中新加坡被列为首位。

中新共同实施的中新苏州工业园区、中新天津生态城和中新（重庆）战略性互联互通示范项目等三个政府间合作项目是新加坡参与中国长三角一体化发展、京津冀协同发展和西部大开发的关键平台。

2023 年 4 月，中国商务部与新加坡贸工部共同签署了《关于宣布实质性完成中国—新加坡自由贸易协定升级后续谈判的谅解备忘录》，确认实质性完成两国自贸协定升级后续谈判。该协定是中国在自贸协定实践中首次采用负面清单模式作出服务和投资开放承诺。双方在原升级协定的基础上，进一步提高服务贸易和投资开放承诺水平，新增电信方面的内容，并纳入国民待遇、市场准入、透明度、数字经济等高水平经贸规则。该协定是中国对接高标准国际经贸规则，扩大对外开放的重要举措和实际行动，将有力推动中新经贸合作迈上新台阶。

作为全球金融中心之一，新加坡 2009 年正式启动人民币跨境贸易结算业

---

① 中国与新加坡：高质量合作新时代［EB/OL］.东盟商机，https://mp.weixin.qq.com/s?__biz=MzIxNDE0MTA0MQ==&mid=2650702604&idx=1&sn=7509f53c815e2bee34358f29df7a6ae1&chksm=8fa63212b8d1bb04eb30fd698830d2098eed04a70174ce2c969c37f0022b07b020fe61faddb4&scene=27.2023–08–18.

务，2014 年 4 月，新加坡超越伦敦，成为仅次于香港的全球第二大离岸人民币中心。中新金融合作的全面展开，为双边经贸合作提供了强大支撑。新加坡作为发达国家，受其人口规模和地域规模的限制，把海外投资作为新加坡经济发展的重要支撑。因看好中国的大市场和发展空间、潜力，熟悉中国文化、体制，所以把中国作为其海外投资的重要目的地。新加坡国际融资能力强，新加坡公司在华投资中，有些项目联合了发达国家公司参与。同时，新加坡是中国企业开拓东南亚区域及国际市场的理想跳板，成为企业研发、测试新产品及解决方案的理想之地。新加坡在过去 50 年致力于打造优越的商业环境，集知识密集性、区域连通性、开放的投资政策等特性于一体，为境外投资者服务。目前，新加坡"全球—亚洲"的定位受到国际及亚洲企业的认可。许多企业将新加坡视为可带动区域、国际业务增长的平台。

中国目前正在扩大自由贸易协定网络，中国企业可借助新加坡的自由贸易协定网络，把产品和品牌推广到全世界。新加坡是世界主要金融中心，拥有完善的金融平台、法律体系和国际化的专业服务团队，可以帮助中国企业拓展融资渠道及通过并购实现增长。在中国推动人民币国际化的进程中，新加坡扮演着积极角色，特别是发展人民币为贸易结算货币及投资货币。中新经贸互补性强，政和商通，合作意愿积极。面对当前国际、区域形势的新变化，两国政府及企业正在相互间发挥各自优势，推进创新务实、互利共赢的合作。

第三节　湖南与新加坡交流合作的重点

"中新经济走廊"是共建中国—东盟自由贸易区建设、21 世纪海上丝绸之路建设的重要组成部分，双方合作前景广阔。湖南省作为我国中部崛起规划的重要省份，经过多年的发展和积累，目前已经形成了轨道交通、能源开发、工程承包、高端成套设备以及工程机械等五大优势产业集群。湖南是新加坡重要的贸易伙伴之一，双方在对外贸易、外资投资、工程项目建设、金融、教育等领域的合作正在不断加强，尤其是在"一带一路"建设框架下，双方在各个领域的合作进一步深化。

一、对外贸易方面

2022 年，湖南对新加坡进出口总额 163 亿元、同比增长 178.45%（其中：出口额 153.52 亿元、增长 207.47%，进口额 9.51 亿元、增长 10.33%）；湖南对新加坡出口前三的产品为：家具及其零件（72146.4 万元），衣箱、提箱等箱包（59229.6 万元），贵金属或包贵金属制的首饰及其零件（55860.7 万元）；湖南对新加坡进口前三的产品为：集成电路（40807.9 万元），专用于或主要用于制造半导体单晶柱或晶圆、半导体器件等（9563.4 万元），合成橡胶及从油类中提取的油膏等（7543.3 万元）。2023 年，湖南对新加坡进出口总额 111.04 亿元、下降 31.6%（其中：出口额 101.78 亿元、下降 33.40%，进口额 9.25 亿元、下降 2.60%）。[1]

二、外资投资和工程项目建设方面

2022 年，湖南外资来源地为新加坡的实际使用外资总额为 1.0008 亿美元、同比增长 205.3%，占全省实际使用外资总额的 2.84%，是湖南排名第三的实际使用外资来源地。2023 年 1—11 月，湖南外资来源地为新加坡的实际使用外资总额为 7549 万美元、增长—24.6%，占全省实际使用外资总额的 5.5%，是湖南排名第二的实际使用外资来源地。2023 年新注册的新加坡来湘投资项目中，资金额较大的有衡阳市湖南胜科新能源有限公司项目（实到外资 209 万美元）、永州市宁远新风能源有限公司（实到外资 360 万美元），均为能源类项目。[2]

---

① 资料来源：长沙海关。
② 资料来源：湖南省商务厅。

三、经贸、文旅等方面

2015 年 5 月，长沙市科技局举办"新加坡清洁技术创新企业（长沙）对接洽谈会"，数十家新加坡企业前来参加活动，并开展技术推介与对接，具体对接领域包括工业废水处理、大气污染治理、废弃物（电子废弃物、塑料塑胶废弃物、生活垃圾）处理、农药和重金属土壤修复、噪音控制与减震、可再生能源、新能源电车和汽车、环境监测、绿色建筑等。2022 年 12 月，湖南省经贸代表团访问新加坡，举办 15 场经贸对接、项目洽谈和实地考察活动，初步达成一批合作意向，取得 10 余项合作成果（其中：湖南自贸试验区长沙片区雨花区块与盛裕集团达成初步合作意向，双方将共同推动潭阳洲项目建设开发；初步明确丰益旗下中央厨房项目落户望城经开区的意向，投资金额超过 50 亿元）。2023 年 10 月，省文旅厅代表团赴新加坡举办专场推介会，就疫情后旅游产业发展趋势、新形势下旅游产品创新和旅游企业应对之策等主题进行交流，并以"三湘四水相约湖南"为主题向包括新加坡在内的众多国家主要旅游机构和企业推荐了湖南文旅资源。2023 年 1—9 月，新加坡游客入境湖南 12073 人次，占外国游客总数的 2.8%，同比增长 2452.4%[①]。2023 年 11 月，省财政厅代表团赴新加坡考察，与当地中资企业协会及湖南籍企业代表深入交流，共同探讨推动湖南与新加坡的经济文化合作，并就搭建合作桥梁和优化直飞保障展开磋商；目前，湖南相关部门已开始论证研究，以建立更为畅通的信息渠道，促进双方经济合作。

四、教育方面

目前，湖南大学、湖南师范大学、湖南中医药大学、湖南高速铁路职业技术学院、衡阳师范学院等 5 所高校与新加坡高校签订了合作协议。来湘留学生中，有 1 名新加坡留学生，在中南大学土木工程专业就读。

---

① 资料来源：湖南省文化和旅游厅。

第四节　推动湖南与新加坡交流合作的对策建议

当前，湖南正在推进经济社会高质量发展，总体呈现稳中有进的态势，为湖南与新加坡加强合作创造了有利条件。我们应扩大双方企业之间的交流，抢抓中国—东盟自由贸易区建设、21世纪海上丝绸之路建设的机遇，进一步深化在经贸发展、城市建设、环境治理、科技创新、文化旅游等领域的合作，实现互利互惠、共同发展。

一、加强新兴产业合作

新兴产业是随着科技进步、消费需求变化以及产业升级而产生的新的产业类型。新兴产业合作是湖南与东盟合作的趋势。构建富有活力和韧性的产业链供应链体系，形成具有中国—东盟特色的新兴产业协同发展模式，是促进新兴产业发展的内在要求。新加坡经济快速发展离不开国际间和地区间的新兴产业合作。新加坡产业升级的成功经验之一就是不断瞄准世界新兴产业，进行"招商选资"，通过引入新兴产业，进行本地培育，促使产业结构不断调整升级。新加坡产业升级也和其他国家一样经历了劳动密集型产业、技能密集型产业、资本密集型产业、技术密集型产业和知识经济型产业的发展阶段。在产业升级的基础上，应结合实际，选择与不同发展阶段发展相适应的产业项目，积极参与国际和国内的经济分工。在世界经济体系中，找到自己的最佳位置，把握全球化网络中的精准定位，对标对表，促进双边经济发展。培育和发展壮大一批产业集群、集约经营、成长性好的重点工业园区，加快形成具有湖南特色的优势产业集群。

二、注重人力资源团队合作

人是企业关键的生产力，是企业发展的重要因素。人力资源团队合作的第一重要性在于共同的目标追求。团队成员应该明确他们工作的目的和任务，并且共同努力实现这些目标。新加坡在这方面有许多可以学习借鉴的经验。新加坡是一个很小的城市国家，没有什么资源，它制胜的另一个法宝就是人才。从要素禀赋角度看，湖南除了自然资源外，劳动力占的比重较大，有人力资源优势，特别是有些专业学科领域已形成一定的人才优势，如杂交水稻、电子计算机技术、生物工程、新材料技术等专业领域中出现了一批学术带头人，如袁隆平、陈国达等都闻名全国，享誉全世界。作为欠发达的内陆省份，在"资本"相对稀缺、财力有限的情况下，应充分发挥自己的人力资源优势，加强与新加坡的合作。

三、加大招商引资力度

招商引资是加快经济社会高质量发展的重要手段，是加快主导产业建设步伐的重大举措。新加坡是全球招商引资的典范，值得湖南学习和借鉴。新加坡的招商引资举世闻名，在700平方公里左右的土地上，有7000多家跨国公司在此投资，就可见政府招商引资的力度，为吸引投资者所作的不懈努力。在经济全球化背景下，作为经济欠发达地区的湖南，受资金、技术、人才等因素的制约，要推动产业升级和快速发展，从国外招商引资是十分必要的，通过把国外知名企业引进来，以全新的经营理念和高新技术，培育若干具有知名品牌的大企业和企业集团，共同开发湖南的旅游、优质农产品、矿产、水能等资源，发展与湖南优势资源互相支撑、产业链延长、附加值提高的主导产业、支柱产业，提高"湖南造"产品的市场竞争力。

四、突出生态环境合作

新加坡将经济发展积累的大量资金用于环境建设与环境保护，从而使其拥有世界第三大炼油基地等一大批重化工项目，成为举世公认的花园城市国家，也成为世界重要的旅游目的地。新加坡刚成立时，经济落后，许多人也认为主要任务是实现工业化。新加坡的国家领导人看到了欧美等国家在通向工业化发达国家进程中的经验教训，坚持认为绿色是新加坡生命之源，绿化是新加坡立国之本。新加坡以"花园城市"为理念，坚持不懈地予以实施，使"花园城市"的建设经历了从绿化—美化—多样化—艺术化的过程，一步步变成生动的现实。同时，新加坡政府十分注重城市文化建设，积极开展打造和谐社区活动，给新加坡"花园城市"的建设注入活力，为新加坡发展旅游业，广泛吸引外资，增加对外开放的实力，创造良好条件。当前，湖南应与新加坡加强合作，着力解决工业化进程中过度消耗资源、环境污染的问题，并以高新技术和先进适用技术为突破口，以效益和质量为中心，合理开发和使用资源，保护和治理环境，实现经济效益、社会效益和生态效益共同提升。

第十三章

湖南与菲律宾交流合作

第一节　近年来菲律宾经济社会发展情况

中国继续保持菲律宾第一大贸易伙伴、第一大进口来源地和第二大出口市场，中菲农业、能源、基础设施建设、人文交流等合作惠及两国人民。1975 年 6 月 9 日，中菲两国建立正式外交关系之际，签署了第一个政府间贸易协定，之后又签署了双边投资保护协议和避免双重征税协定。据中国海关统计，近年来，中国对菲律宾出口商品主要类别包括：电机、电气、音像设备及其零部件；机械器具及零件；钢铁；矿物燃料、矿物油，沥青，矿蜡；服装；塑料及其制品；钢铁制品；玩具、游戏和运动器材及其零部件；车辆及其零部件，铁道车辆或电车除外；鞋靴、护腿和类似品及其零件。据中国海关统计，近年来，中国从菲律宾进口商品主要类别包括：电机、电气、音像设备及其零部件；机械器具及零件；矿砂、矿渣及矿灰；铜及其制品；食用水果及坚果，柑橘类水果或甜瓜果皮；塑料及其制品；光学、照相、医疗或手术器械等；矿物燃料、矿物油、沥青、矿蜡；动物或植物油脂、油料；玻璃及玻璃制品等。

近些年，菲律宾的经济已经有了显著高效的发展，人均 GDP 在亚洲的排名位居中国、韩国、日本、泰国和马来西亚之后，较以往也有所提升。菲律宾经济以制造业、农业、旅游业、商业为主，其中，旅游业最为发达。截至 2023 年 9 月，共有 4,005,465 名外国游客访问了菲律宾，为经济贡献了 3160

亿比索（约合 55.9 亿美元），已经非常接近该国 2023 年接待 480 万国际游客的既定目标。菲律宾 50% 的劳动力从事农业。农业产值占国内生产总值的17.5%。椰子、甘蔗、蕉麻、烟草是菲律宾四大传统经济作物，其中椰子的产量和出口量均居世界前列。

一、经济方面

2022 年，菲律宾经济加速增长，国内生产总值（GDP）增长率高达7.6%。这意味着 GDP 增长的东盟国家中，菲律宾的经济增速基本锁定第一名的位置。然而，菲律宾经济仍未脱离新冠疫情的阴影，加之全球地缘冲突、能源危机、粮食危机、气候变化和极端天气等负面因素叠加，菲律宾国内通胀高企，能源、粮食等物价高涨，一系列经济和民生问题凸显。

二、通胀方面

由于受美联储多次激进加息推动美元持续走高的影响，比索持续贬值，通货膨胀是菲律宾当前面临的主要经济问题。据菲律宾统计局发布的数据显示，2022 年 11 月，菲律宾通胀率攀升到 8%（创 14 年以来新高），12 月通货膨胀率达 8.1%。2022 年菲律宾全年通货膨胀率的平均值为 5.8%，菲律宾央行为了采取紧缩的货币政策将通胀拉回正常区间，并累计加息 350 个基点。[①]

三、能源方面

随着全球能源危机的加剧，菲律宾深受其依赖进口化石燃料的单一能源结构所困，面临严重的能源价格危机，民众汽油账单翻倍。据菲律宾能源部统计，2022 年年初至 2023 年年初，菲律宾国内油价净增长为汽油 17.80 比索 / 升、柴油 29.40 比索 / 升、煤油 24.35 比索 / 升。

---

① 菲律宾 2022 年 12 月通货膨胀率再创新高［EB/OL］. 界面新闻，https://baijiahao.baidu.com/s?id=1754144746870158595&wfr=spider&for=pc.2023-01-05.

四、粮食安全方面

成为了菲律宾政府亟须应对的严峻挑战。根据菲律宾统计局数据，2022年12月菲律宾粮食价格较2021年同期增长10.2%，达到自2009年3月以来最高水平。菲律宾贫困人口面临营养不良、饥饿高发、健康受损等问题。

五、旅游业方面

已成为菲律宾的一个经济亮点。2023年菲律宾旅游业高速发展，游客快速增加，经济发展自然也有很好的机会。疫情期间，菲律宾的旅游业发展受到一定的影响，但疫情之前几年的旅游业发展速度较快。根据菲律宾旅游局的统计数据，在2018年1月至9月期间，共有540万入境游客，比2017年增加了8%。

六、就业方面

菲律宾的就业市场也不是十分发达，对于就业前景存在一定的不确定性。根据菲律宾国家统计局发布的数据显示，2022年11月份的失业率为4.2%，失业人数为218万人，这是自2005年4月以来的最低水平。而2021年同期失业率为6.5%，失业人数为316万人。从就业方面来看，与2021年同期相比，2022年11月份菲律宾新增420万就业人员，就业率增加到95.8%，总就业人数达到4970万人。[①]

七、社会治安方面

社会整体治安状况较差。据菲律宾国家警察（PNP）报告显示，2022年12月的犯罪数量同比下降14.42%，犯罪解决效率从2021年的78.54%升至

---

① 菲律宾失业率降至4.2%，为17年来最低水平［EB/OL］. 界面新闻, https://www.sohu.com/a/625676067_313745.2023-01-06.

2022 年的 82.47%，提高了 3.93%[①]。然而，贫困问题依旧困扰着菲律宾民众，贫困家庭数量有所增加。截至 2022 年，菲律宾约有超过 560 万家庭生活在贫困之中，贫困人口约占菲律宾总人口的 27%。

第二节　中国与菲律宾交流合作的现状

中国同菲律宾于 1975 年 6 月 9 日建交。建交以来，中菲关系总体发展顺利，各领域合作不断拓展。2000 年，双方签署了《中华人民共和国政府和菲律宾共和国政府关于 21 世纪双边合作框架的联合声明》，确定在睦邻合作、互信互利的基础上建立长期稳定的关系。

中国是菲律宾的重要贸易伙伴，也是菲律宾的可靠投资者。随着中国与周边国家互联互通建设的深入和"一带一路"倡议的实施，中国政府努力营造良好的经贸合作氛围，努力打造中国与东盟自贸区整体关系的升级版。中菲两国加强人文交流，促进文化交往和旅游产业发展。中国市场对菲律宾农产品的需求很大，尤其是对菲的特色农产品如香蒲菜等需求量迅速增长。通过加强与中国的贸易合作，菲律宾可以在经济增长和发展中开拓中国市场。中菲两国应在解决南海争端方面加强政治外交交流与协调，为双方经济合作创造良好环境。菲律宾的经济增长与多元化发展，只有通过合作和互信才能充分利用中国市场的巨大潜力。

一、互利互惠的经贸往来

中国是菲律宾第一大贸易伙伴、第一大进口来源地、第三大出口市场，也是菲律宾第三大合同外资来源国。中国和菲律宾之间的经贸合作早已经超越了传统意义上的买卖关系。作为相互依存的国家，两国通过加强贸易合作，共同推动地区经济繁荣。2022 年，双边贸易额 877.2 亿美元，其中中国出口

---

① 菲律宾国家警察：12 月犯罪数量同比下降 14.42%［EB/OL］．青瞳视角，https://baijiahao.baidu.com/s?id=1753075545841133829&wfr=spider&for=pc.2022-12-24.

额 646.7 亿美元，进口额 230.4 亿美元。2022 年，中国对菲全行业投资 1.2 亿美元。2021 年中国对菲非金融类直接投资 1.45 亿美元。菲律宾出口丰富的水果、矿产品和劳动力，受益于中国日益增长的人民生活水平和对品质的追求；而中国则以强大的制造业和市场需求，为菲律宾提供了巨大的发展机遇。这种互利互惠的关系正推动着两国经济蓬勃发展。

二、友好的人文交流

文化交流是中菲友谊的重要纽带，也是中菲民间交往的重要组成部分。无论是中国的传统文化还是菲律宾的丰富多样文化，都为两国人民提供了解彼此的良机。中菲之间的交流活动不仅限于政府层面，更是源于两国人民之间的情感交流。两国学者、艺术家、运动员等各领域的人士频繁互访，相互借鉴和学习，促进了两国人民的心灵契合。而旅游交流更是增进了两国人民之间的了解和友谊，中菲之间的旅游往来人数持续攀升，成为两国人民共同互动的重要方式。

三、务实的海洋合作

海洋是全球合作与发展的重要领域，中国愿与菲律宾一道，秉持共商共建共享原则，建立全方位、多层次、宽领域的蓝色伙伴关系，在海洋领域朝着构建人类命运共同体的目标不断前进。菲律宾拥有丰富的海洋资源和观光资源，中国与菲律宾将在海洋合作方面携手前行，秉持着共同开发、共同管理的理念，致力于推动海洋经济的绿色可持续发展。两国在渔业合作、环保科研、海洋能源等领域积极合作，共同应对海洋污染和气候变化等全球性挑战。

四、其他领域合作

中菲在教育、科技、文化等领域签有合作协定或备忘录。2023 年 1 月，中国将菲律宾列入首批恢复中国公民出境团队旅游试点国家名单。中国新华社在马尼拉设有分社，中央广播电视总台国际频道在菲落地。中菲结有 38 对友好省市，如杭州市和碧瑶市、广州市和马尼拉市、上海市和大马尼拉市、厦门市和宿务市、沈阳市和奎松市、海南省和宿务省、山东省和北伊洛戈省、安徽省和新怡诗夏省、湖北省和莱特省、北京市和马尼拉市、江西省和保和省、南宁市和达沃市、兰州市和阿尔贝省、北海市和普林塞萨港市、福建省和宿务省、广西壮族自治区和宿务省、河南省和达拉省、宁夏回族自治区和巴拉望省、福州市和马尼拉市、海南省和巴拉望省、湖北省与南伊罗戈省、陕西省与八打雁省、广东省与宿务省等。

中国与菲律宾，两个文明的相遇，创造了一种紧密纽带。这种共融共荣的友谊不仅为两国带来了巨大的发展机遇，更为亚洲乃至世界的和平稳定作出了贡献。我们相信，随着时间的推移，中菲之间的关系将会愈发紧密，为两国人民带来更加美好的未来。

第三节　湖南与菲律宾交流合作的重点

湖南与菲律宾在经贸、投资等领域有着广泛的合作基础。从湖南投资菲律宾的情况来看，2017 年湖南对菲律宾的实际投资 580.5 万美元，对外承包工程营业额 1606 万美元，当年累计派出劳务人员 25 人。2018 年湖南对菲律宾的实际投资 224.73 万美元，对外承包工程营业额 2337 万美元，当年累计派出劳务人员 9 人。2019 年湖南对菲律宾的实际投资 247.52 万美元，对外承包工程营业额 981 万美元，当年累计派出劳务人员 41 人。2020 年湖南对菲律宾的实际投资 138.31 万美元，无对外承包工程营业额，当年累计派出劳务人员 1 人。2021 年湖南对菲律宾的实际投资 499.95 万美元，对外承包工程营业额 501 万美元，当年累计派出劳务人员 13 人。2022 年湖南对菲律宾的实际投资 473.6142 万美元，对外承包工程营业额 2351.8 万美元，当年累计派出各类劳务人员 5 人。从菲律宾投资湖南的情况来看，2020 年，菲律宾在湖南新设外商投资企业 3 个；合同外资 312 万美元；实际使用外商直接投资 54 万美元。
2021 年，菲律宾在湖南新设外商投资企业 1 个；2022 年 1—3 月，菲律宾在湖南无新设外商投资企业。[①]

自"一带一路"倡议提出以来，双方在农业、基础设施、能源、制造业、旅游业和教育、医药等诸多领域开展合作，成果丰硕。当前，湖南把先进制造业作为推动高质量发展的关键抓手，着力优化海外布局，着力抓链群重配套，注重与东盟国家在经贸领域的合作，推进湖南的产业走进菲律宾。菲方也抢抓 RCEP 实施机遇，加强与湖南的现代农业、生物医药等领域务实合作，推动双方经贸往来、教育科技、公共卫生、文化旅游等方面交流，实现优势互补、互惠互利、共同发展。

一、农业方面

农业是湖南和菲律宾的支柱产业，农业合作是双地合作的重要组成部分。湖南同菲律宾在农业领域合作势头良好，隆平高科在菲成立了研发中心及合资企业，承担了一系列农业技术合作项目。中菲应在水稻种植方面进一步加强合作，增加合作项目。近年来，双方持续深化"一带一路"倡议，持续推进农业领域的灌溉工程项目合作，促进双方农业合作蓬勃发展。随着双方贸易的日益密切，菲律宾的鲜椰子、榴莲、冷冻水果等越来越多农产品走进湖南市场，深受湖南消费者欢迎。从香蕉、菠萝、芒果到牛油果、椰青，庞大的湖南市场正不断为菲律宾带来商机，也为当地种植户创造就业机会、增加收入。正是因为这样，菲律宾更多的美味可口的农产品源源不断地充实着湖南消费者的餐桌。据报道，2022 年 3 月 29 日，湖南省首批以市场采购贸易方式申报的预包装食品顺利通关，将由长沙机场口岸发往菲律宾。首批出口产品为糖果，共 90 件，此次顺利出口，标志长沙成为继杭州、厦门之后全国第三个、内陆首个开展市场采购贸易方式出口预包装食品业务的城市。

[①]　资料来源：湖南省商务厅。

二、基础设施建设方面

菲律宾始终把发展建筑等基础设施作为行业发展的重中之重，并将其作为促进经济发展的重要手段。湖南一直是菲律宾基础设施建设的主要合作伙伴之一，对菲律宾基建等行业有大量投资。

三、制造业方面

湖南的先进制造业是一张享誉世界的靓丽名片，也是与菲律宾合作的主要产业之一。尤其是长沙市的工程机械、株洲市的轨道交通装备和中小航空发动机、长沙市新一代自主安全计算系统 4 个国家先进制造业集群，数量居全国第三、中西部第一，是湖南打造国家重要先进制造业高地的最好证明。

四、旅游产业方面

菲律宾作为太平洋上的千岛之国，旅游业一直是其支柱产业。湖南是历史悠久、文化灿烂的人文重地，通达舒适、环境优美的宜居胜地，基础雄厚、资源汇聚的发展高地。按照中菲两国共同签署的《旅游合作谅解备忘录执行计划（2023—2028）》，湖南持续优化签证办理体验，简化申请人办理签证手续，对符合条件的申请人临时性免采指纹，实现双方人员往来便利化。菲驻上海总领馆试点电子签证，为湖南游客赴菲旅游提供安全、便利条件。加上双方政府旅游部门之间加强合作，鼓励和支持旅游企业之间加强合作与交流，不断拓宽双方合作交流渠道，推动合作不断走深走实。

五、教育合作方面

湖南农业大学、湖南工业大学、湖南科技学院等 13 所高校与菲律宾高校签订了合作协议。截至目前，湖南共有 5 名菲律宾留学生，分布在中南大学、湖南大学、湖南农业大学 3 所高校。湖南积极向菲律宾选派优秀汉语教师。2018 年 4 月，在国家汉办公布 "2017—2018 年度菲律宾优秀志愿者候选人名单"周巍成功入选。2015—2017 年，来自湘潭的王怡娓则被派往菲律宾马尼拉育仁学校任汉语教师。2018 年，衡阳祁东朱宏超老师积极响应国务院侨办"留根工程"的号召，成为一名远赴菲律宾的外派志愿者教师。另据湖南教育新闻网讯报道，2018 年 1 月湖南汽车工程职业学院教师陈坤和陈钢收到保时捷亚洲培训中心（菲律宾）正式邀请，赴菲律宾马尼拉进行了为期一个月的支教活动，培训菲律宾保时捷汽车机电维修工 120 人。这意味着湖南汽车工程职业学院的国际合作取得新突破。此外，湖南师大华文教育基地依托教师教育和相关学科优势，举办"请进来"的华文教师培训班和"走出去"的名师巡讲活动 5 期，培训海外华文教师、华校校长，为菲律宾等国家培训华文教师近 1000 人，从而增强了海外华文教育内生动力。

六、医疗合作方面

世界卫生组织（WHO）湖区血吸虫病防治合作中心（湖南省血吸虫病防治所），分别于 2013 年 4 月、2014 年 11 月、2016 年 11 月共派出李岳生、罗志红、刘兆春、侯循亚、彭先平五人次到菲律宾参加世卫组织西太区 WHO 合作中心工作会议。2019 年，省血防所接受中国疾病预防控制中心寄生虫病预防控制所的工作委派，于 2019 年 5 月接收一名来自菲律宾 Diliman 大学科学学院生物研究所的博士生 Ian Kim Basas Tabios 进修学习血吸虫病检测技术，为期 4 周。这些活动的开展，增进了双方的友谊，达到了合作的目的。[①]

第四节　推动湖南与菲律宾交流合作的对策建议

湖南与菲律宾的友好合作交流历史悠久，以诚相待、守望相助始终是主旋律。随着"一带一路"倡议的推进，湖南与菲律宾的交流合作迎来了历史性的契机。自中国—东盟自贸区建成后，一定程度给湖南对外开放重新划出了一条新的起跑线，提供了一个追赶超越的机会。在新一轮开放中，湖南要实现科学跨越，必须针对自身特点，充分发挥优势，全面了解菲律宾的有关

---

① 　资料来源：湖南省人民政府外事侨务办公室。

政策和情况，制定切实有效的发展战略与政策措施。

一、注重科学规划

科学规划是湖南与菲律宾交流合作的重要前提，有利于促进相互之间的创新发展，推动各领域的交流合作取得实实在在的效果。一是注重对菲律宾国情国力的分析，掌握其经济技术发展水平和社会发展现状，熟悉菲律宾的技术标准、技术法规和合格评定程序，熟悉其文化传统、风俗习惯等。二是加大对菲律宾出口产品和战略投资者的跟踪调查力度，筛选出对菲律宾具有比较优势和竞争力的产品，巩固和扩大出口市场；在引进一批战略投资者的同时，引导一些处在产业链末端的劳动密集型企业，逐步转移到菲律宾。三是加大对菲律宾的实地考察和交流力度。针对目前湖南企业对菲律宾市场、法律法规尚不了解的情况，分期分批组织相关企业组团赴菲律宾开展实地考察。同时，有计划地邀请菲律宾投资商、贸易商来湘考察和经贸洽谈，以推动菲律宾更多的经贸项目落地湖南。四是引导湖南企业及时根据市场的变化，制定新的市场开发战略和策略。如重视走进菲律宾市场的可行性分析，积极拓宽进入菲律宾市场的商务渠道；选准商务合作伙伴，注意知识产权保护等。

二、搭建合作平台

继续构建和完善快捷的运输通道。加快以高速公路、高速铁路、国际空港、内河航道为重点的综合运输通道和综合交通枢纽建设，尽快在全省范围内构建一个现代化的立体交通网络。打通周边出省通道，实现以高速公路与周边省区相连接。加快发展铁海联运，完善与广州、深圳、上海海关的铁海联运专列和"五定班列"的联系配合机制，加快湖南铁海联运项目建设，加快粤港澳直通车、无水港等平台建设，实现运输方式多元化。进一步降低运输成本，合理优化运输网络。优化物流环境，降低各环节收费的标准。加大对物流运输企业的财政扶持政策，如对重点进出口货物承运企业给予财政补贴等。加强部门间的协调配合，海关、检验检疫、外汇、税务等部门要充分利用现代科技手段，进一步简化手续，提高工作效率。加强电子商务平台建设，继续完善和充分利用湖南外贸网等电子商务平台。充分利用重点企业联系制度，设立专门的信息服务平台，整合国内外的相关信息资源，在市场信息、零关税政策、原产地证书等方面提供信息咨询服务。努力为中小企业融资创造条件，切实解决其融资贵、融资难的问题。积极组织企业到菲律宾参加经贸会展活动，拓展菲律宾的市场。此外，还要加大专业人才培训培养力度，提升专业技术人才技能水平，推动专业技术人才全面发展

三、增强产业对接

产业对接是以市场为导向，以企业为主体，为实现某种共同利益和利益互补为目的的跨地区产业合作。对接的范围可以包括同一产业链上的不同环节、不同产业链之间的对接、跨区域、跨行业的对接等。一是充分发挥产业优势，加快发展对外贸易。充分发挥湖南高新技术、机电产品、农产品深加工以及烟花鞭炮等特色企业的传统优势，进一步提高市场的占有份额。调整优化出口结构，着力在先进装备制造业、节能环保、新能源、新材料、新生物、信息产业、航天航空等新兴产业上开辟新的发展空间，增强在菲律宾市场的竞争力。充分发挥湖南服务贸易的比较优势，继续巩固发展旅游、运输等传统服务贸易出口。二是充分发挥政策优势，大力承接产业转移。针对菲律宾的特点，创新机制和方法，优化发展环境，争取更多的菲律宾企业落户湖南。充分利用东盟博览会等招商平台，有针对性地开展各类招商活动，加强对菲律宾的产业投向引导，不断提高菲律宾资金在先进制造业、高新技术、现代服务业、农业和基础设施等领域的投资比重。继续巩固面向菲律宾的招商引资载体，在有条件的地方建立湖南—菲律宾经济园区，支持出口加工区和保税物流中心的建设发展。优化投资环境，加快审批流程，简化相关手续，减少相关环节，缩短审批时限，提高服务效率。三是充分发挥资源优势，做大做强对外经济。着力创造条件，大力支持有实力的路桥、房建、水电等建筑企业开拓菲律宾市场，做大规模，提高竞争力。优化外派劳务结构，提高外派劳务质量。

第十四章

湖南与马来西亚交流合作

第一节　近年来马来西亚经济社会发展情况

马来西亚，位于东南亚的中心地带，是一个文化丰富多样的国家，也是东南亚最发达的经济体之一。近年来，马来西亚的经济发展取得了显著的成就，其制造业、农业、服务业等主要产业部门都取得了长足的进步。对于投资者来说，了解马来西亚的产业现状与趋势，显得尤为重要。

中国连续多年成为马来西亚最大的贸易伙伴，中马共建"一带一路"合作稳步向前，不断释放发展红利。中国也是马来西亚最大的外资来源国，2022年中国企业在马的投资额达554亿林吉特，占马来西亚接收外来投资比例的33.9%。中、马两国正在推进的重大合作项目也有很多，如东海岸铁路、中马"两国双园"、南部铁路等。2022年，中国与马来西亚双边贸易额首度突破2000亿美元，达到2036亿美元，同比2021年增长了15.3%。其中，中国出口额为937.11亿美元，同比增长19.7%。[①] 中国出口马来西亚的优势商品主要集中在电机、机械、家具、塑料、钢铁制品、车辆及零附件、矿物燃料以及织物类等类别。中马双边贸易额占中国—东盟贸易总额的21%，在中国与东盟十个国家中贸易额排名第二，中马贸易中方逆差在中国与东盟十个

---

① 马来西亚市场分析、开发渠道及选品推荐 [EB/OL]. https://baijiahao.baidu.com/s?id=1775015026766736878&wfr=spider&for=pc.2023-08-23.

国家贸易中最大。

马来西亚 2022 年 GDP 以美元计价 GDP 约 4063.64 亿美元，在东盟七个国家中位居第五位；相比 2021 年增长了 336.63 亿美元，美元名义增速为 9.03%；以人民币计价，马来西亚 2022 年 GDP 折合约 2.73 万亿元。据马来西亚国家银行最新发布的数据显示，2022 年马来西亚国内生产总值（GDP）同比增长 8.7%，高于 2022 年 10 月 6.5% 至 7.0% 的预测值，是 22 年以来 GDP 增速最高的一年，较 2021 年 3.1% 的经济增速有明显提升。马来西亚经济快速增长主要受到旅游业复苏、内部需求扩大、劳动力市场向好发展，以及全球市场对电机、电子产品需求旺盛等因素影响。马来西亚 2022 年第三季度 GDP 同比增长 14.2%，在第四季度经济增长有所放缓，但也较 2021 年同期增长 7%。虽然 2022 年第四季度经济增速下降，但进出口贸易依然表现突出，增速达到 23.4%，比第三季度的 18.7% 还要更高。此外，第四季度的外国直接投资增长 19.3%，也高于第三季度的 12.3%。[①] 根据马来西亚国家银行预测，2023 年第一季度经济表现好于 2022 年第四季度。虽然 2023 年以来全球经济增长放缓、外部市场萎缩一定程度限制了出口贸易增长，但马来西亚劳动力市场的持续改善，外国直接投资增长以及旅游行业快速复苏等有利因素，马来西亚经济在 2023 年保持温和增长的态势。

马来西亚是相对开放的、以国家利益为导向的新兴工业化经济体。国家通过宏观经济计划，在指引经济活动上发挥了重要作用，但其重要性逐渐下降。为了使经济多样化，马来西亚减少对于出口货物的依赖，致力于推动本国旅游业发展。因此，旅游业已成为马来西亚第三大外汇收入来源，但它正受到成长中的工业经济所造成的空气和水源污染以及森林砍伐的威胁。

---

① 东南亚七国 2022 年 GDP 出炉：新加坡增长较快，泰国出现负增长 ［EB/OL］. https://baijiahao.baidu.com/s?id=1760627772519889578&wfr=spider&for=pc.2023-03-19.

第二节　中国与马来西亚交流合作的现状

中国和马来西亚是隔海相望的好邻居、共同发展的好伙伴。从地缘政治角度来看,作为东盟国家,马来西亚是中国周边外交的重要支点。经济上,它与中国关系也非常密切。近年来,中马双边贸易额一直保持约 1000 亿美元规模。目前,中国已成为马来西亚最大贸易伙伴国、第一大进口来源地及第二大出口目的地。在推进"一带一路"建设及国际产能合作过程中,马方率先响应,积极参与,成为"21 世纪海上丝绸之路"重要节点国家。2023 年是中马建立全面战略伙伴关系十周年,也是"一带一路"倡议提出十周年。十年来,中国与马来西亚经贸合作稳步向前,保持良好势头;中国在马来西亚设立的境外投资企业不断增多,进出口贸易额不断增加。马来西亚已成为中国在东盟的重要贸易伙伴和投资目的地。

2024 年中马迎来两国建交 50 周年。中国抢抓 RCEP 区域开放带来的新机遇,精准对接,务实推进,进一步扩大和深化双边经贸合作,助力产业优势互补、发展共赢。

一、经贸方面

两国签有《避免双重征税协定》《贸易协定》《投资保护协定》《海运协定》《民用航空运输协定》等 10 余项经贸合作协议。1988 年成立双边经贸联委会。2002 年 4 月成立双边商业理事会。2017 年,两国签署《关于通过中方"丝绸之路经济带"和"21 世纪海上丝绸之路"战略推动双方经济发展的谅解备忘录》《中国商务部同马来西亚交通部关于基础设施建设领域合作谅解备忘录》。2023 年,两国签署《中华人民共和国政府和马来西亚政府关于扩大和深化经济贸易合作的协定》(第一修订议定书)。据中方统计,2022 年中马双边贸易额 2035.9 亿美元,同比增长 15.3%;其中中方出口 937.1 亿美元,进口 1098.8

亿美元。中国自马进口主要商品有集成电路、计算机及其零部件、棕榈油和塑料制品等；中国向马出口主要商品有计算机及其零部件、集成电路、服装和纺织品等。2023 年 1 月，马来西亚累计来华实际投资 91.2 亿美元，中国对马累计各类投资 172 亿美元。

值得一提的是，两国金融合作成效显著。2000 年，中国银行和马来亚银行分别在吉隆坡和上海互设分行。2009 年 2 月，中国人民银行与马来西亚国家银行签署了双边货币互换协议。2012 年、2015 年、2018 年、2021 年四次续签。2010 年 4 月，中国工商银行马来西亚分行在吉隆坡开业；7 月，中国银行在马设立的第三家分行中国银行巴生分行开业；8 月，两国批准在各自银行间外汇市场开办人民币兑林吉特即期交易业务。2012 年 4 月，中国人民银行与马来西亚国家银行签署了关于马国家银行在华设立代表处的协议。2013 年 10 月，马国家银行在北京设立代表处。2014 年 11 月，两国央行就在吉隆坡建立人民币清算安排签署合作谅解备忘录。2015 年 4 月，中国银行吉隆坡人民币清算行正式启动。11 月，中国向马来西亚提供 500 亿元人民币合格境外机构投资者投资额度。2016 年 11 月，马来西亚国家银行向中国建设银行马来西亚子行颁发营业执照。2017 年 1 月，建行马来西亚子行正式营业。

二、其他领域交流合作方面

两国在农业、科技、教育、文化、传统医学、军事等领域的交流与合作顺利发展。1992 年签署《科技合作协定》，成立科技联委会。双方还签署了《广播电视节目合作和交流协定》（1992 年），《促进中马体育交流、提高体育水平的谅解备忘录》（1993 年），《教育交流谅解备忘录》（1997 年），《文化合作协定》（1999 年），《中马航空合作谅解备忘录》（2002 年），《空间合作及和平利用外层空间的协定》（2003 年），《在外交和国际关系教育领域合作谅解备忘录》（2004 年）等合作协议。2005 年，双方签署了《卫生合作谅解备忘录》，并续签了《教育合作谅解备忘录》。2009 年，两国签署《高等教育合作谅解备忘录》。2011 年，两国签署《关于高等教育学位学历互认协议》。同年，双方签署《传统医学领域合作的谅解备忘录》，并于 2022 年 3 月线上续签。2012 年，两国签署《打击跨国犯罪的合作协议》。2015 年，两国签署《刑事司法协助条约》《在马来西亚设立中国文化中心的谅解备忘录》。2016 年，两国签署《农业合作谅解备忘录》，并续签了《教育合作谅解备忘录》。2018 年，两国签署了《跨境会计审计执法合作备忘录》《马来西亚冷冻榴莲输华检验检疫要求的议定书》等。2023 年，两国签署了《马来西亚菠萝蜜输华植物检疫要求的议定书》《马来西亚输华水产饲料检疫和卫生要求的议定书》。新华社、中新社在吉隆坡设立分社，中央电视台在马设立记者站，央视 4 套和 9 套节目在马落地,《人民日报》海外版在马出版发行。《星报》在华设立办事处。双方签署了《旅游合作谅解备忘录》。

第三节　湖南与马来西亚交流合作的重点

马来西亚作为湖南经贸合作的重要伙伴之一，湖南与马来西亚合作前景广阔，在 RCEP 协定生效后，激发出巨大的双边合作潜力。近年来，湖南的进出口额在大幅提升，马来西亚的棕榈油、天然橡胶、电子产品等在湖南有很大市场，湖南的机械、耐用消费品等在马来西亚很受欢迎，双方交流合作持续深入，为更高水平的交流合作打下了良好基础。

对于湖南而言，马来西亚市场有着巨大的市场开发潜力。一是庞大的消费市场。马来西亚拥有超过 3000 万人口，人均 GDP 为 1.24 万美元，购买力强。二是巨大的电商潜力。据有关机构预测，2019 年至 2023 年，马来西亚电商市场规模增长率为 18.8%，远超 11% 的全球平均水平。三是政府的政策支持。马来西亚政府致力于推动贸易自由化、便利化，并通过制定相关政策来吸引外商投资。这为马来西亚企业提供了更加稳定的营商环境，也为其增强国际市场竞争力提供了有力支持。四是丰富的产品选择。马来西亚作为一个资源丰富的国家，拥有多样化的产品资源，涵盖电子产品、机械设备、农产品等多个行业领域。湖南企业可以在马来西亚找到合适的供应商和生产基地，满足不同市场需求。例如，中车株机马来西亚市场项目：自 2010 年进入马来西亚市场至今，中车株机公司先后获得马来西亚 SCS 动车组、ETS 动车组等多个项目订单，包括动车组 454 辆，轻轨 398 辆，并为马来西亚专门研发制造了 2 台米轨电力机车，累计签约总金额超 116 亿元人民币。五是 RCEP 的重磅利好。2022 年 3 月18 日，RCEP 对马来西亚正式生效，在贸易协定项下马来西亚对我国降税承诺中，74.9%的产品关税立即降为零，最终零关税比例为90.5%[1]。关税减让及贸易便利等红利，将进一步深化中马经贸合作，推动区域内贸易合作及产业链的重构与融合。2023 年，湖南省对马来西亚进出口总值 365.39 亿元，同比下降 3.4%。其中，出口 175.00 亿元，同比下降 28.5%，进口 190.39 亿元，同比增长 42.6%。[2]

从湖南与马来西亚合作的基础及市场开发潜力方面来看，双方有着更为广泛的合作空间。

一、工程机械方面

随着东盟一体化进程推进，东盟国家将加强互联互通，推进工程机械项目建设。作为东盟交通枢纽、21 世纪海上丝绸之路重要支点国家，马来西亚工程机械市场空间巨大。湖南的工程机械在马来西亚有很大的市场，三一重工、中联重科、中车株机等在当地的湘籍企业已经走进马来西亚市场，涉及领域广泛，主要包括混凝土机械、起重机械、隧道掘进机械、土方机械、建筑机械、工程机械配套件等诸多领域。

二、轨道交通方面

在轨道交通方面，自 2010 年以来，湖南省的中国南车株洲电力机车有限

① RCEP 对马来西亚正式生效［EB/OL］.央视网，https://www.gov.cn/xinwen/2022-03-18/content_5679772.htm.2022-03-18.

② 毛伟明会见马来西亚交通部部长陆兆福：湘轨通马兴合作 友好互利向未来［EB/OL］.湖南工信，https://mp.weixin.qq.com/s?__biz=MzU5ODcxMjcyMg==&mid=2247544426&idx=3&sn=c44489f490bfd3a8fe06873589efb691&chksm=fe426697c935ef81a61f2f00b57fa0f1e8d58aa7f71de6d998c2c411e3be11dd049c4dea72d5&scene=27.2024-06-07.

公司先后获得马来西亚 38 列 6 节编组动车组、20 列安邦延伸线轻轨车辆、10 列 60 辆新型城际动车组增购项目、30 列安邦线轻轨车辆合同，以及签下为期 2 年维保合约，与马来西亚交通部、KTMB、SPNB 和 MRT 公司建立了紧密的贸易、合作伙伴关系。2013 年 4 月，南车株机公司投资 4 亿马币在马建设南车马来西亚轨道交通装备制造基地；2014 年 10 月，南车株机公司与马方签订第二个城轨车辆出口项目，向马来西亚提供 30 列应用于安邦线的轻轨列车，其中 9 列车在马来西亚吉隆坡实现本地化生产。此外，在"一带一路"的平台上，中国的"六大经济走廊"之一的中南半岛修建泛亚高铁的中线，从昆明到马来西亚的吉隆坡，进而到达新加坡。

三、服务业方面

马来西亚的服务业发展迅速，包括金融、旅游、教育、医疗等领域。服务业的投资主要集中在提高质量、拓展市场、创新业务等方面。湖南在这方面有着独特的优势，湖南的旅游、教育、医疗等资源较为丰富，并且拥有发展的成功经验。其一，旅游业方面。湖南是一个山水资源丰富的省份，有壮丽的山峦、清澈的湖泊、秀丽的河流，还有独特的自然风光和人文景观。湖南有许多著名的山脉，如南岳衡山、张家界等。湖南有许多美丽的湖泊，还有许多美丽的河流，其二，教育资源丰富。湖南省作为中国的中部省份，拥有丰富的高校资源。许多高校在学科设置、教学质量、学术研究方面均表现出色，为湖南省的经济和文化高质量发展提供了坚实的支撑。其三，医疗资源丰富。湖南是一个拥有 6600 多万常住人口规模的省份，也有实力雄厚的优质医疗资源。长沙市的湘雅医院医疗水平高超，位居全国前列。从这些方面看出，湖南与马来西亚在服务业合作方面前景广阔，可以加强深度合作。

四、能源领域

马来西亚拥有丰富的能源资源，包括石油、天然气和煤炭等。能源领域的投资主要集中在开发新能源、提高能源利用效率、降低环境污染等方面。

湖南和马来西亚有丰富的能源宝藏，同时也是能源需求方，在能源领域中各具优势，这些为双方能源领域合作奠定了基础。根据 BP 统计数据，截至 2016 年底，马来西亚全国已探明石油储量 5 亿吨，储采比 14 年；天然气已探明储量 1.2 万亿立方米，储采比 15.8 年。作为世界第三大液化天然气出口国，2016 年，马来西亚生产天然气 738 亿立方米，除满足国内近 430 亿立方米的需求外，还有超过 300 亿立方米的天然气以液化天然气的形式出口至中国、日本、韩国等地。[①] 此外，目前湖南与马来西亚在水电领域加强合作，主要集中在国有能源企业之间，民营企业参与较少，且合作水电项目多为大型水电，小型水电项目的合作开发尚有较大的空间。

五、农业领域

马来西亚是一个农业大国，拥有丰富的农业资源。农业领域的投资主要集中在开发高效农业技术、提高农业生产效率、扩大农产品出口等方面。就农产品而言，马来西亚农产品在湖南市场的需求不断增长，湖南通过电商平台购买马来西亚的农产品。同时，根据马来西亚对农产品的进口要求，了解马来西亚的市场准入规则，对具有特殊规定的食品标签、包装、添加剂、农药残留量等进行了解，确保湖南农产品顺利进入马来西亚市场。又就农业合作机制而言，建设交流合作平台，打造农业产业合作新高地；充分对接需求，引进现代农业先进技术；整合优质农产品，通过线上线下双模式融合，输出与输入双轮驱动，打通供销壁垒。充分发挥马来西亚优秀华人作用，加强与马来西亚农业企业紧密对接，在促进区域合作、产销对接、人文交流等方面互融互通，探索组织湖南与马来西亚优质农产品对接会形式，逐渐建立湖南和马来西亚之间的农业产业链。另就农业机械而言，湖南作为农机制造大省，同马来西亚相比具有优势，通过与马来西亚行业协会协调，整合湖南农机资源，积极开拓马来西亚农机市场。

---

① 快速了解马来西亚［EB/OL］.https://baijiahao.baidu.com/s?id=1699699174742622020&wfr=spider&for=pc.2021-05-14.

第四节　推动湖南与马来西亚交流合作的对策建议

中国是马来西亚可信赖的好朋友，马中关系特殊友好，双边合作强劲有力。据马来西亚投资发展局的统计数据显示，2022 年中国是该国最大外资来源地，在马来西亚批准外国直接投资 1633 亿林吉特中，来自中国的投资额达 554 亿林吉特，占 33.9%。截至 2023 年 8 月，共有 423 个中国参与的制造业项目在马来西亚运行，投资总额达 159 亿美元，创造了超过 7 万个就业机会。在这样的大背景下，湖南与马来西亚应分享超大规模的市场机遇，持续深化各领域合作。

一、做细做实发展战略、政策及举措的对接合作

东南亚是中国推动"海上丝绸之路"发展的重要节点，中马互免签证是实现"政策沟通"的重要方面，有助于加快航空业设施联通、推动贸易畅通和民心相通。我们应抓住有利于发展的历史机遇，挖掘共建"一带一路"合作潜力，以高水平、高质量打造互利共赢的全面战略伙伴关系。应积极推动双边贸易投资自由化便利化，提高产业链供应链强韧性可持续性；应大力发展数字经济、绿色经济、人工智能、大数据等战略性新兴产业，打造湖南与马来西亚经济合作新增长点。

二、共同强化政治安全、经济、社会人文合作

良好的政治互信是推动双方经贸合作取得丰硕成果的根基。将合作进一步制度化、体制化、机制化、系统化，有利于增加各有关领域、部门、行业、产业协调、配合的相互促进。对于企业来说，应充分利用互免签证的便利条件，着力从马来西亚寻找投资机会，加快引进马方的资金、技术和人才等要素。对于各地政府部门来说，应认真梳理免签政策带来的机遇，出台相关配

套政策，提供配套设施如增设直通航线等，将有利于发展的政策措施落到实处。同时，应着力加强与马方华人经济团体的非正式联系，结合自身的产业优势和特点，加大宣传力度，通过构建亲清新型营商环境，聚力打造"服务＋监管"模式，不断吸引马方投资湖南。

三、着力推进经贸合作

经贸合作是湖南与马来西亚之间在经济贸易领域进行的合作。在全球化时代，经贸合作已经成为湖南与马来西亚之间实现互利互惠、共同发展的重要途径。湖南与马来西亚的行业商协会、地方政府应共同制定产业对接合作行动计划，有效提高相互间的合作水平；着力推进基础设施建设、高价值制造业、能源、数字服务业、金融服务、旅游服务、物流服务、中小企业等领域合作，优化供应链产业链。应加强电子信息化产业和电子商务领域合作，尤其是重视芯片产业合作，推动半导体产业发展，为数字经济领域培植新的价值链。进一步加强可持续绿色经济、农业、旅游等领域合作，探索更加环保和可持续的经济发展方式，为双方经济持续增长提供强大动力。

四、着力开发新的商机

在如今激烈的市场竞争中，企业要想保持持续的发展和增长，开拓市场已成为一项至关重要的战略举措。我们应通过开拓市场，寻找新的商机，扩大销售范围，增加企业收入和市场份额。应了解湖南与马来西亚经贸发展前景和马来西亚投资政策，感知马来西亚的最新投资机遇，帮助湖南企业更好地走进马来西亚。湖南企业在与马华商合作的同时，应重视与马来西亚企业合作。湖南企业可以与马来西亚的电商平台合作，开拓线上销售渠道，提升市场份额。应通过产品创新和升级来开拓市场，开发新的产品，满足市场多样化需求，同时对现有产品进行升级，对现有产品的增量进行改进，以此提升产品的竞争力。企业应通过营销活动来开拓市场，举办促销活动、参加行业展览、加强品牌推广等方式来增加品牌知名度，吸引更多的潜在客户。

第三篇 **03**

| 专题报告 |

湖南与东盟农业合作研究报告

　　湖南一直以来都是农业大省，是中国粮食主产区，旱杂粮种植面积约 1100 万亩，而东盟中泰国、越南、马来西亚、柬埔寨等国家均是农业大国，湖南与东盟许多国家之间具有非常强的互补性与相似性，充分利用相互之间的优势进行投资合作，可以将各自资源最大优化，并将经济效益充分发挥出来。加强湖南与东盟农业合作，对促进湖南与东盟农业发展有着十分重要的意义。

一、湖南与东盟农业合作的现状

　　农业一直是中国与东盟合作的重点领域，湖南农业资源禀赋突出，发展潜力后劲十足，很多农产品产量位居全国前列。作为中国东盟合作的前沿地区，湖南经过多年努力，与东盟各国的农业合作交流更加密切，渠道更加畅通，形式更加多样，区位优势日益凸显。近年来，湖南同东盟各国携手共进，不断加大农业信息化、数字化、智能化合作力度，推动农业"互联网+""物联网+"升级，实现线上线下有效互动，为农业产业提质升级培育新动能，实现农业合作领域硕果累累。

　　（一）农业贸易范围日益扩大，贸易额度日益增长

　　湖南与东盟农业贸易飞速进步，双方互为彼此农产品贸易最重要的合作伙伴，农产品进出口贸易保持良性延展。其中越南作为湖南农产品进出口贸易的第一合作对象，与湖南农业贸易总额持续上升，中药材、柑橘、橙子等

农产品都是湖南出口越南的主要农产品，而火龙果、西瓜、龙眼、木薯等农产品则是湖南从越南进口的主要农产品。

从湖南与东盟农业贸易结构来看，湖南出口东盟的农产品有下面几类：梨、柑橘、中草药等，进口的农产品有下面几类：木薯干、芒果、火龙果、香蕉、西瓜、龙眼等。从大的类别看，湖南出口东盟国家大部分都是涉及中草药材、蔬菜等产品，从东盟国家进口的农产品大部分都是涉及食用植物油、木薯淀粉、水果等产品。

（二）投资规模越来越大，且取得明显的效果

2020年以来，湖南与东盟国家互动性得到了极大的提高，双边农业投资的规模也越来越大。湖南企业在东盟建设农业基地的同时，也从东盟国家引进大批资金。截至2020年12月，湖南共有上百家企业到文莱、柬埔寨、老挝、越南等东盟国家进行农业合作，不少资金投资到东盟国家的农业项目当中。与此同时，湖南努力吸引东盟各国农业投资资金。湖南与东盟各国农业双向投资效果显著，例如在泰国、越南等国建立的茶叶等生产基地，不但有效减轻了湖南农业企业进一步发展的资源压力，也极大促进了东盟国家农业收入。

（三）农业合作范围进一步扩大，合作方式多元化

在农业领域，中国与东盟各国已经不再局限于农产品贸易，而是扩大到农村生态与能源、动物疫病防治、农产品加工、水产养殖业、畜牧业、种植业等领域，并有着多元化的合作方式，包括示范试验、农业科技交流、人才培训等方式。在示范试验方面，中国（湖南）于2012年建设了"中国—老挝合作农作物优良品种试验站"。随后，中老双方就合作共建试验站达成了共识，并指定湖南与老挝的相关政府部门承担建设任务。从2010年以来，湖南先后与文莱、柬埔寨、菲律宾等国家举办农业生产培训班、农业科技推广培训班等多种农业科技培训活动，培训学员上万人次，产生了良好的社会效果。

二、湖南与东盟农业合作中面临的挑战

湖南属于亚热带季风湿润气候，农作物与东盟国家差异不大，农产品相似性远大于互补性。而且，东盟国家大多处于热带地区，在热量、降雨量、土地肥沃程度和生物资源丰富程度等方面都优于纬度较之偏北的湖南，在整体经济实力上，湖南相对落后于东盟部分国家。因此，在两地农业合作中，湖南农业整体上受到极大的冲击。具体表现为以下几个方面：

（一）对农业产业的规范管理提出了更高的要求

随着湖南农业与东盟国家市场联系的日趋紧密，对农业的外向度要求更高，大大增加了湖南各级政府和有关部门管理农业的复杂性，而且无成功经验可借鉴。同时，国内外大量的资金流、技术流、人流、物流涌向湖南农业，也将给湖南农业管理带来更多的未知因素。此外，东盟农产品大量挤占国内市场，湖南农业人口的切身利益将受到影响，增加了社会的不稳定性，这也向各级地方政府的管理提出了新的挑战。再次，自贸区建成后，地方政府在农业方面采取的诸如农业质量标准和农产品质量检测、检验检疫、农产品进出口制度等宏观调控措施，必须遵守自贸区有关协议规定和国际准则，必须考虑涉及的国家和地区的反应，这对湖南各级地方政府的农业行政管理水平与技巧提出了更高的要求。

（二）对湖南农业在国内市场的地位造成影响

湖南农业集约化水平在全国并不具优势，而东盟国家中的"老东盟"六国较早实行对外开放，吸引西方发达国家农业企业的较多投资，目前如马来西亚等部分东盟国家主要农产品生产的规模化和集约化程度已高于湖南。这些东盟国家农业的发展具有相当强的竞争力。随着东盟大量物美价廉的农产品纷纷进入中国市场，极大挑战了湖南同类农产品在国内市场的优势地位，湖南农业因此面临严峻的挑战。以水果业为例，水果业已发展成为湖南农业的支柱产业之一，尤其是亚热带水果，一直是湖南农业的传统优势产业，湖南水果大多是以鲜果的形式销往国内各大中城市。由于东盟国家出产的水果

与湖南相比具有品种多、产量大、质量佳、收获期长的特点，东盟国家水果以零关税大量进入中国市场后，给湖南水果业发展带来了巨大的竞争压力，湖南水果的国内订单明显减少，市场变小。此外，东盟国家的粮食、畜禽产品均有较强竞争力，对湖南同类产品也构成不小的挑战。

（三）冲击湖南农产品出口

东盟十国大多为发展中国家，农产品出口在国家对外贸易上具有重要战略地位，是国家出口创汇的主要来源。东盟国家农产品的出口竞争力将直接影响湖南农产品的出口。近几年来，湖南利用水果产业发展的机遇，把水果业作为农业优势产业来抓，水果业迅速发展成为湖南一个新的增长亮点。但是，湖南水果产品出口的主要市场在东盟国家，而近年来东盟国家水果业发展也非常迅猛，泰国等东盟国家水果产品很快打入欧美市场，成为湖南同类产品的强大竞争对手。同时，中国—东盟自贸区的建成，湖南对水果的保护措施将逐渐取消，无疑对湖南水果业的经济效益产生较大的影响。此外，湖南不少农产品的深加工没有大的进展，市场竞争力没有明显提升，在参与东盟国家市场竞争中将处于被动地位。

三、湖南与东盟农业合作中面临的机遇

中国—东盟自由贸易区于 2010 年 1 月 1 日起全面启动。这标志着由中国和东盟 10 国（文莱、柬埔寨、老挝、印度尼西亚、马来西亚、缅甸、菲律宾、新加坡、泰国、越南）组成的中国—东盟自由贸易区（以下简称"自贸区"）正式建成。在自贸区的建设过程中，农业被确定为中国与东盟的重点合作领域之一。湖南与东盟国家距离较近，自然条件相近，农产品种类相似，农业合作空间大。

（一）促进湖南农业及农村经济结构调整，优化农业产业结构

改革开放以来，湖南农业农村经济发展水平有了很大的提高。但是，目前我国农产品供求关系已出现产能过剩，市场趋于饱和的态势，国内市场对

湖南农产品的需求很难再有大的增长，湖南农产品效益增长空间非常有限。为此，湖南农业可充分发挥劳动力资源丰富的优势，利用与中国—东盟自由贸易区的优势，对东盟国家出口劳动密集型农产品，例如水果、蔬菜等，创造更大的农业效益。同时，加大进口东盟国家的土地密集型农产品，促进湖南农业结构调整和优化，提升农业资源优化配置效率。中国—东盟农业合作，打破了生产要素流动的国界障碍，湖南可通过与东盟国家建立农产品加工基地，开拓新的农业增长空间。利用东盟国家的广阔市场，可在很大程度上解决湖南农业资源紧缺的掣肘，并可根据市场变化及时调整湖南农产品进出口结构，使湖南农业在更大的范围内实现经济结构的战略性调整和传统农业向现代农业的转型。

（二）促进湖南农业进入国际市场，提升农业国际竞争力

湖南除粮食外的主要农产品，如水果、蔬菜、农副产品等都有相当大的份额外销。湖南农产品出口东盟市场可享受零关税和各项互惠政策，同时也面对更为规范和完善的国际市场及更为稳定的投资环境。这为湖南农业对外开放、参与国际竞争提供了良好环境，有效促进了湖南在农业领域与东盟各国及其他国家的合作与交流，提高了湖南农业及农产品的国际竞争力。此外，泰国、老挝、柬埔寨等国民众大多喜爱素食，对木耳、香菇、芋头等产品消费数量极大，而这些农产品均为湖南的优势产品，享受零关税待遇，湖南此类产品出口得到了极大增长。这表明，中国—东盟自由贸易区为湖南农产品国际竞争力的提高，也为湖南农业发展起着巨大的推动作用。

（三）促进湖南农业相关产业发展，增加农民收入

中国—东盟自由贸易区建成，在刺激湖南农产品对外贸易、促进湖南农业发展的同时，还为湖南相关产业尤其是工业提供了优质、廉价的原料，有效推动了相关产业发展。以湖南酒精产业为例，酒精产业是湖南工业的优势部门，酒精的主要原料是木薯。湖南虽是全国木薯产区之一，尤其是湖南怀化、岳阳的产量较大，生产的木薯还远不能满足本地酒精生产厂家的需求，

为缓解压力，各酒精生产企业纷纷把目光投向于东盟各国。这为湖南酒精产值提升、产业做大做强打下坚实的基础。

四、制约湖南与东盟农业合作的主要因素

湖南是传统农业大省，过去我们总是守着农业优势不放，如果没有工业的支撑，就没有农业产业化，从农业大省迈向经济强省就是一句空话。同时，受制于人均资源不足、底子薄、历史欠账较多等原因，"三农"仍然是一个薄弱环节，同新型工业化、信息化、城镇化相比，农业现代化明显滞后。

（一）从湖南的角度来分析

第一，与东盟各个国家建立的农业合作关系，不仅规模、数量比较小，并且所涉的领域并不是很广且层次均是偏低。现阶段，湖南所合作的东盟国家有泰国、越南、缅甸、柬埔寨、菲律宾等国，范围还不是很大。第二，湖南与东盟国家合作的农业企业也是非常地少，并且大多是实力处于中下的农资企业，若想要形成规模化的投资，就必须号召更多实力较强的且专门从事农业的跨国投资经营公司参与进来。第三，未能全面完善对外投资的资金支持政策。目前，在我国仍然未有一套比较全面、专门针对海外投资的贷款以及担保等内容的法规政策体系，加之对外投资的审批步骤过于烦琐、高要求的外汇管理以及出口退税的速度慢等。第四，一些企业未能意识到与东盟国家创建良好的农业合作关系是具有非常大的潜力以及经济效益的。由于这些因素的存在大大降低了部分农业企业对东盟投资的积极性。

（二）从东盟国家的角度分析

第一，湖南与东盟国家之间的体制存在一定的差异，使得相互之间的合作难度增加，加之东盟各个国家在经济发展程度、法律法规以及政策、对外开放程度等方面具有一定的差异性，使得二者难以创建合作关系。第二，相关政策稳定性差。部分东盟国家由于在政策方面的连续性以及稳定性均比较差，从而与其合作的过程中无法对经济收益、人身安全提供有力的保障。

第三，偿付系统未成熟。由于多数东盟国家在经济发展方面仍处于比较低的水平，从而使其支付能力比较差，进而造成湖南企业在与其合作时支出的成本高，并且投资回报无法在短时间内获取。第四，贸易壁垒限制。因东盟国家与湖南两者之间所具有的农业资源以及生产的农产品具有一定的相似性，从而使二者在国际市场中的竞争比较激烈，甚至有少数东盟国家也限制了湖南很多农产品的进口，随之也衍生出了许多贸易壁垒。这些措施提高了湖南农产品出口的难度系数。

五、湖南与东盟农业合作的战略重点

湖南与东盟国家的农业合作是一项双赢的合作，是中国—东盟自由贸易区的重要组成部分，但这项合作受到我国与东盟各国传统文化、政治制度、经济水平、对外政策、人民生活等客观条件的影响和制约。在复杂的国内外环境中，只有地方政府和相关部门合理规划、有序引导、统一指挥，才能培植湖南具有国际竞争力的农业企业，打造具有国际优势的农产品，提高交流合作质量，实现互利共赢。

（一）打造特色、生态和优质服务"名片"

在特色品牌上，结合湖南实际，按照"人无我有、人有我多、人多我优"的基本思路，加快农业产业结构调整，大力发展蔬菜、茶叶、禽畜产品等竞争力较强的农产品；特别是对水果种植结构进行适度调整，适度发展柑橙类优势果业。在加快水果结构调整步伐、优化蔬菜生产结构等方面下大力气，做强做大优势产业，增强全省农产品的竞争力。在打生态牌上，湖南要在总结经验、保持生态农业发展态势的同时，进一步抓好"退耕还林"工作和加大推广农作物秸秆还田、"养殖＋沼气＋种植"三位一体生态农业模式、生物防治和科学施肥新技术的力度，走出一条农业、农村经济与生态建设协调发展的新路。在打好优质服务牌上，湖南要采取筹建国际物流中心、建立专门信息网站、加强采后商品化处理、抓好农产品标准化生产、推进农业产业化经营等一系列服务措施，推动农产品层次化、标准化。

（二）建设高水平的国际物流中心

建立大型的多功能国际物流配套中心，并由农产品低温仓储中心、农产品加工配送中心、果菜批发中心、集装箱储运中心等组成。这个物流中心将完全摆脱传统的农产品批发市场的概念，引进以计算机和通讯网络为中心的信息处理及先进的管理理念，形成既有传统的交易市场，又有先进的电子交易平台和完善的仓储设施、货物配送设施和功能齐全的服务设施的现代化农产品物流中心。其中，大型冷藏仓库能够实现温度与湿度双重控制，专门用于冷冻蔬菜、水果类农产品，改变原来用肉类冷冻库来冷藏蔬菜这种不合格的冷藏方式。在农产品的配送批发上，向集装箱化运输转变，促使湖南的农产品交易初步走向大规模、现代化的批发配送方式。

（三）强化和东盟国家之间农业交流合作

强化湖南与东盟各国家之间的农业交流以及合作关系，通过中国—东盟博览会的平台，创建两者之间的稳定的农业经济以及科技交流合作机制，并且将其不断地完善；推行"请进来、走出去"战略，最大限度发挥湖南农业所具有的优势，如技术、经济等优势，强化湖南与东盟国家之间的农业技术交流合作；进一步强化与东盟各个国家之间的农业人力资源的开发及合作，增强湖南与东盟二者之间的信息交流，将先进的农业技术引进到实际的农业生产，并且对其进行全面的消化以及吸收，使其迅速发展及创新。

（四）提高农产品贸易的国际竞争力

中国—东盟自贸区建成以来，湖南农业受到的影响是长远而深刻的。一方面，随着自贸区的建设和完善，湖南与东盟国家间农产品贸易总量不断增长，农业合作迅速且持续升温。另一方面，随着国内农业产能结构性过剩、世界经济形势阴晴不定以及国际农产品市场贸易摩擦不断增多的大环境变化，给湖南与东盟国家的农业合作带来了不容忽视的影响。很重要的问题在于湖南与东盟合作中的互补性与竞争性的博弈。自贸区建成之后，湖南农业一些原有优势的产业面临着东盟国家的极大竞争压力。自贸区建成后湖南如何把握机遇与挑战并存的形势，如何充分利用机遇、巧妙应对挑战促进农业产业提质增效、加快发展，是一个迫切需要解决的重要课题。

六、扩大湖南与东盟农业合作的对策措施

中国与东盟国家有着悠久的传统友谊，资源禀赋各具优势，产业结构各具特点，互补性强，合作潜力大。自中国—东盟对话合作机制建立以来，湖南紧紧抓住中国—东盟自由贸易区建设持续深化升级的机遇，充分发挥区位优势和资源优势，不断强化与东盟国家农业交流合作。从国别来看，东盟的农业竞争一般都是围绕着越南、马来西亚、印度尼西亚、泰国等国家来展开。从农产品来看，竞争主要体现在玉米、水稻等农产品和菠萝、龙眼、香蕉、芒果、荔枝等水果及水产品，这些农产品不仅是湖南的主要农产品，同时也是泰国、马来西亚、越南、菲律宾等东盟国家的主要农产品。为了进一步扩大湖南与东盟农业合作，我们应当做好下面几点：

（一）加快开放步伐，积极引导湖南农业企业参与东盟市场竞争

在东盟国家摆脱国界束缚的大背景下，湖南应推行开放的农业经济政策，创造对外合作的良好投资环境，放宽投资限制，扩充投资优惠清单，简化投资程序，吸引有条件的东盟农业企业投资湖南农副产品深加工。根据湖南农业实际和发展需要及国际市场变化的特点，调整优化湖南农业结构，对粮食、蔬菜、水果、畜牧等农产品进行合理布局及规划，更多地种植东盟国家稀缺或不具有优势的农产品，以增强湖南农业与东盟国家农产品的互补性，为湖南农业在国际分工中找寻合适位置。鼓励湖南农业企业进军东盟各国市场，并为之提供便利和优惠政策。湖南各级地方政府及农业主管部门应主动与中央相关部委沟通，尽快制订湖南农业"走出去"的战略行动计划和配套政策，包括境外农业投资的法律法规、企业贷款担保、金融支持、龙头企业扶持、出口补贴、金融结算和用汇方便、海外保险和法律保障等措施，为湖南农业企业在东盟投资提供优惠条件。此外，应该组织相关部门及专家对东盟各国农业投资环境包括农业相关法律法规、对待外资政策及各种优惠条件等进行

专项调研，为湖南农业企业投资决策提供准确而全面的信息服务，帮助其有效规避农业投资风险。政府还应采取多种形式，组织农业企业参加东盟国家举办的各类农业展销会、订货会，展品包括各类地方特色的生态农产品，以提高湖南农产品在国内外市场的知名度和影响力，为湖南农业"走出去"架起桥梁，从而进一步彰显湖南现代农业发展的魅力。

（二）加快实施农业集团化战略，促进资源共享和优势互补

走联合化、集团化的道路，冲破了地方封锁和条块分割，改变了各地方政府的地方保护主义政策，促使其实行开放的经济政策。要搞好与东盟国家的农业合作，必须走联合化和集团化的道路。一是加快培育具有国际竞争力的农业经营主体。广泛吸引国内、省内民间资本和国外资本参与，提升农产品技术含量，增加农产品附加值；鼓励各种所有制企业进入农产品加工贸易领域，鼓励现有外贸企业与农业生产、加工企业联合与合作，鼓励农业企业、农产品加工和贸易企业通过资产重组，形成面向东盟农业合作的大企业、大粮商、大果商、大畜牧商和大食品加工商。二是加大农业龙头企业的培育力度。强化龙头企业、生产基地和品牌产品的标准化管理，带动湖南农业标准化生产，扶持的农业产业化重点龙头企业需要全面执行国家颁布的有关标准，培育一批生态、特色农业产业化品牌龙头企业。鼓励和支持品牌龙头企业及其产品优先进入市场，并且到国内外展示、展销品牌产品。

（三）构建农业合作平台，打造现代农业发展新引擎

合作平台是湖南与东盟的重要战略性载体，对深化合作起着示范引领、引擎带动作用。在农业交流合作中，建立一个合作平台是非常重要的，它可以为合作双方或多方提供一个共同的沟通和交流平台。通过农业合作平台，合作方可以及时分享农业领域的信息。政府应在中国湖南—东盟农业合作中发挥作用，调动社会各界参与，与东盟国家进行多层次的全面交流，形成以政府间的农业合作交流为主导，以农业对口部门直接合作和民间合作为基础，政府垂范、企业跟进、民众参与、共谋发展的合作交流格局。从政府层面讲，

湖南地方政府应根据东盟国家不同政治体制、经济发展水平和农业优势品种，进行省、市、县等多层次对应合作。积极推动双方高级别官员互访，互通农业领域情况、协调农业合作中的问题、增进农业领域了解、增强农业领域合作的质效。通过定期举办双方农业经济研讨会、农业经贸论坛、农业博览会等形式，加强农业领域的信息沟通，促进双方在种植业、水产养殖、畜牧业、农业生物技术、农业机械、农产品加工、农业生态环境保护与可持续发展等重点领域加强合作。从民间的层面看，各级地方政府应积极推动双方企业、民间往来等活动，开展相应的人员交流，使双方企业和民众都能从中受益。

（四）加大农业科技投入，提升湖南农业国际竞争力

在现代农业生产中，科技投入已成为提高农业产出的重要手段。农业发展离不开农业科技进步，加快农业科技进步是推动农业产业结构调整、促进农业增效、农民增收的根本途径。湖南农业只有不断依靠科技进步，推进创新驱动发展战略和人才强农战略，才能在与东盟国家农产品的合作竞争中立于不败之地。湖南各级地方政府应大力加强农业科技投入，促进农业科技发展。一是加大科研管理力度，集中农业生产、科研、教学三方力量，推进产、学、研结合。突出抓好湖南新型农业技术开发，做好优良品种的主推工作。坚持创新与改良并重，抓好各类传统驰名优质农产品资源的开发与优化，形成湖南农产品在国际市场竞争中的优势，提高湖南农产品综合实力。二是加强农业技术推广体系建设，为农业技术传播提供良好媒介。按照"因地制宜、分类指导，总体规划、分步实施，典型引路、稳步推进"的总体思路，着力推进创新，采取有针对性的措施来保障湖南农技推广事业发展。三是加强农业科技信息发布系统建设，完善农业科技信息发布制度。构建覆盖全省的农业科技信息发布体系，并通过电视、报刊、网络等方式面向湖南农业企业及时发布最新农业科技信息，特别是东盟国家农产品科技含量的信息，为农业对外投资做好科技资讯服务。

湖南农产品对东盟出口研究报告

东盟各成员国除新加坡是发达国家以外，其余都是发展中国家，对世界经济有一定的依赖性。中国与东盟多个国家相邻，具有紧密的地缘联系，天时地利人和等诸要素促进了中国—东盟自由贸易区的产生。经过十多年的努力，中国与东盟于 2010 年 1 月 1 日正式全面启动了中国—东盟自由贸易区。这是中国第一个对外商谈的自贸区，也是世界上最大的发展中国家自贸区。目前，东盟已成为中国第四大贸易伙伴、第五大出口市场和第三大进口来源地。在中国与东盟合作框架中，农业是双方合作的重头戏之一。中国和东盟国家都是世界上重要的农产品生产和消费地区，双方互为彼此农产品贸易的最重要的合作伙伴。这也决定了农产品贸易在双边经贸交往中占据着十分重要的位置。

湖南是农业大省，农产品贸易在其国民经济中占据重要位置。在中国—东盟自贸区框架下，东盟农产品出口市场的开拓对湖南有极大的价值体现。在农产品对国际市场的多元发展方面，湖南可借助自贸区建立的契机，绕开各种贸易壁垒，间接接触更大范围的国际市场，降低对美国、日本、欧盟等市场的依赖性；在农业产业发展方面湖南能在竞争中抓住机遇，调整农业结构，提高农产品质量与科技含量，切实促进农业产业发展。此外，东盟是与湖南距离较近、发展基础和条件最好的海外市场，自贸区的建立让湖南面临无限的商机。在这个特殊的历史背景下，我们应科学分析湖南农产品出口现状，了解湖南农产品面临的比较优势，为调整湖南农产品生产结构、引导合理的贸易方向作准备。

一、湖南农产品贸易情况

湖南是中国一个农业大省,自古以来就享有"九州粮仓""鱼米之乡"的美誉。农业是湖南和东盟多数国家重要的经济支柱,发展的差异性和互补性决定双方的合作互补性强。湖南具有品种多样、品类丰富、品质上乘的优质特色农产品,茶叶、柑橘、生猪等大宗农产品产量长期全国领先,有机食品、绿色食品等优质农产品认证位居全国前列,完全可以展开贸易和投资合作。

(一)湖南与东盟农产品出口的情况

加入世界贸易组织以来,湖南农产品出口贸易较快发展。2021年湖南对东盟农产品出口贸易 24.4 亿元,同比增长 1.44%。2022年湖南对东盟农产品出口贸易 29.12 亿元,同比增长 29.11%。2023年湖南对东盟农产品出口贸易 25.79 亿元,同比减少 11.44%。[①] 可以看出,湖南省农产品出口规模还比较偏小,对扩大东盟出口有相当大的空间和潜力。

(二)湖南与东盟农产品出口的品种情况

由于湖南地处湿润地区,属于亚热带;东盟大多数国家处于热带,国土大部分为山地,森林茂密,雨量充沛。湖南与东盟彼此间的农产品具备一定的互补性,被双方需求、可贸易往来的农产品品种不少。东盟国家对湖南的水果、蔬菜有一定的需求量,湖南生产的茶叶、柑橘、禽类、药材、水产品等被东盟诸国所乐见。湖南出口东盟的农产品主要是初级农产品,并且逐年有增长的趋势。这符合湖南农产品生产的比较优势。

(三)湖南与东盟农产品出口的国别状况

东盟大多数国家因其地理位置优越,有良好的农业生产条件及外向型贸易方式。湖南与马来西亚、印度尼西亚、泰国、新加坡、菲律宾和越南六国的农产品贸易都有较大增长,农产品贸易合作不断加强,农产品贸易规模及

---

① 资料来源:长沙海关。

产品数量不断扩大。其中马来西亚和印度尼西亚两个国家与湖南历年进出口占湖南出口东盟农产品贸易 40% 以上，是湖南最大的两个农产品贸易伙伴。这两个国家的农产品进出口量均比较可观，市场广阔，人口相对稠密，且近年来经济快速增长，国富民强，具有一定的购买力。中泰向来是友好邦交，泰国虽然是农业大国，但自从"零关税"施行后，与湖南的农产品贸易量也有逐年加大的趋势。新加坡的农业结构与湖南差异较大，湖南对新加坡的农产品出口量也比较可观。虽然现在越南与湖南农产品贸易开发程度不高，但鉴于越南是中国的好兄弟，也是中国重要的贸易伙伴。

二、湖南农产品对东盟出口存在的主要问题

湖南在中国—东盟自贸区框架下向东盟出口农产品既具优势又具劣势，既面临前所未有的机遇，也面临新的挑战。深入分析湖南对东盟出口农产品存在的主要问题，以及阻碍湖南农产品全面进入东盟市场的重要因素，这使得应对各种挑战的对策措施更有针对性和可行性。

（一）出口的规模不大

湖南农业在自身的发展进程中，由于历史遗留的惯性问题，小农经济长期存在，农业科学和技术未能引进绝大多数生产线，导致湖南农业一直以"粮猪型生产结构"为主。很多农户习惯于跟风生产，在信息传导不够协调的前提下，常常因市场导向而过度生产某一农作物，导致农产品积压的情况屡屡发生，这种形势不利于湖南农业结构产业化的战略性调整，导致湖南本身良好的品种优势和总量优势在面临出口到东盟市场时难以发挥。湖南农产品生产的各方面优势未能转化为出口优势，农业生产在全国排位居先进行业，农产品出口贸易则在全国排位有些靠后，湖南对东盟国家出口的农产品总量不大。由于与东盟市场农产品互补性的存在，湖南对东盟国家农产品也有极大的需求。湖南对东盟出口农产品数量不高、出口价格因为农产品质量问题难以提升，导致其企业不具备应有的盈利能力和出口创汇能力。

（二）出口的品种单一

目前，湖南出口东盟的农产品主要为劳动密集型和土地密集型的初级产品，仅有少数属于高附加值的精、深加工产品。而东盟诸国自身具备良好的农业资源，尽管其农产品与湖南有互补性，但其农产品消费市场要求所进口的农产品具备一定的层次和科技含量。这使得湖南出口的农产品在出口东盟时不具备该有的国际竞争力。加之规模化的龙头企业不多，市场上缺少将散户整合起来的合作组织，更缺乏具备整合、流通、营销实力的大企业，这就导致了湖南出口东盟的主要农产品品种单一、产业链条短小、产品附加值低。

（三）出口的区域有限

虽然东盟各国在自贸区的协定下与湖南各项经贸往来日渐频繁，但由于历史原因和传统的贸易保护主义的存在，东盟各国不同程度地限制自身某些农产品的进口。尽管在自贸区协定下，关税和非关税壁垒的减免与消除是湖南出口东盟农产品的绝大动力，但是东盟各国隐性的贸易壁垒依然存在，如越南或多或少为某些农产品自定义了新的关税原则，成为湖南农企在出口时不得不衡量的一个重要问题。作为湖南农产品贸易逆差对象，印度尼西亚、菲律宾、马来西亚成为湖南农产品主要出口对象；泰国、菲律宾、越南是湖南农业在国际市场上抢占市场占有率的三个主要竞争对手，但出口潜力有待开拓；新东盟四国因经济水平的制约，外向型水平不高，对湖南而言属于贸易不足型的出口对象。

（四）出口的产品质量不高

中国加入世界贸易组织以来，面临各国各种严苛的入境检验制度和绿色贸易壁垒，湖南农产品因为安全生产不足和加工水平低的原因质量上不去，在出口竞争时不能打响品牌，供给东盟国家选择的可能性大大降低，在农产品输送过境时甚至面临退运的风险和隐患。

（五）出口的配套服务不到位

东盟市场的多元化和差异化，使得湖南各种类型的农企、各种层次的农产品都具备一定的贸易机会，给政府对东盟农产品市场进行细分增加了很大难度。政府在规范的农业市场管理、农户行为引导、农业市场信息提供、农业科技培训、市场流通体系建设、农产品出口促销、农业卫生检疫体系等方面的规划、引导、服务力度不足，影响了农业的高质量发展。湖南农产品目前的出口检疫成本、出口物流成本还比较高，不利于对东盟的出口，缺乏打造一个公路、铁路、航空、水运四方位联合运输、集中布局的营销物流中心。湖南农企在集中生产、选择营销方式上战略不够到位，对中国东盟自贸区的各项协议如《货物贸易协议》《服务贸易协议》《投资协议》和《争端解决机制协议》把握不精，没有很好掌握自贸区合作规则以及东盟诸国不同的市场需求侧重和市场准入门槛，导致信息接收不完全，丧失了原本的机遇优势。

三、加强湖南农产品对东盟出口的对策建议

针对湖南对东盟农产品出口的主要问题以及湖南农产品全面进入东盟市场的阻碍因素，湖南可以采取以下措施：

（一）发挥政府支持及引导功能

政策引导与支持是推动农业发展的重要手段，通过加大投入、税收优惠、保险制度等措施来促进农产品贸易。一是加大农产品出口的政策支持。认真贯彻落实国家有关农产品出口的各项优惠政策，分析归纳后总结出本地具有比较竞争优势和市场潜力的出口农产品，如大米、烟草、茶叶等，制定一定的扶持政策以及农业投资的优惠政策，逐步优化农业投资环境和出口政策环境，落实关于农业项目免征某些税费的政策。二是加大政府对农产品的出口促销服务。构建对东盟农产品的高效出口支持体系，制定农产品东盟市场开发计划，实施湖南农产品质量安全战略、重大品牌推广战略、东盟出口市场开发战略等，支持出口农企、农业研究机构、行业协会对东盟潜在市场进行

进一步的可行性分析、市场调查、贸易壁垒研究等。完善农产品信息服务网络体系建设，加强对东盟出口农产品企业的相关培训服务，减少因信息的不对称带来的交易效率的损失。三是加大农产品出口的资金支持。应通过设立农产品出口东盟的专项基金、适量增加对农产品出口信贷额度、灵活拓宽信用担保方式、拓宽农业中小企业的融资渠道等方式以提高农业交易主体的出口能力。四是尽力完善知识产权保护制度，推动农企以引进国外先进技术与本省自主研发并重的方式，积极开发具有自主知识产权的农产品，以及在国际市场上提高核心竞争力。五是加大直接投资以带动农产品出口。东盟国家中除新加坡之外都属于发展中国家，随着湖南农产品企业不断地发展壮大，鼓励其利用相对优势在新东盟四国等经济水平较低的国家投资建厂，通过直接投资以带动相关农产品原材料的出口，再慢慢扩大其规模，加强贸易辐射效应。湖南省与东盟大多数国家在劳动密集型产品上存在一定的竞争，从事此类出口产品生产的中小型企业可以通过在东盟的直接投资进行产业梯度转移，寻找劳动力更为廉价的东道国比如新东盟四国，以间接的方式扩大此类农产品的出口并起到带动相关农产品出口的作用。

（二）大力发展湖南农业产业化经营

农业产业化经营是以市场为导向，以提高经济效益为中心，以科技进步为支撑，围绕支柱产业和主导产品，优化组合各种生产要素，对农业和农村经济实行区域化布局、专业化生产、一体化经营、社会化服务、企业化管理，形成以市场牵龙头、龙头带基地、基地连农户，集种养加、产供销、内外贸、农科教为一体的经济管理体制和运行机制。发展农业产业化经营，可以促进农业和农村经济结构战略性调整向广度和深度进军，有效拉长农业产业链条，增加农业附加值，使农业的整体效益得到显著提高。一是大力发展农产品加工业。农产品加工业是介于第一产业和第二产业的主导产业，其发展不仅惠及两大产业，同时也被称为"永不衰落"的产业。发达国家农产品加工率高，是湖南农产品加工率的几倍。应该重点发展湖南优势支柱产业的农产品加工，如粮食、果蔬、茶叶、油料、棉麻等。农业骨干企业应坚持以市场竞争的各种方式扩大规模，引进新工艺、新材料来改造、提升传统农产品，以龙头企业为依托，建立湖南农产品加工集中区，延伸湖南农产品在生产、加工、包装、运输、销售的产业链，从而确保湖南农产品在东盟市场有一席之地。二是注重重点龙头企业效益。湖南的农企规模偏小，龙头企业的辐射和带动能力不强。这些严重制约了湖南农业的产业化进程。要达到规模化、集约化的生产程度，就要依托资源、市场和技术等方面的比较优势，重点支持优势地区、优势产业和优势企业发展。湖南龙头企业要从带动农业结构调整、提高产品附加值、扩大农民就业、保护价收购农产品等方面有力促进农民增收。

（三）着力打造湖南特色农业品牌

农业品牌建设是推动农业高质量发展的重要举措，培育和发展特色农业品牌有利于提高农业全产业链现代化水平，引导优质资源聚集，带动产业结构优化升级。一是壮大特色产业。湖南对东盟出口的农产品要按照比较优势来凸显其特色产业。特色家禽是东盟诸国所比较缺失但有一定市场需求的农产品，应依托养殖大户和龙头企业，发展专业化、规模化的家禽养殖业和加工业，湖南环洞庭湖还可开拓特色水产业。湖南的大米屡次在国际上获得殊荣，应壮大籼米、粳米和糯米三类米的生产队伍，保证并完善"湖南珍珠米""湖南香米"的品牌优势。湖南的茶叶也具备可重点打造的特色产业的条件，君山、桃江、古丈、大庸、江华、大庸的毛尖，安化的安化松针、衡山的南岳云雾茶，保靖的岚针等都颇有特色。应继续将大米和茶叶产业作为湖南农产品出口贸易的重头戏。加紧打造食用菌、花卉、蔬菜等东盟有需求的新兴产业。二是培育特色品牌。湖南迄今没有几个国际驰名的农业商标品牌，要力争湖南品牌在东盟市场影响力不断增强，争取每个重点产业形成2—3个在全国有影响力的知名品牌，粮食、畜禽加工业形成有国际影响力的知名品牌，使本地知名农产品具备国际竞争力。湖南应创建特色品牌具有天时地利人和的优势，完全具备生产无公害、无激素、无农药残留的绿色农产品的条件。要利用强大的农业科研教学基地，走农业创新与高校研究相结合的道路，为某些农产品品种的改良和升级提供可靠的技术支撑；开发尚未被污染的湘西山区、罗霄山脉等广大的丘陵地区，以发展现代高效的绿色生态农业。

（四）强化湖南农产品的质量安全管理

农产品质量安全问题，是新时代农业和农村经济工作必须解决的一个重大问题。提高农产品质量安全水平，是促进农业结构调整、农民增收和农业可持续发展的需要。要把农产品质量安全问题作为农业农村经济工作的一项重大任务，采取有效措施，在保障农产品安全的同时，促进农业结构调整。一是建立农产品安全生产、加工、供应体系。加强农产品安全生产、加工、供应体系建设，在全社会营造安全生产氛围，加强安全产品认证建设，扩大有机和绿色产品的比重。深化农产品体制改革，在加工问题上积极借鉴泰国等农产品经验丰富的东盟国家的科技经验，提高动植物病虫害区域化管理水平。对农产品"从田园到餐桌"进行全程监控，从各个流程严抓质量。二是建立农业标准化质量、检测、认证体系。以做好出口优势农产品为重点，进一步完善向东盟出口农产品的安全检测、检验检测中心，建立起国际通行的绿色食品技术标准、检测和论证管理三位一体的体系。围绕保障原料质量、规范生产加工、严格市场准入、强化风险监测等关键环节，建立健全农产品质量安全管理法规和制度，加快湖南农产品质量检验检测的公共服务平台建设。完善农产品加工品质量安全标准和生产技术规范，在龙头企业中广泛推行质量管理体系认证。强化农产品质量安全监管，严厉打击农产品质量安全领域的违法违规行为，净化农产品市场秩序，切实保障重要农产品稳定安全供给。要建立质量安全控制和监管体系，实现食品安全可追溯体系全覆盖。三是建立农产品出口预警机制。必须加强国际绿色壁垒、技术壁垒措施的研究，做好安全防范工作。应建立起农产品出口的预警机制，对东盟和中国现用标准进行严格的比对分析，使各个相关部门帮助农企熟悉整个市场环境变化，及时作出相关调整。

（五）进一步完善农产品营销网络

农产品营销是市场营销的重要组成部分，是农产品生产者与产品市场经营者为实现农产品价值进行的一系列的产品价值的交易活动。拓展农产品营销网络，需要结合市场竞争和企业实力、拥有资源等情况，对企业现售的农产品和有待开发的农产品进行有系统的策划和市场推广。一是细分贸易潜力市场。尽管中国—东盟自由贸易区才完全建成，但这些年湖南向东盟的农产品出口已显成效。湖南应巩固已有的市场，对菲律宾、马来西亚、新加坡等国家的市场，应切实通过扩大农产品质量的提高、农产品品种的丰富、农产品的优化升级及附加值和技术含量的提高来提升和保持其竞争力、进一步扩大贸易规模；对泰国、越南等具备贸易潜力的东盟国家，应加强贸易谈判和磋商，建立起合作、磋商机制，努力达到这两个农产品生产和出口强国的质量要求，与之统一出口检验检疫标准；对呈现过度贸易的马来西亚、印度尼西亚、柬埔寨、新加坡等国家，应通过扩大优良品种的生产，提高农产品质量，降低农产品成本等方式来巩固现有的市场，对泰国、菲律宾、越南、文莱、老挝等贸易不足的东盟国家，应加强对话和往来，全面了解其农产品市场的供需状况，开拓新的市场。二是扩大对东盟的市场营销。国际市场的农产品竞争方式已由单一的产品竞争、价格竞争转化为以系统的营销组合的策略获取品牌竞争的优势。湖南农产品是否在东盟市场具备竞争力，不仅取决于农业生产成本所决定的价格水平，更取决于农产品市场营销系统是否完备。因此，要制定湖南农产品东盟市场营销计划，支持行业组织和企业开展市场调查、产品推介、营销策划、广告促销，以及其他市场营销活动；支持龙头企业发展专卖连锁店、电子商务等新型流通业态；支持和鼓励龙头企业参加全国性和国际性的产品展示展销会，开展营销推介活动；鼓励从事农产品加工品运销的联合体、农村经纪人、经销大户和服务公司发展壮大，拓宽第三方物流经营领域。

（六）大力发展农产品现代物流业

农产品物流是以农业产出物为对象，通过农产品产后加工、包装、储存、运输和配送等物流环节，做到农产品保值增值，最终送到消费者手中。其目的是提高农产品流通速度，增加农产品附加值，提升区域农产品竞争力，实现货畅其流、物尽其值，从而增加农民收入，促进农业健康发展。对此，应坚持以长株潭城市群"两型社会"建设为契机，在公路港、铁路港、航空港集中布局建设农产品物流中心，将长株潭打造成为覆盖中部、面向全国、连通东盟和国际的农产品物流基地。一是加大对农产品物流基础设施的投入。农产品物流的基础设施建设，包括农产品批发市场的建设，农产品仓储、交通运输条件和工具等设施的建设。要做好这方面工作，必须加强农产品运载工具的开发生产，加强各种农用仓库的建设，发展农产品的加工配送中心以及产地、销地农产品批发市场。二是整合龙头企业、大型农产品批发市场的物流功能，培育大型物流集团，重点支持现代物流和肉类、果蔬、速冻食品冷链物流等重大项目建设。三是打造现代农产品 SCM 模式。农产品供应链包括从育苗到大田管理、农畜产品加工、保鲜直至流通、市场销售、废弃物回收等所有流程，农业科技、农业信息和标准化等因素影响着农产品供应链的始终。"信息指导 + 种业公司 + 农业科技推广 + 农资连锁经营"是打造农产品供应链的前提，应鼓励农民成立生产协作小组，尝试实施整合型生产物流机制，将区域内的农作物耕作、田间管理及农产品的收获、加工、存储等作业形成的物流统筹由共同机制运作，引入 HACCP 和 ISO14000 系列标准等认证，着力打造绿色农产品生产链。四是推进农产品流通国际化。由于省内农产品物流企业的竞争力较弱，应利用世贸组织协议，积极促进一些有条件的农产品流通企业与外贸企业密切协作，借助于外资从事现代物流配送，用好国内外"两种资源、两大市场"，进一步延伸物流链，增强核心能力，从而尽快推进农产品流通向国际化方向发展。

湖南与东盟旅游业合作研究报告

随着"一带一路"倡议的实施，中国与东盟国家在旅游合作上积极对接，区域旅游一体化深入发展。目前，中国与东盟互为最大的海外旅游目的地，与东盟旅游合作更为紧密，仅2018年中国赴东盟各国旅游人数达到3160万人次，东盟各国赴中国旅游人数达2540万人次，同2017年相比增长105%。2012—2019年，东盟的入境游客人数从8920万人次增长到1.435亿人次，增幅达到61%，同期中国的入境游客人数从1.324亿人次增长到1.453亿人次，增幅仅有10%。① 湖南作为中国与东盟距离较近的省份，在开展旅游合作中具有良好优势。如何将地缘优势转化为产业优势，将旅游业打造为全省重要的战略性支柱产业，深层次融入"一带一路"建设，对加快湖南现代化进程，具有重要现实意义。我们应加快建设湖南世界级旅游目的地，深化与共建"一带一路"国家的文化旅游交流合作，打造更高水平的中国—东盟文化和旅游交流平台，构建更为紧密的中国—东盟命运共同体。

一、湖南与东盟旅游业合作情况

近年来，随着中国—东盟自由贸易区的建成，湖南依托中国—东盟博览会和区域全面经济伙伴关系协定，国际旅游合作蓬勃发展。2022年，全省接待国内外游客4.35亿人次，同比增长0.97%，恢复到2019年的90.0%，好

---

① 第18届东盟与中日韩旅游部长会议拉开序幕［EB/OL］. https://www.sohu.com/a/290088138_120066626.2019-01-18.

于全国 23 个百分点；实现旅游收入 6487.96 亿元，同比下降 0.85%，恢复到 2019 年的 85.4%，降幅好于全国 30.8 个百分点。自 2023 年 7 月全省入境旅游奖励申报平台上线以来，已累计申报境外游客 125379 人，累计申报过夜游客 512665 人／夜。①

目前，湖南与东盟互为重要的客源地，旅游资源禀赋各异，旅游产品和旅游市场互补性强，双边旅游推介活动深入开展，跨国团队旅游业态日益丰富，从湖南赴东盟各国旅游的人数逐年递增。与此同时，湖南对东盟游客的吸引力不断上升，来湖南旅游尤其是张家界旅游的人数保持稳定增长势头。据统计数据显示，在湖南主要入境游市场前 10 位国家中，东盟国家占据一半，主要是越南、马来西亚、新加坡、印度尼西亚和泰国。随着"一带一路"倡议深入开展，中国—东盟自由贸易区升级建设，湖南与东盟国家的旅游需求将不断增长，旅游规模持续扩大。

二、湖南与东盟旅游业合作中存在的主要问题

湖南与东盟旅游交流合作仍存在一些短板弱项，诸如旅游签证制度有待优化、旅游吸引力有待加强、双方民众旅游接纳度失衡、互访意愿差距较大、旅游互访地过于集中、人文交流受限等，影响了旅游合作的实际效果。概括起来，主要体现在：

（一）旅游创汇能力有限，缺少吸引游客消费的产品

从区域旅游合作与发展支撑系统看，保障区域旅游合作所需的酒店、餐饮、购物等服务设施建设仍然滞后，还不能满足旅游业高质量发展的需要。星级酒店规模相对偏小，缺少国际品牌酒店，旅游饭店管理服务及接待水平有待提高。餐饮设施建设相对薄弱，与国际化接轨不到位。2022 年全年湖南跨境收支总额 798.2 亿美元，同比增长 7.3%；净流入 97.1 亿美元，同比增长

---

① 去年湖南待客 4.35 亿人次 恢复至 2019 年 90.0%［EB/OL］.http://www.rmzxb.com.cn/c/2023-02-03/3286519.shtml.2023–02–03.

22.4%[①]。按行业分，旅游出行增加值674.74亿元，占25.86%；旅游住宿增加值170.91亿元，占6.55%；旅游餐饮增加值430.16亿元，占16.49%；旅游游览增加值249.33亿元，占9.56%；旅游购物增加值432.17亿元，占16.57%；旅游娱乐增加值230.33亿元，占8.83%。[②] 这说明了湖南旅游服务贸易的收入仍以传统的"吃住行"为主，"游娱"占比不大，存在旅游六要素未能整体协同拉动外汇收入增长的问题。

（二）旅游基础设施不完善，难以满足游客日益增长的多样化需求

旅游基础设施包括机场建设、星级酒店、停车场、公共厕所、游客中心、标识系统等。在建设这些设施时，需要考虑游客的需求，确保设施的实用性和美观性。近年来，虽然湖南入境游客数量不断攀升，但与国际旅游合作的要求相比，湖南的软硬件条件还有一些差距。湖南各个旅游景点最难解决的是便捷的交通问题。湖南一些主要的旅游景点缺乏飞机通航。由于机场建设的相对滞后、各景区之间的交通制约，在一定程度上限制了旅行者出行，阻碍旅游业进一步发展壮大。而且湖南星级宾馆数量不多，档次也不高，接待游客的条件不够完善。旅游集散场所（例如：景区厕所、景观道路、观光游览车、停车场、标志牌等）、旅游公共服务网以及服务中心等公益性设施建设比较滞后，与入境旅游服务贸易的发展不相匹配。

（三）行业（企业）合作动力不足，区域旅游平台尚未建立

随着"一带一路"建设的深入推进，湖南与东盟国家政府间的旅游合作如火如荼开展，双方合作的影响力持续提升，构建了双方情感的纽带。从2022年伊始，湖南与越南部分省市签订了《旅游合作协议》，这些政府间合作平台的搭建，推动了湖南与东盟旅游合作进一步发展。利用政府间合作平台，拓展旅游合作的广度也至关重要。但是合作是多层次的，目前，双方社

---

①　湖南外汇形势稳健 2022年湖南跨境资金净流入超97亿美元［EB/OL］.华声在线，https://baijiahao.baidu.com/s?id=1756580863291894603&wfr=spider&for=pc.2023-01-31.

②　湖南省人民政府.2022年湖南旅游及相关产业增加值占比为5.36%［EB/OL］.http://www.hunan.gov.cn/zfsj/sjfx/202309/t20230906_29482476.html.2023-09-06.

会组织间、民间团体间、企业间等多层面的旅游合作尚未形成制度化，尤其是旅游企业合作平台尚未建立，许多旅游企业持观望态度，对跨国旅游合作缺乏积极性和主动性。政府缺乏对旅游企业"走出去"的政策支持，尚未落实到可操作的细则上来，在境外投资项目审批、企业投融资、签证便利化等方面的政策还有待完善。

（四）旅游产品结构性失调，有效供给尚显不足

目前，湖南旅游景区已难以满足庞大的东盟游客需求，结构不合理。一是观光型产品多、休闲度假型产品少，观赏山水的景区都是简单的旅游产品，森林旅游还停留在爬山、看树、拍照老三样的状态，以温泉、森林等资源相结合的休闲度假型、健康养生型产品开发较少，难以满足东盟游客的个性化需求。二是中低端产品多、高端产品少，以住宿为例，全省5星级酒店数量不足，乡村旅游的民宿多以农户自行开发为主，住宿设施较为简陋、缺乏特色，甚至让游客产生一种不安全感，并且针对东盟国家的高消费群体的精品民宿不多。三是春季、夏季、秋季产品多，冬季产品少，湖南旅游业淡旺季明显，一年中大概有半年闲，多以夏季避暑和秋季游产品为主，缺乏地方特色的旅游产品。四是单一型产品多，融合型产品少，极具民族风情和湖南特色的饮食还停留在"小作坊林立"的状态，利用非物质文化遗产资源开发旅游商品、旅游演艺层次不高，很难吸引东盟国家不同类别的游客。

（五）旅游人才总量不足，国际旅游专业服务人才匮乏

旅游业越是发展、产业地位越重要，旅游专门人才的地位和作用就越高，人才成为推动旅游业发展的第一资源。旅游人才是发展旅游业所需要的具有各种工作特长的人员，尤其是各级旅游管理部门和旅游企业中的各类管理人员和技术工人、服务人员。旅游专业技术人才缺乏，是导致旅游产品和服务链条短、拉动旅游消费的活力不足的主要因素。目前，旅游人才队伍发展缓慢，旅游从业人员素质不高，具体表现在旅游管理人才和旅游贸易人才紧缺，尤其是缺乏擅长涉外沟通交流的导游人才，以及缺乏公关销售、电子商务和

旅游保险等方面的人才，尤其是缺乏小语种导游人才，并且导游学历层次普遍偏低，影响本地的旅游形象和旅游合作质量。由于旅游业态的大发展带来旅游人才的结构性短缺，有的人并没有认识旅游业的特殊性，甚至认为旅游业是一种"玩乐"的行业，忽视了旅游业的经济社会价值。随着入境旅游人数的不断增长，旅游人才培养与旅游发展存在明显缺口。人才匮乏成为制约湖南旅游产业发展的瓶颈，影响了湖南的国际旅游形象。

（六）合作的广度和深度仍有待拓展，旅游产业集聚效应尚未充分发挥

旅游是综合性产业，是拉动经济发展的重要动力。旅游产业合作的趋势，包括旅游资源整合、创新技术应用、旅游品牌合作、市场营销推广等方面。要推动旅游业国际合作，需要从合作的广度、深度等方面着手，多角度、全方位助推。从旅游企业合作运营情况看，旅游企业规模小，缺乏高效的跨国经营能力。目前双方旅行社之间的合作仅停留在业务层面上，合作范围内容不广。从金融支持旅游合作方面看，旅游合作发展缺乏资金，尤其是银行、基金、资本市场对旅游业运作不足，信贷产品和模式比较单一。从旅游线路与产品联合开发看，湖南与东盟旅游合作线路比较单一，旅游产品相对老化，主要是以观光旅游产品为主，开发程度明显滞后于旅游资源优势。

（七）旅游宣传促销不够，旅游品牌意识相对淡薄

旅游宣传推广在旅游业发展中扮演着不可或缺的角色。通过宣传推广，可以吸引更多的游客来到旅游目的地，从而带动当地旅游业的发展，增加旅游收入。但是，旅游推广不是一朝一夕能做起来的，它能否成功主要还是要看政府的执行力到位不到位。近年来，湖南加大对越南、泰国等东盟市场的旅游宣传促销力度，取得了明显成效。但湖南对东盟国家的旅游宣传促销力度仍需加强，且宣传模式和宣传手段亟待创新。同时，旅游宣传促销信息化水平不高，旅游企业信息化应用水平较低，导致旅游宣传促销与旅游产业的融合度不高。例如，要让东盟国家游客听说某个旅游点，就需要在网上、电

视、报纸、杂志等不同媒体上进行广泛的宣传。这一点往往被一些旅游地区所忽视，宣传的对象范围有限，难以给予游客足够的知识和信息支持。

三、推进湖南与东盟旅游业合作的基本原则

旅游是人们了解不同国家的文化和风俗的有效途径，通过境外旅游，人们可以体验不同国家的特色文化，既可以增长知识，也可以促进文化多样性。加强与东盟国家旅游合作是大幅提升入境旅游规模和增加外汇收入的重要途径，也是实现湖南经济高质量发展的必由之路。推进湖南与东盟旅游合作需要坚持以下基本原则：

（一）坚持开放创新的原则

构建政府和行业、企业多层次的旅游服务贸易合作平台，对推进区域旅游服务贸易发展具有重要意义。在政府层面上，加强政府高层交流互访，做好相互沟通协商，推动地方旅游业发展。依托中国—东盟博览会和区域全面经济伙伴关系协定，加强湖南与东盟国家旅游合作及投资洽谈，促进互利共赢。探索建立湖南与东盟国家的省部级旅游高官定期会晤机制，推动城市间点对点友好交流。同时，加强区域旅游管理与合作，建立旅游安全合作机制和应急预案，及时有效应对和处置各类突发性事件，保证游客在节假日及旅游高峰期得到优质服务。建立由政府主导的定期双边会晤机制，促进包括政府、企业、行业协会在内的合作主体之间的交流与协调。鼓励湖南各城市与东盟国家主要城市建立旅游联盟，互设或增设旅游办事处，有效建立和完善利益分配机制，协调好主要旅游城市之间的合作，全面提升湖南与东盟开展旅游合作的质量和水平。在行业或企业层面，充分发挥企业主体作用和行业协会桥梁作用，通过联盟、联合会等形式，积极开展旅游营销及推介。鼓励国有企业战略重组，增强旅游企业综合实力。通过与驻境外办事处合作、开办旅游企业、资产或经营置换、管理输出等方式，多渠道"走出去"开展旅游产品跨国经营。此外，要加快推进口岸通关便利化，为湖南与东盟国家旅游合作奠定良好基础。争取国家政策支持，湖南主要口岸对东盟十国旅行团

实行入境落地签证或免签，简化游客、车辆出入境手续，真正建成跨国无障碍旅游合作区域。推行便捷通关、联网报关、网上支付、上门验放、担保放行等措施，提高通关效率。改变从单一口岸进出的现状，实现从一个口岸进另一个口岸出的旅游新格局。

（二）坚持互联互通的原则

"互联互通"对推动旅游贸易投资、提振旅游业发展、促进跨境旅游合作起着至关重要的作用，尤其是在疫情后变得更加迫在眉睫。一是拓展交通互通。进一步拓展国际航空线，争取湖南至东盟航线实现更加密集的覆盖。探索在旅游签证、关税、质检、口岸建设等方面实现通行便利化，推进长沙黄花国际机场口岸部分外国人 72 小时过境免签政策落实。二是拓展智慧互联。加强"湖南旅游直通车"平台建设，完善智慧旅游云集群服务，强化线上线下互动交流。以信息化互通为契机，加快与东盟国家旅游企业合作，促进湖南与东盟的旅游业快速发展。三是拓展合作互利平台。建立跨区域综合协调机制，整合区域旅游资源，提升湖南旅游品牌影响力。

（三）坚持项目依托的原则

旅游景区是以旅游资源为依托，通过相应的旅游设施及旅游服务，满足游客观光、休闲、体验、娱乐、游乐、养生、度假、运动、探奇探险、培训、教育等多种需求的场所。依托有形的文化旅游资源，彰显其历史价值、艺术价值、观赏价值、文化价值和纪念价值，打造具有地方特色的文化旅游项目，必将成为未来旅游业发展的关键因素。一是支持企业"引进来"。精心策划旅游招商项目，推出一批旅游合作重点项目，吸引新加坡、马来西亚等东盟国家旅游企业和投资集团来湘投资。鼓励企业发展研学旅行等新业态和休闲度假项目。二是鼓励旅游企业"走出去"。加强旅游企业海外投资政策保障，为"走出去"的旅游企业提供可操作性的制度安排。简化旅游企业对外投资审批，制定相关配套金融政策。及时签署旅游合作备忘录，加强日常信息联络和紧急事件磋商。建立投资安全保障机制，为旅游企业境外投资创造良好环境。三是打造旅游精品。深化与东盟国家旅游企业开放合作，加快跨境旅游合作区建设，重点打造精品旅游线路。

（四）坚持资源整合的原则

整合是旅游资源的管理者和经营者根据区域旅游发展的总体目标和旅游市场供求情况，借助法律、行政、经济和技术等手段使得各种旅游资源要素结构合理、功能统一，从而实现区域旅游资源综合利用。一是扶持一批旅游龙头企业。做大做强旅游投资集团，优化配置旅游产业资源，加强湖南旅游重点项目和设施建设。加快推进旅游企业改革创新，增强旅游企业发展活力和市场竞争力。探索建立旅游联合体，构建跨国无障碍旅游试验区。二是培育一批"互联网＋旅游"领军企业。强化与百度、携程等在线 OTA 旅游企业合作，引进一批有实力的在线旅游企业落地湖南。大力支持在线度假租赁、旅游租车等"互联网＋"新业态发展。三是打造一批旅游众创众筹企业。鼓励开设众创空间、创客基地，探索众筹旅游项目。设立旅游创业投资基金，推动大众创新创业。鼓励民间资本、风险投资投向旅游众创空间。

四、推进湖南与东盟旅游业合作的对策建议

旅游合作发展能够促进经济增长，创造就业机会。旅游业带动了众多相关产业的发展，例如酒店、餐饮、交通等，同时也创造了大量的就业机会。加强湖南与东盟国家旅游合作，有利于促进经济的繁荣和就业率的提高。我们应牢牢把握高质量发展这个根本导向，对标先进，将独特的自然资源、生物资源、气候资源转化为旅游、休闲、度假等可依托的资源，努力把大美湖南建设成为"既叫好又叫座"的世界知名旅游目的地。

（一）科学谋划、深挖内涵，夯实旅游合作基础

国际合作是实现旅游业可持续发展的重要途径。旅游业的可持续发展需要各国之间的合作与共享资源。一是合理布局，打造国际旅游产业。湖南旅游部门、行业和企业要积极行动起来，科学规划湖南与东盟旅游合作的美好

蓝图，形成具有湖南特色的旅游产业区，并在省内形成联动机制，开创湖南与东盟旅游合作发展的新局面。积极争取打造湖南特色国际旅游合作示范区，加速聚集政策、资金、人才等为旅游产业服务的资源，让示范区快速发展壮大，扩大湖南在东盟的国际影响力。二是深挖内涵，打造特色旅游产业。湖南旅游业要借助市场独有的民族文化，开发独特的旅游产业，推进湖南与东盟旅游业融合发展。要加大对湖南传统文化、民俗文化、饮食文化、休闲文化等特色文化的支持力度，增强旅游合作的实效性。针对湘西少数民族地区，人文旅游资源独特、自然资源再生和优美，重点是支持他们的基础建设、增加对外通达性等。三是加速建设国际旅游产业链。湖南旅游业要结合自身实际，在旅游方面要紧抓融入"一带一路"发展机遇，逐步形成湖南独有的民族特色、时代亮点的国际旅游产业集群，带动湖南旅游经济转型发展，成为湖南与东盟旅游合作的新亮点。

（二）持续推动旅游供给侧结构性改革，深挖旅游创新发展潜力

供给侧结构性改革既是旅游产业要素供给的巨大机遇，也是激发旅游市场活力的巨大动力。同时，旅游业自身也需要进行供给侧结构性改革。旅游供给有总量不足的问题，但更突出的是结构性问题，或者说表现为总量不足，实质上是结构不合理。基于此，要从四个方面下功夫：一是要狠抓文化和旅游融合发展。围绕湖南的世界文化遗产尤其是湘西永顺县老司城遗址，持续打造湖南与东盟旅游合作项目，突出以文化内涵包装旅游、以旅游平台彰显文化，着力提升湖南旅游文化内涵和旅游品位。二是要狠抓夏季、秋季旅游的发展。围绕观光游打造一批优势旅游产品，重点发展休闲度假、温泉养生、民俗风情等旅游产品，让"热资源"转变为"热经济"。三是要狠抓森林旅游的发展。围绕森林游打造一批新业态新产品，加快森林游从观光旅游向森林体验、森林康养、山地运动、生态露营等多业态融合发展，实现森林效益最大化。四是要狠抓休闲旅游的发展。围绕温泉养生、森林康养等打造一批高端旅游产品，精准定位消费群体，提高旅游过程中的独特性、体验性、功能

性和品质性。五是要深入挖掘旅游商品这座"金矿"。围绕非物质文化遗产和特色饮食开发一批特色产品和网红产品，着力提升旅游产品的品位和吸引力。

（三）完善旅游要素配套，提升旅游接待能力

旅游是区域经济发展中的支柱产业，应完善旅游要素配套，增强旅游产业发展活力。一是完善旅游交通体系。在旅游活动中，旅游交通是个非常重要的环节，它不仅要解决往来不同地点的空间距离问题，而且更重要的是解决其中的时间距离问题。把湖南与东盟对接的旅游交通提升到战略高度来发展和完善，实施旅游基础设施建设工程，构建以航空、高速铁路、高速公路等为主骨架，干线公路、景区专用道路为补充的现代旅游综合交通体系。进一步扩大长沙、张家界等机场规模，提升旅客流量；加强与东盟主要国家航空公司合作，增加服务主要客源地的国际航线，构建以中心城市为枢纽的旅游空中交通网络。二是优化提升旅游住宿设施。加快优化旅游住宿设施的空间布局、档次结构和功能结构，建设一批度假型、旅居型、养生型等富有特色的主题酒店，使住宿设施的数量、档次和布局适应旅游合作的需要。三是培育特色旅游餐饮。深度开发地方饮食文化，挖掘旅游产品的文化内涵，大力培育餐饮文化品牌。加快现有星级酒店餐饮业与国际接轨，建设多元化、多层次的餐饮体系，形成强大的旅游餐饮吸引力。着力打造系列餐饮节庆，推动建设一批旅游餐饮聚集街区。突出原产地的美食特色，引进原产地风味小吃及特色美食现场展销，形成较大的国际美食规模。四是提升旅游购物水平。加快国际大型购物中心建设，主要面向东盟国家的消费人群，将国内具有比价优势和质量优势且受东盟国家消费者喜爱的中国商品，集中在购物中心供其选购。

（四）拓展旅游合作广度和深度，提升旅游合作效率和效益

加强地方政府间、旅游城市间、行业商协会间、旅游企业间多层次合作，开展旅游目的地营销互助、支持旅游推广机构互设等方面率先行动，是拓展旅游合作的深度和广度的重要因素。一是注重旅游企业合作。加强湖南与东

盟国家旅行社、民航、酒店、景区等旅游企业间的合作，整合中小型旅游企业，引导旅游企业向规模化、网络化、集团化发展，共同开发旅游市场，降低经营成本，实现规模经营。深化旅游企业产权制度改革，积极培育多元化的旅游经营实体和市场主体，重点加快培育壮大一批跨区域、跨行业的旅游龙头企业，支持组建各种形式的旅游企业联合体和旅游企业联盟。鼓励有实力的湖南旅游企业"走出去"，到东盟主要城市投资旅游项目或基础设施，创造更多的经济效益；吸引东盟大型旅游企业进入湖南市场，允许东盟旅游企业以参股、合资、独资等形式从事多种旅游经营和服务活动。二是拓宽旅游合作融资渠道。成立旅游发展基金会，所筹基金主要用于跨界基础设施建设、生态环境治理、社会服务设施建设以及旅游企业投资补贴等。加大对外招商引资力度，鼓励支持外资、民间资本开发经营旅游资源，拉动旅游经济增长。多渠道筹措旅游开发合作资金，积极争取和利用世界银行、亚洲开发银行及其他国际贷款和资金支持。鼓励更多符合条件的旅游企业境内外上市，通过企业上市、项目融资、联合投资、发行债券等方式筹措旅游合作资金。三是加强旅游线路联合开发。根据市场需求，共同开发适合游客需求的特色国际旅游线路。完善传统旅游线路，打造湖南国际旅游新亮点。将湖南各地的具有特色的经典旅游景点连接起来，让旅游线路更具魅力与吸引力，以便吸引更多的东盟游客。加强与沿线地区例如新加坡、吉隆坡、曼谷、金边、胡志明市、万象、河内等主要城市的旅游合作，打造城市旅游新名片。

（五）借助资源优势，努力拓展东盟旅游市场

旅游业是"一带一路"倡议的前导产业，是促进经贸往来和合作的重要基础。湖南旅游企业在"一带一路"背景下，"走出去"政策将得到很大支持。湖南有着便捷的交通、丰富的人力资源等优势，旅游企业要善于运用这些优势，重点拓展东盟旅游市场，努力发展湖南与东盟旅游业。探讨湖南独特旅游资源，通过"互联网+"、电子商务平台等手段，促进湖南的旅游产品走向东盟国家，走进东盟人民的视野中。通过同步直播、云照片等"云展览"形

式，将旅游情况传播至东盟国家，境内外旅行商、文旅企业及游客实现实时交流和互动，有效扩大湖南与东盟旅游合作。要重点打造出具有浓郁湖南特色和核心竞争力的旅游产品与品牌，不断创新与东盟国家或企业合作开发的模式与方式；要发挥湖南旅游企业敢为人先、锐意进取的思想，打造中国与东盟旅游合作的标杆和示范。

（六）加大教育培训力度，推进旅游人才队伍建设

建立双方旅游人才培养交流机制，开拓旅游从业人员的国际视野。加强旅游专业人才教育培训基地建设，依托中南大学、湖南大学、湖南师范大学、湘潭大学、长沙理工大学、中南林业科技大学、湖南科技大学等高等院校，承担面向东盟国家的旅游人才援外培训项目。同时发挥高等院校的旅游专业优势，大力培养双语型、多语型旅游人才，为东盟国家培养和输送更多的旅游专业人才。湖南可派送旅游从业人员到新加坡、泰国等旅游发达国家接受培训，培养高层次的国际型旅游专业人才。整合区域教育资源，组建中国（湖南）—东盟旅游职业教育集团，促进旅游职业教育的交流与合作。通过合作办学、联合培养、互派教师与留学生、学术交流等方式，提高旅游从业人员的综合素质，使之熟悉中国及东盟国家的旅游政策、法规和发展动态，为旅游合作提供人才保障。实施柔性引进人才政策，吸引经验丰富的高级管理人才，引进旅游行业的紧缺人才。建立动态更新的旅游人才信息数据库，准确掌握旅游人才现状及趋势，不断提高旅游人才市场化、专业化、信息化和社会化服务水平。

（七）加强旅游宣传促销，开拓旅游客源市场

旅游宣传和旅游促销是旅游营销的重要手段，两者之间有着密切的关系。创立维护旅游景区的品牌形象是旅游宣传和旅游促销的重要内容，可以通过电视、广播、平面媒体、新媒体等渠道以新闻广告加以宣传。一是加强与东盟主流媒体的合作。在东盟主流媒体上全方位推介湖南旅游品牌和旅游形象，提升湖南的国际知名度和影响力。有选择地邀请东盟国家的电视台、旅行社

到湖南参观考察，聘请东盟国家的知名人士担任"美在湖南"旅游形象大使。摄制高水平的专题宣传片在东盟国家主流媒体播放，充分展示湖南的国际形象。二是充分利用各类博览会、论坛等平台扩大湖南旅游宣传促销。充分发挥好中国—东盟博览会、区域全面经济伙伴关系协定等平台作用，扩大旅游宣传促销范围。联合东盟国家探索创办中国（湖南）—东盟旅游品牌传播论坛，加强重点旅游品牌宣传促销，推动形成全方位、立体式综合宣传旅游品牌的新格局。三是推进旅游信息化建设。加强与东盟国家合作，争取在湖南长沙建立中国（湖南）—东盟旅游信息平台，加快构建旅游基础数据库，扩大旅游宣传覆盖面，增强旅游信息搜集和传播的时效性，实现旅游在线服务、网络营销、网络预订等功能，提高旅游服务效率，主动抢占国际市场促销的制高点。四是建立旅游宣传促销联盟。与东盟国家主要旅游城市或大型旅行社、航空公司等结成旅游宣传促销联盟，根据市场需要，不定期地与联盟单位开展旅游宣传促销活动，共同开拓国际旅游市场。

湖南与东盟教育交流合作研究报告

教育合作是民心相通的重要基石，是人文交流的重要载体，是最基本、最牢固、最持久的互联互通。东盟地区地处"一带一路"陆海交汇地带，是21世纪海上丝绸之路的关键枢纽。在共建"一带一路"倡议提出的第一个十年，东盟与我国的教育合作得以不断向前发展，不仅广泛开展于中国—东盟多边框架及中央政府层面，也开展于地方政府及民间交往层面。东盟作为湖南最大贸易伙伴，在湖南与东盟经贸往来频繁的同时，积极推进高水平的教育对外开放，提升湖南教育区域竞争力和国际影响力，对于积极开展友好合作，共同实现发展振兴具有重要意义。在"中国—东盟人文交流年"之际，分析湖南与东盟教育合作的现状、机遇和挑战，进而提出湖南—东盟未来教育合作的基本原则、重点路径，为加快推进教育强省建设贡献绵薄之力。

一、湖南与东盟教育合作发展基本现状

教育交流合作是中国—东盟双边关系建设的重要构成部分。湖南正在形成高等教育稳步发展、职业教育协同发展和合作办学联动发展的教育合作新格局。

（一）东盟来湘留学规模稳步提升

根据教育部发布的2018年来华留学统计数据显示，从生源国别结构看，亚洲国家来华留学生已初具规模，一直占据主导地位，中国已经成为亚洲最大的留学目的国。生源国排名前15位的国家中，就有泰国、印度尼西亚、老

挝、越南、马来西亚 5 个东盟国家，分别是泰国 28608 人（排名第 2）、印度尼西亚 15050 人（排名第 7）、老挝 14645 人（排名第 8）、越南 11299 人（排名第 11）、马来西亚 9479 人（排名第 15）。对湖南省而言，湖南省现具备招收来华留学生资质的高校达到 47 所，2022 年在册来华留学生达到 6724 人，来湘留学生国别几乎遍布全球。其中，东盟国家中在湘老挝籍留学生共有 112 人，泰国籍留学生 205 人，分布在中南大学、湖南大学、湖南师范大学等 11 所高校，专业主要为汉语、土木工程、工商管理等。依托地理邻近性强、奖学金政策优厚等条件，湖南对东盟国家留学生吸引力逐渐增强。①

表1 2018年东盟十国来华留学生数量情况

序号	国家和地区	合计	学历生	非学历生	生源国排名
1	泰国	28608	11157	17451	2
2	印度尼西亚	15050	8263	6787	7
3	老挝	14645	11073	3572	8
4	越南	11299	6730	4569	11
5	马来西亚	9479	5190	4289	15
6	缅甸	8573	2290	6283	16
7	新加坡	4718	1047	3671	28
8	柬埔寨	4047	2664	1383	33
9	菲律宾	2786	541	2245	40
10	文莱	112	38	74	—

资料来源：根据教育部国际合作与交流司编写《2018 年来华留学生简明统计》整理。

（二）高等教育交流互动日益活跃

一方面，拓渠道、建设交流平台。中南大学积极打造"校—政—企"国际化合作平台，创新"科教、产教、国际"相融合的冶金工程学科高层次人

---

① 湖南省教育厅.《湖南省"十四五"教育事业发展规划》中期评估报告［EB/OL］.http:// jyt.hunan.gov.cn/sjyt/xxgk/ghjh/ghjh_1/202403/t20240313_33190468.html.2024–03–13.

才培养机制，积极探索新时代国际产学研用合作新模式，推动全球低碳冶金可持续发展。如牵头发起"冶金绿色发展国际创新联盟"，得到包括东盟的印尼大学及印尼恒生新能源材料有限公司等海内外高校与企业的积极响应；湖南师范大学华文教育基地依托教师教育和相关学科优势，大力培训海外华文教师、华校校长，增强海外华文教育内生动力。截至 2021 年 10 月，学校共举办"请进来"的华文教师培训班和"走出去"的名师巡讲活动 5 期，为菲律宾等国家培训华文教师近 1000 人；湖南师范大学旅游学院《酒店管理导论》课程入选首批向印度尼西亚提供的高水平慕课；湖南文理学院与柬埔寨东南亚大学签署合作协议书，推进孔子学院在暹粒的申办和建设，进一步加强两国高校之间的文化和学术交流；湖南大学、湖南师范大学、湖南中医药大学、湖南高速铁路职业技术学院、衡阳师范学院等 5 所高校也与新加坡高校签订了合作协议等。另一方面，注重合作共赢、深化合作办学。湖南大力推动中外合作办学，已培育和发展了多个高水平高层次中外合作办学机构和项目，外方合作院校遍布欧洲、美洲、大洋洲等。目前，湖南与东盟国家开展合作办学的高校共有 2 所，即长沙理工大学与马来西亚马来亚大学合作举办机械设计制造及其自动化专业本科教育项目，长沙民政职业技术学院与马来西亚英迪国际大学合作举办康复治疗技术专业专科教育项目。

（三）职业教育国际化发展硕果累累

职业教育是中国—东盟教育合作的重要组成部分。当前，随着湖南与东盟各国大力推动基础设施建设、经济转型、科技创新、产业升级的共同背景下，湖南—东盟职业教育交流合作已成为提升双方务实合作水平、促进区域社会经济发展的重要引擎和强劲动力。一是湖南高职院校正在吸引越来越多的东盟国家学生来湘学习。二是湖南—东盟职业教育交流合作不断走深走实。东帝汶农业教育代表团与湖南生物机电职业学院签署农业职业教育友好合作备忘录；柬埔寨教育、青年和体育部代表到湖南外贸职业学院参观学习数字化、信息化教学；老挝驻长沙总领事一行到湘潭医卫职业技术学院交流学习，致力于推动双方卫生健康领域的交流合作，助推老挝提高卫生健康领域的保障水平等；三是全省相关职业院校积极向东盟国家输出职业教育标准。近年来，湖南工业职业技术学院制定的"机械制造与自动化"专业标准被泰国、马来西亚、越南等多个国家的学校、企业广泛采用；湖南高速铁路职业技术学院开发了"铁道信号自动控制""铁道车辆"专业标准，"铁路车站信号设备""铁路区间信号设备""现代铁路信号技术""铁路通信技术"课程标准。长沙民政职业技术学院与老挝教育体育部共同研发3项职业教育标准获得老挝国家官方认证，正式纳入老挝国家职业教育体系等，都为东盟国家职业教育发展贡献了湖南智慧。四是相关高职院校开展多种形式办学。全省依托出境企业，积极与境外当地政府、行业、学校和企业合作，开展多种形式境外办学，已初步形成"校企校""校企行""校企政"等多种办学模式，国际化办学水平不断提高。如湖南工业职院中泰国际教育学院于2018年12月在泰国甘乍纳披色玛哈那空技术学院挂牌成立，这是中南地区中泰两国职业教育合作的首个成果，成为湖南装备"走出去"重要海外基地；长沙民政职院和老挝教育与体育部职业教育发展研究院牵头成立"中国—老挝职业教育产教联盟"，这是探索中老职教合作新路径、打造中国—老挝职业教育合作新高地的崭新尝试。

二、湖南与东盟教育合作的现实机遇

（一）湖南打造内陆改革开放高地的客观要求

东盟近年一直是湖南最大的贸易伙伴，也是湖南省对外开放的重点区域。湖南充分发挥"一带一部"独有区位优势，在制造业发展、科技创新、对外开放等方面取得突出成绩：制造业优势产业集群集聚，"湖南制造"名片在东盟地区占有一席之地；据湖南省政府门户网站介绍，全省创新综合实力连续进位到全国第9位。2023年，湖南全社会研发经费投入增速位居全国第5；高新技术产业增加值1.1万亿元，增长8.9%①。根据教育部国际合作与交流司

---

① 湖南省人民政府.湖南科技 创新图强［EB/OL］.http://hunan.gov.cn/hnszf/hnyw/zwdt/202403/t20240318_33255449.html.2024–03–18.

《2018 来华留学生简明统计》数据显示，生源国排名前 15 位的国家中，就有泰国、印度尼西亚、老挝、越南、马来西亚 5 个东盟国家，分别是泰国 28608 人（排名第 2）、印度尼西亚 15050 人（排名第 7）、老挝 14645 人（排名第 8）、越南 11299 人（排名第 11）、马来西亚 9479 人（排名第 15）[1]。

对湖南省而言，湖南省现具备招收来华留学生资质的高校达到 47 所，2022 年在册来华留学生达到 6724 人，来湘留学生国别几乎遍布全球。其中，东盟国家中在湘老挝籍留学生共有 112 人，泰国籍留学生 205 人，分布在中南大学、湖南大学、湖南师范大学等 11 所高校，专业主要为汉语、土木工程、工商管理等。依托地理邻近性、奖学金政策优厚等条件，湖南对东盟国家留学生吸引力逐渐增强[2]。

（二）湖南与东盟陆海空往来通道持续优化

东盟国家与湖南地理位置相近、历史人文相通，人民友好往来源远流长。近年来，随着"一带一路"倡议的深入实施、西部陆海新通道建设加速推进和 RCEP 协议的全面生效，湖南已全面打通往来东盟的海陆空便捷通道。在打通连接东盟国际物流黄金大通道的同时，人员往来也十分便利，如老挝在湖南长沙设立总领事馆，湖南长沙"四小时航空经济圈"不断扩大，多个航班可以直飞泰国、老挝、越南、新加坡、菲律宾等东盟成员国，加上中国与泰国签署互免签证协定，中国同新加坡宣布达成 30 天互免签证安排，马来西亚对中国公民实施入境 30 天内免签政策等的加持，一系列政策利好将带来"双向奔赴"，让湖南—东盟教育合作空间更加广阔。

（三）湖南教育已具备国际合作发展实力

目前，湖南教育总规模居全国第 7 位，5 所高校 15 个学科进入全国新一轮"双一流"，位居全国第 8、中部省份第 2，全省 83 个学科进入全球 ESI 前 1%；纵向贯通、横向融通的现代职业教育体系也已初步构建。根据高等教

---

[1] 数据来源：教育部国际合作与交流司：《2018 来华留学生简明统计》2019 年版。

[2] 数据来源：《湖南省"十四五"教育事业发展规划》中期评估报告及调研数据。

育评价机构软科发布的"2023 软科世界大学学术排名"显示，在全球领先的 1000 所研究型大学中，湖南共有 8 所高校入围，上榜高校数位居全国第 9 位。其中，中南大学世界排名第 93 名，湖南大学跻身全球 200 强，还有湖南师范大学、长沙理工大学、湖南农业大学、南华大学和湘潭大学等入围全球 1000强。湖南与东盟各国高等教育、职业教育的交流合作越来越深入、越来越富有实效，其本身所具备的教育实力可进一步拓展教育合作的广度、深度和力度。

（四）来湘留学教育管理进入提质增效新阶段

湖南高度重视来华留学生招生和培养工作，严格按照《学校招收和培养国际学生管理办法》（教育部 42 号令），明确要求"规范管理、保证质量"，《来华留学生高等教育质量规范（试行）》（教外〔2018〕50 号）、《湖南省高等学校招收和培养国际学生管理办法》（湘教发〔2019〕41 号）、《湖南省外国留学生奖学金管理办法》等相关政策，一方面，通过发放奖学金、减免学费等政策鼓励吸引各国优秀青年来湘学习和进修；另一方面，严把入口关，加强过程管理，以规范促管理，以质量促发展，为各国学生来湘学习提供政策和制度保障。

（五）"就近留学"趋势成为湖南—东盟教育合作的新机遇

持续三年的全球新冠疫情对出国留学影响巨大。新冠疫情高峰过后，虽然欧美仍是中国学生热门留学目的地，但东盟国家拥有越来越优质地方教育资源，与中国地缘相近、山水相连、人缘相亲、文化同源的国家，如新加坡、马来西亚等国，中文普及程度高，留学学费和生活成本较低，和中国的饮食结构、文化消遣等方面相近，越来越成为中国留学生新的留学目的地。中国学生选择"不远游"的人数越来越多，"就近留学"成为新趋势，学生人数正呈现稳步增长的势头。

三、湖南与东盟教育合作面临的风险挑战

（一）风云变幻的国内外形势增加了合作不确定性风险

当前，我国处于近代以来最好的发展时期，世界处于百年未有之大变局，两者同步交织、相互激荡。西方力量的式微与发展中国家力量的群体性崛起，使得世界形势扑朔迷离，必定会推动现行国际秩序、关系、结构的调整与变化，加上新冠疫情的影响，更让国际力量分化与重组。而我国在发展阶段上，正处于全面建成小康社会、实现第一个百年奋斗目标并向第二个百年奋斗目标接续奋斗的新阶段；在发展理念上，创新、协调、绿色、开放、共享将贯穿未来发展的全过程和各领域；在发展格局上，正在加快构建以国内大循环为主体、国内国际双循环相互促进的新发展格局。如何适应国内外环境变化趋势，进一步加强和促进湖南与东盟的教育合作，是新时期增强地区吸引力、提高地区影响力、夯实地区软实力需要积极应对的挑战。

（二）湖南东盟国际生交流仍面临与全球优质教育资源竞争的压力

据有关数据显示，我国学生与东盟国家学生到国外就读大学的选择基本相一致，主要去往美国、英国、澳大利亚、加拿大和日本等优质高等教育资源丰富的国家。而美国、加拿大、英国等西方国家能够吸引全球优质留学生的法宝，除了高等教育质量和高额奖学金外，还有对留学生毕业后的就业和移民选择提供政策支持。如2021年，中国学生海外留学前5大目的地分别是美国（去往美国留学人数为295398人，多年来是中国留学人数之最）、英国、澳大利亚、加拿大和韩国（UNESCO数据库中未统计中国赴日本、新加坡的留学人数）。但在2021年中国学生海外留学前20大目的地中，留学地选择为东盟国家的只有2个，分别是马来西亚和泰国，马来西亚排名第7，泰国排名第12。中国留学老挝、越南及柬埔寨等东盟国家的学生人数则非常少，如2021年中国留学柬埔寨学生人数仅为16人。

表2　2021年中国学生海外留学前20大目的地

排名	目的地	中国留学生人数（人）	排名	目的地	中国留学生人数（人）
1	美国	295398	11	俄罗斯	18531
2	英国	145779	12	泰国	15458
3	澳大利亚	93437	13	新西兰	11443
4	加拿大	79728	14	白俄罗斯	8484
5	韩国	59344	15	意大利	5674
6	中国香港	46662	16	乌克兰	3598
7	马来西亚	38714	17	爱尔兰	3365
8	德国	38386	18	西班牙	3222
9	中国澳门	27219	19	瑞典	2852
10	法国	23450	20	瑞士	2820

注：UNESCO 数据库中未统计中国赴日本、新加坡的留学人数。

数据来源：UNESCO，全球化智库 CCG。

（三）不均衡的留学生生源让湖南教育国际化程度还不够高

在生源数量上，教育部国际合作与交流司《2018 来华留学生简明统计》中显示，2018 年共有来自 196 个国家和地区的 492,185 名各类外国留学人员在 31 个省（区、市）的 1004 所高等院校学习。经比较发现，在 31 个省（区、市）中湖南排名第 18 位，来湘留学生人数只有 6871 人，其中学历生 4973 人，非学历生 1898 人，在中部六省排名第二，与中部六省排名第一的湖北省（21371 人）差距较大。在生源质量上，来湘学历生主要分布在中南大学、湖南师范大学、湖南大学等高校，但仍有很大一部分是短期培训生、非学历生等，其中研究生及以上层次留学生仅占来湘留学国际学生总数的 28.58%。来湘留学生的数量和质量与同时期去往教育发达国家和国内发达地区的国际学生相比，生源层次和结构处于分化和不均衡状态，一定程度上，湖南吸引留学生的程度与其本身教育文化地位不相匹配 ① 。

（四）湖南—东盟教育交流平台亟须打造

随着中国—东盟教育交流周、中国—东盟高校创新创业教育联盟、中国—东盟职业教育联合会等合作平台影响力不断提升，全方位、多层次、宽领域的交流平台是中国—东盟政府间教育"引进来"和"走出去"的重要载体。但对于湖南省而言，仍缺乏地域性强、精准度高的教育交流合作平台，助推开展实质性合作与交流。以中国教育国际交流协会启动实施的"中国—东盟双百职校强强合作旗舰计划（2018—2022）"为例，从 2018 年开始，5 年间分 5 批次遴选了 100 个"中国—东盟高职院校特色合作项目"，旨在搭建职教领域长期稳定的结对合作平台，打造中国—东盟职教合作示范共同体。结果显示，湖南仅有首批湖南高速铁路职业技术学院的"中泰高铁职教合作项目"、第二批湖南环境生物职业技术学院的"中越农业合作项目"、第三批湖南工业职业技术学院的"中泰国际交流与合作"和长沙民政职业技术学院的"中老职业教育战略合作项目"4 个项目入选，仅占入选项目的 4%，远不及江苏、浙江、广西等省份。如何有效搭建湖南与东盟在学前教育、基础教育、职业教育、高等教育等各级各类教育中的合作载体，值得进一步探索。

四、湖南与东盟教育合作的基本原则

（一）规划引领原则

在充分研究东盟各国与湖南教育合作意向的前提下，以各国差异化需求为准绳，以合作共赢为基本目标，尽快出台湖南—东盟教育合作实施方案。高等院校积极探索目标多样、形式灵活的国际学生培养模式，既体现湖湘特色、保证中国质量，又反映市场需求，符合国际惯例；职业教育聚焦经济社会发展急需领域和重要产能合作领域，整合政府、教育主管部门、行业组织、职业院校和企业等资源，创新探索"研、建、育、培"职业教育立体化合作

---

① 数据来源：教育部国际合作与交流司：《2018 来华留学生简明统计》2019 年版。

模式，提高教育适应科技创新、产业发展的能力。

（二）共建共享原则

教育区域化的合作与交流，既是文化教育的交流合作，同时也是人才、产业、技术等资源在各国、各区域之间的重新组合配置的过程。各级教育资源配置应在中国—东盟交流合作整体制度框架之下，落实共商共建共享理念，构建政府引领、多方参与的全方位、多层次、宽领域的教育合作网络，共同推动学生流动实现可持续，共同培养卓越技术型人才和青年领袖人才，共同促进各方经济社会高质量发展。

（三）精准施策原则

坚持问题导向、需求导向、效果导向，在充分尊重东盟国家不同的国情、文化发展和历史的基础上，聚焦各国不同的教育基础和教育发展变化情况的基础上，加强对东盟国家教育交流合作的"颗粒感""细分度"，实施与对方国家政治、经济、文化相适配的、差异化、精准化的政策措施，创新发展和优化完善教育合作机制，更有针对性地合作。

（四）互学互鉴原则

让教育成为推动人类文明繁荣的引领力量。进一步加强包括教育在内的人文交流，加强国际理解教育、青少年交流和跨文化沟通，共同推动人类文明不断向前，共同建设人类命运共同体。

五、推进湖南与东盟教育合作的对策建议

新冠疫情之后，社会、经济、文化、制度等各个领域乃至世界格局都发生了深刻变化。湖南和东盟国家应充分发挥教育的支撑、引领和联通作用，调整、恢复、提高湖南与东盟国家教育合作水平，为增进本地区人民福祉、推动地区和平稳定繁荣发展、助力构建更加创新、包容、可持续的教育共同体贡献智慧和力量。

（一）借助"互联网+国际教育"优势，促进教育合作数字化发展

教育数字化是数智时代推进教育高质量、可持续发展的战略支撑和必由之路，一是全面实施教育数字化战略行动。以深入推进国家智慧教育平台应用为抓手，加强教育新型基础设施建设，不断完善智慧教育平台体系，持续扩大数字教育资源供给，促进信息技术与教育教学深度融合，充分发挥数字化在具体教学实践中的应用，采取数字化、信息化教育管理模式，打造智慧课堂、远程教室等课堂模式，合作打造线上公共学习品牌，在线教育、数字教育资源建设、大规模开放课程、教材建设等领域逐步形成独有的优势。二是构建湖南—东盟大数据科研创新共享平台。融合区块链、人工智能、大数据、云计算、物联网等新一代信息技术，以产学研相结合模式，建立湖南—东盟区域内教育国际化需求信息库，构建教育信息、教育合作、教育培训等模块，在流量大、传播广、公信力强的公众号、短视频、直播间等数字平台传播，打造网上网下一体化教育合作信息和学习平台，通过数字化赋能解决教育合作中不平衡不充分问题，实现教育均衡发展。

（二）成立湖南东盟发展研究院等机构，促进高校和智库共同发展

学习贵州大学成立东盟研究院、广西大学成立中国—东盟研究院，湖南具备区域与国别研究实力的高校和智库机构，尽快成立湖南—东盟发展研究院，对接东盟高校和智库中建立的"中国研究中心"，鼓励支持师生与东盟国家专家学者进行学术交流、举办或协办国际学术会议等，提升科研人员能力和国际科研学术水平；以湖南—东盟发展研究院为基础，定期举办湖南—东盟国际教育发展论坛，围绕湖南与东盟区域国际教育创新发展的共同议题开展对话，增进相互理解，共同分享国际经验。实行各层次人才联合培养、学分互换、学历互认，积极探索湖南—东盟国际化人才培养模式，提升创新人才培养水平。加强智库交流，高校和科研院所联合开展湖南与东盟区域的教育创新研究，提升教育合作建设水平，共同助力区域经济社会发展。打造"留学中国 学在湖湘"来华留学教育品牌，不断丰富合作形式与内容，拓展交流

的广度和深度，提升湖南—东盟高等教育的国际影响力。

（三）充分发挥中国—东盟职业教育联合会的作用，促进职业教育高质量发展

一是中国—东盟职业教育联合会可打造升级版职教力量。中国—东盟职业教育联合会成立于 2022 年 8 月，至今还不到 2 年。长沙民政职业技术学院作为该会执行秘书处所在地兼老挝—菲律宾国别工作组组长单位，可通过依托中国—东盟职业教育联合会，拓宽合作范围和领域，提升合作内涵和质量，推动互学互鉴、共商共享，让合作成果惠及更多学生、教师、院校和企业，构建更为紧密的中国—东盟职业教育共同体，为区域经济社会高质量可持续发展贡献职教力量。二是大力培养造就一大批适应经济社会发展需要的、既了解本省省情又了解对象国国情、既具有全球视野和国际水平又具有专业能力、既掌握多种语言又具有国际通用技术技能的应用型人才；三是在推动湖湘职业教育国际化建设上下功夫、求突破。扩大与东盟国家职业教育合作，合作研发职业技能培训标准，开展职业院校急缺的师资技能培训，进一步深化标准融通、人才共育、师资赋能、产教融合和人文交流等方面务实合作，以"一地一项目"，"一方案一推进"，示范引导湖南—东盟职业教育的全方位发展，谱写"职教合作、经贸共赢"新篇章。

（四）依托"汉语桥"世界大学生中文比赛，促进中文教育持续性发展

国际中文教育是中国融入世界、世界了解中国的重要平台。据介绍，中国与东盟双方互派留学生人数超过 20 万人，东盟大部分国家已将中文纳入国民教育体系，42 所孔子学院和 39 个孔子课堂在东盟国家落地。东盟国家已经成为国际中文教育合作的优先方向和重要伙伴。一是进一步加强汉语国际推广软实力建设。湖南作为连续多年成功承办"汉语桥"世界大学生中文比赛、并在 2022 年与湖南教育电视台联合摄制了"汉语桥"二十周年系列纪录片《桥来桥往》的省份，可发挥"汉语桥"官网、"汉语桥"官方视频号、湖南教育电视台电视频道、湖南教育电视台官网、湖南教育发布（矩阵）等平

台推广作用，向东盟国家持续传播汉语、推广汉语。二是携手构建后疫情时代汉语推广合作长效机制。一方面继续发挥孔子学院在各国教育和文化交流中的桥梁作用，致力于针对学校老师进行中文培训等，另一方面可邀请东盟国家大学生及青少年来湘参加"汉语桥"夏（冬）令营，为汉语言交流合作和世界多元文化互学互鉴搭建友好协作的平台。

（五）合理利用中国—东盟教育交流周平台，促进学前教育国际合作开创性发展

在高等教育、职业教育合作如火如荼开展的同时，基于湖南学前教育资源的优质性，发挥"湖南所有"，结合"东盟所需"，探索性推动学前教育交流。一是利用中国—东盟教育周的中国—东盟幼儿教师发展中心平台作用，合作建立中国—东盟幼儿教师发展中心湖南省分中心，分别在东盟各国设立与湖南分中心相对接的站点，在学前教育师资培训、学前教育课题研究、国际中文教育与湖湘传统文化传播等方面，加强与东盟国家联系，通过互学互鉴推进湖南与东盟在幼儿教育领域的交流与合作。二是在湖南及东盟各国设立幼儿师范高等专科学校国际学院等，依托国际学院开展幼儿师资的联合办学、联合培养、师资共享、学区共享、学生交换培养、国际实习等各项国际化教育项目，各方幼师可参加短期或长期交流培训，在教材使用、课堂设计、教学能力提升等方面进行研讨与合作，为湖南—东盟学前教育合作打造一个长期性、制度性、可持续性和具有国际影响力的幼教交流合作机制和平台。

湖南与东盟贸易发展研究报告

近年来，我国在共建"一带一路"倡议下，加快优化经济结构步伐，深入实施创新驱动发展战略，推动产业向中高端迈进，给包括东盟十国在内的众多国家带来多方面发展机遇。近十年来，湖南省锚定"三高四新"美好蓝图，聚焦打造内陆地区改革开放新高地，积极加强与东盟国家交流合作，充分发挥产业优势，抢抓东盟国家推进工业化、城市化的机遇，促进湖南优势产能走向东盟。

一、湖南外贸发展面临的形势和挑战

（一）全球国际贸易发展依然向好

当今世界是一个紧密联系的地球村，世界各国利益交融、命运与共。第二次世界大战后，随着社会发展和科技进步，国际分工不断深化和扩大，经济全球化的直接结果就是国际贸易空前发展。从贸易规模看，全球贸易额从1948年的1207.5亿美元增长至2023年的50.92万亿美元，贸易规模扩大了420倍。从贸易格局看，新兴市场国家和发展中国家在过去20年对世界经济增长的贡献率高达80%，过去40年GDP全球占比从24%增至40%以上，经济全球化持续发展的大势不可逆转。从发展预期看，国际社会对2024年全球经济形势持乐观态势，联合国、经合组织、国际货币基金组织（IMF）对

2024 年全球经济的增长预期分别为 2.4%、2.9% 和 3.2%[①] ；世贸组织（WTO）、IMF、世界银行对 2024 年全球贸易的增长预期分别为 3.3%、3.7% 和 2.7%[②] 。摩根大通、高盛和汇丰均预测 2024 年大宗商品价格将上涨。

近年来，尽管单边主义、贸易保护主义、逆全球化思潮不断有新的表现，但"地球村"的世界格局决定了各国合作共赢是大势所趋。这为我们判断错综复杂的国际形势提供了根本遵循。当前，中美经贸摩擦、俄乌冲突、巴以冲突以及极端气候等风险给世界经济带来巨大的不确定性，世界之变、时代之变、历史之变正以前所未有的方式展开，全球产业链重构已经成为新的趋势。随着今年全球贸易市场逐步复苏，区域全面经济伙伴关系协定（RCEP）等自贸协定影响力进一步扩大，各国之间的经济联系和合作只会更加紧密，既为全球经济的发展注入更多的活力和机遇，也将有利于我国外贸平稳发展。

（二）全国外贸转向高质量发展

自 2001 年中国加入 WTO 以后，我国贸易进入全面开放阶段，当前正处于从"贸易大国"向"贸易强国"推进的关键时期。近年来，我国外贸经受住了复杂国际形势和新冠疫情等多重影响，全国外贸保持较好增长态势：贸易总量上，2023 年全国进出口总值 41.8 万亿元，连续两年突破 40 万亿元关口，外贸依存度为 33.1%。全国外贸规模在改革开放后 40 年间增长了 304.7 倍，在入世以后 20 年间增长了 11.4 倍。海关业务量上，2023 年全国海关监管进出口货运量 53 亿吨，增长 10.7%；监管进出境运输工具 3148 万辆（架、艘），增长 1.5 倍。总的来看，我国 2013 年首次超越美国成为全球货物贸易第一大国，最近连续 7 年稳居全球货物贸易"头把交椅"，已成为全球 140 多个国家

---

① IMF 上调今年全球经济增长预期至 3.2%［EB/OL］. 中国金融新闻网，https://www.financialnews.com.cn/hq/cj/202404/t20240418_291151.html.2024–04–18.

② 世贸组织：2024 年全球货物贸易将增长 2.7%［EB/OL］. 新华网，https://baijiahao.baidu.com/s?id=1812532219137181396&wfr=spider&for=pc.2024–10–10.

和地区的主要贸易伙伴。[①]

（三）中部地区崛起为全国外贸发展的重要"增长极"

我国中部区域经济总量平稳增长，改革开放不断迈出新步伐，中部地区发展站在了更高起点上。特别是 2004 年中部崛起战略实施以来，中部 6 省外贸规模显著增长，由 2004 年的 2891.7 亿元提高到 2023 年的 3.6 万亿元，年均增长 14.2%。

中部地区已形成较为完善的开放平台体系。设有河南、湖北、湖南、安徽 4 个自贸试验区，数量占全国的 1/5；全国现有 163 个综合保税区，其中中部六省 26 个，湖南有 5 个；目前获批的 165 个跨境电商综试区中，中部有 33 个，其中湖南有 6 个；其他平台也在不断增多，如，中非经贸博览会永久落户湖南，湖南还获批国家中非经贸深度合作先行区，给中部外贸发展添加了新平台和新动能。中部地区已逐渐由对外开放的跟随者，变成内陆开放高地建设的探路者。[②]

（四）湖南外贸"强筋健骨"迈上新台阶

近年来，湖南经济快速发展，外贸也取得长足进步。从总量看，入世以来，全省外贸额从 2001 年的 229.4 亿元增长到 2023 年的 6175 亿元，贸易规模扩大了 26 倍，年均增速为 15.2%。从质量看，2023 年，湖南外贸总体呈理性回归、提质增效的态势，进口突破 2000 亿元，增长 14.6%，生产型企业出口增长 6.6%，占出口总值的 46.7%，实体经济对湖南外贸的支撑作用进一步凸显。从主体看，2023 年全省外贸实绩企业 8384 家，是 2008 年的 4.4 倍，企业活力和竞争力显著增强，国际经贸圈由 2008 年的 188 个国家和地区拓展

[①] 资料来源：《海关总署关于 2023 年我国进出口贸易情况的通报》，以内部文件形式通报给全国海关。

[②] 资料来源：相关数据来源于《长沙海关关于 2023 年湖南省进出口情况的工作报告》，该报告由长沙海关以内部专报的形式报送湖南省人民政府。

至 2023 年的 235 个。①

1. 新质生产力作用日趋显现

一是推进先进制造业集群发展。在国家已批复的 45 个先进制造业集群中，湖南数量居全国第 3，中西部第 1。制造业进出口从 2014 年的 1426.2 亿元增长到 2023 年的 5218.5 亿元，年均增速 15.5%，较全国高 8.4 个百分点。二是"新三样"产业规模化。2023 年湖南电动汽车、锂电池、光伏产品等"新三样"出口 74.9 亿元、增长 33.3%。具体来看：电动汽车方面，湖南全年出口 1.7 万辆，增长 64.1%，出口额 33.8 亿元、增长 1.1 倍。锂电池方面，2023 年全省锂电池出口 28.4 亿元、增长 2.1%，近十年增长 6 倍。光伏产品方面，2023 年全省光伏产品出口 12.7 亿元，增长 2%。三是未来产业加速培育。新材料方面，全省已有 7 条特色鲜明的新材料产业链。生物医药方面湖南中药资源居全国第 4 位。2023 年，全省出口中药材 1.8 亿元，近五年累计出口 29.7 亿元。节能环保方面，2023 年，全省蓄电池、太阳能电池等节能产品出口 41.2 亿元，近五年增长 1.6 倍。

2. 新型工业化布局稳步推进

一是基础产业支撑有力。湖南钢铁集团是湖南唯一的世界 500 强企业，其所需的铁矿石主要依赖进口。铁矿石也是湖南最大的进口单品，近十年累计进口 1519.7 亿元、占全省进口总额的 12.3%。二是中间产品贸易加速产业链融合。近十年来，湖南中间产品出口从 2014 年的 589.7 亿元增长到 2023 年的 1689.3 亿元，以机电类、钢材类、劳动密集型等为主，主要出口到东盟、中国香港、韩国以及美国。凭借中间产品制造业的竞争优势，湖南已成为东盟国家半成品和零部件的主要供应商之一。三是特色产业优势持续巩固。湖南烟花

---

① 本文所引用的进出口数据，源自中国海关进出口监测查询分析系统。该系统作为我国官方的主要进出口贸易数据查询渠道，提供了全面的数据检索功能。用户可以根据商品类别、贸易伙伴、贸易方式、贸易国别等多种条件进行精确查询。系统会根据设定的查询条件，自动生成包含数值、同比、环比、占比等关键指标的进出口贸易统计报表。中国海关每月新闻发布会上公布的进出口数据，均出自该系统。为了便于公众获取进出口数据，中国海关还在海关总署官方网站上设立了海关统计数据在线查询平台（网址：http://stats.customs.gov.cn/）。如有查询需求，公众可登录该平台查询相关的进出口贸易数据。后同。

爆竹、打火机、杂交稻种等产品出口额排名全国第一，是"湘品出海"的优势特色产品。尤其是湖南烟花爆竹自 2000 年以来、打火机自 2016 年以来出口额全国第一，国际市场份额全球第一。2023 年，湖南烟花爆竹、打火机分别出口 44 亿元、27 亿元，占全国同类商品出口额的 60.9%、54.7%，均居全国第一。[①]

3. 开放平台体系不断完善

湖南已形成"3+3+7+X"的多层次多种类的开放平台体系：第一个"3"是长沙、岳阳、郴州 3 个自贸试验区片区，2023 年 3 个自贸片区进出口 1669.9 亿元，占全省 27%。第二个"3"是长沙黄花机场、张家界荷花机场、岳阳城陵矶港 3 个一类开放口岸。"7"是 7 个海关特殊监管区域，包括长沙黄花、湘潭、衡阳、岳阳城陵矶、郴州 5 个综合保税区，长沙、株洲 2 个保税物流中心。自 2014 年衡阳综合保税区封关运行以来，全省海关特殊监管区域建设发展步伐明显加快，年进出口额由 2014 年 36.4 亿元增加到 2023 年 1579.5 亿元，占比由 1.9% 增加到 25.6%。"X"指全省设立的 22 个海关监管作业场所，13 个进境指定口岸或指定监管场地，17 个进口保税仓和出口监管仓。

4. 国际物流通道加速拓宽

向东，建设岳阳城陵矶江海联运集结中心，形成"三区一港五口岸"开放布局，集装箱吞吐量从 2012 年 16 万标箱发展到 2023 年的 120 万标箱，增长 6.5 倍。向南，建设株洲湘粤非铁海联运集结中心，联通粤港澳大湾区。2021 年湘粤非铁海联运班列首发，2023 年发运量增至 242 列、2 万标箱。向西，建设怀化东盟货运集结中心，对接西部陆海新通道。2023 年发运中老、中越国际货运和铁海联运班列 455 列，增长 2 倍。向北，建设中欧班列（长沙）集结中心，融入共建"一带一路"。2023 年开行中欧班列 1235 列、连续 4 年稳居全国第一方阵。[②] 向上，建设长沙联动张家界的区域性国际航空货运集结中心，航线覆盖五大洲。

---

① 2023 年湖南打火机出口额居中国第一［EB/OL］.中国新闻网，https://www.sohu.com/a/757095864_123753. 2024-02-07.

② 2023 年湖南共开行中欧班列 1173 列　中欧班列（长沙）连续三年稳定千列规模［EB/OL］.华声在线，https://www.sohu.com/a/752606751_119717.2024-01-18.

5.新型业态来势向好

湖南依托自贸试验区、综合保税区等平台，发挥政策叠加优势，新型业态的种类和规模持续增长。比如，保税维修业务先后在郴州、衡阳、长沙落地，2023年进出口12.5亿元，增长31.7%。平行进口汽车业务2015年12月在岳阳落地，2023年进口1854辆、6.3亿元，分别增长65.8%、40.7%。二手车出口试点于2020年11月落户株洲，2021年1月实现首批出口，2023年出口942台、1.6亿元，分别增长28倍和13倍。全省首批用于保税研发的人肝微粒体于2023年4月顺利完成报关并进入黄花综保区，标志着保税研发业务在长沙落地。

（五）扩大开放需要关注的问题

1.区域发展不平衡

从市州看，自贸片区城市和省域副中心城市占据了外贸绝大份额。2023年，长沙、岳阳、郴州、衡阳是全省外贸前四强，合计4397亿元，占全省的71.2%。其中，长沙外贸总量2813.5亿元，稳居龙头地位，占比超过四成。从县域看，125个县区中，市辖区开放经济发展水平整体优于其他县市，较大部分县市的开放型经济刚刚起步。全省87个县市中，长沙的长沙县、浏阳市、宁乡市三地外贸额占全省外贸总额的23.5%，其他84个县域经济单位占比仅16.4%，进出口不足1亿元的县市有9个，主要集中在湘西北偏远地区。从园区看，19个国家级园区中，前6个都集中在长沙、岳阳、郴州、衡阳4地，进出口总值占全省国家级园区的77.3%，其余13个园区加起来占比不到1/4，进出口值最高的园区是最少的142倍。

2.贸易结构还不优

从进口商品看，以矿物燃料、工业元器件和初级农产品为主，先进技术、重要设备、关键零部件进口占比不高。从近5年平均水平看，矿产品、集成电路、粮食等产品进口，占全省进口总额的39.4%。从出口商品看，以劳动密集型和两高一资产品为主，高新技术和文化产品占比较少，仍处于全球产业链"微笑曲线"的中低端。近5年，劳动密集型产品出口占比近1/4，高新技术、文化产品出口占比10%左右。

3. 外贸主体还不强

从数量上看，全省外贸企业绝对数较多，有实际进出口业绩的企业较少。2023年，全省有实绩外贸企业8384家，只占外贸企业总量的31.9%。从体量上看，外贸龙头企业和头部企业数量不多，全省外贸额超100亿元的企业仅7家，超10亿元的仅75家，八成以上企业年进出口额在1亿元以下。从质量上看，海关一般信用企业多，认证企业较少，特别是有国际贸易通行证之称的AEO高级认证企业还很少。目前，湖南高级认证企业只有103家，仅占2.6万家备案企业的0.4%。

4. 外贸发展不充分

当前湖南外贸排名全国第16位、中西部第4位，仅占全国总量的1.5%，与经济总量十强省份的身份不相适应。与排名在湖南前面的四川、河南、安徽、重庆等省份仍存在较大差距并有扩大趋势，排名在湖南后面的江西、河北、陕西等省份与湖南的差距在缩小，湖北、广西已于2023年赶超湖南。外贸依存度不高，2023年仅为12.3%，低于全国20.8个百分点，与广东（61.2%）、江苏（40.9%）等头部省份相比差距更大。国际市场开拓能力不强，湖南有的产业在国内处于领先地位，但出口能力、出口竞争力不强。如，中小航空发动机产业集群着眼于打造世界级产业集群，市场份额全国第一，但2023年航空航天技术产品仅出口5.6亿元，排名全国第17位。

二、湖南—东盟贸易发展总体情况 [①]

一直以来，东盟是湖南省对外开放的重点区域，特别是在积极共建"一带一路"和RCEP协议全面生效的历史机遇面前，湖南省先后出台多个构建对外开放新格局实施意见的重要文件，进一步加强与东盟国家的对接，实现更高层次、更高水平、更高标准的经贸合作，助力打造内陆地区改革开放高地。

---

① 　根据长沙海关统计数据整理完成。

（一）贸易规模

2014年至2023年的10年，湖南省对东盟进出口总值达6366.4亿元，占湖南省近十年进出口总值的16.4%，其中出口4723.8亿元，占湖南省近十年出口总值的17.8%；进口1642.6亿元，占湖南省近十年进口总值的13.3%。2023年，湖南省对东盟进出口1218.8亿元，较上年（同比，下同）下降18.2%。其中出口761.8亿元，下降34.2%；进口456.9亿元，增长37.4%。

表1　湖南—东盟近十年进出口变化情况（单位：亿元）

年份	进出口	同比	出口	同比	进口	同比
2023年	1218.8	−18.2%	761.8	−34.2%	456.9	37.4%
2022年	1490.2	67.3%	1157.6	84.7%	332.6	25.9%
2021年	890.8	9.9%	626.6	6.1%	264.2	20.3%
2020年	810.3	30.9%	590.7	17.5%	219.6	88.7%
2019年	619.2	62.7%	502.9	66.3%	116.3	49.0%
2018年	380.5	40.0%	302.4	38.1%	78.1	47.9%
2017年	271.9	50.1%	219.0	47.6%	52.8	60.9%
2016年	181.2	−21.3%	148.4	−23.1%	32.8	−12.1%
2015年	230.3	−15.7%	193.0	−12.8%	37.3	−28.0%
2014年	273.2	101.0%	221.4	90.1%	51.9	165.9%

数据来源：根据长沙海关统计数据整理完成。

在这10年中，湖南省有7年对东盟进出口贸易保持正增长，特别是2017至2022年，连续6年保持正增长，其中2022年双边贸易总额更是突破1400亿元，创历史最高。2023年，受湖南省进出口贸易下行颓势影响，湖南省对东盟进出口7年来首次出现下降。

（二）资源禀赋

1. 出口方面

十年来，湖南省对东盟出口机电产品2030.5亿元，占湖南省对东盟出口总额43%，主要产品有电工器材、电子元件、汽车（包括底盘）等。出口劳动密集型产品 1109 亿元，占湖南省对东盟出口总额 23.5%，主要产品有纺织服装、塑料制品、鞋靴、箱包及类似容器、家具及其零件等。出口高新技术产品 466.9 亿元，占湖南省对东盟出口总额的 9.9%，主要产品有计算机与通信技术、电子技术。湖南省其他传统优势产业对东盟出口的主要还有出口钢材 376.8 亿元，出口工程机械 233.1 亿元，出口陶瓷产品 110.8 亿元，出口烟花爆竹 32.3 亿元，出口轨道交通装备 6.4 亿元。

表2　近十年湖南对东盟出口商品情况（单位：亿元）

年份	机电产品 / 同比	劳密产品 / 同比	高新技术产品 / 同比
2023年	331.2 / −20.3%	170.4 / −48.2%	76.3 / −0.8%
2022年	415.7 / 68.8%	329.2 / 133.2%	76.9 / 10.8%
2021年	246.3 / −9.6%	141.1 / −7.0%	69.4 / −15.6%
2020年	272.5 / 20.6%	151.8 / 25.5%	82.3 / 37.4%
2019年	225.9 / 52.4%	120.9 / 133.8%	59.9 / 101.3%
2018年	148.2 / 35.2%	51.7 / 43.4%	29.8 / 13.4%
2017年	109.6 / 56.6%	36.1 / 55.4%	26.2 / 393.1%
2016年	70 / −37.9%	23.2 / −11.1%	5.3 / −77.7%
2015年	112.7 / 14.5%	26.1 / −55.3%	23.9 / 41.1%
2014年	98.4 / 86.4%	58.5 / 195%	16.9 / 383.5%

数据来源：根据长沙海关统计数据整理完成。

2. 进口方面

十年来，湖南省自东盟进口机电产品 511.9 亿元，占湖南省自东盟进口总额 31.2%，主要产品有集成电路、自动数据处理设备及其零部件。进口高新技术产品 461.4 亿元，占湖南省自东盟进口总额 28.1%，主要是电子技术、计算机与通信技术。进口大宗商品 246.7 亿元，占湖南省自东盟进口总额 15%，主要有煤及褐煤、原油、金属矿及矿砂。其他自东盟进口的商品主要还有进口食品 158.5 亿元，占湖南省自东盟进口总额 9.6%；进口农产品 164.5 亿元，占湖南省自东盟进口总额 10%；进口天然及合成橡胶（包括胶乳）204.1 亿元，占湖南省自东盟进口总额 12.4%。

表3　近十年湖南自东盟进口商品情况（单位：亿元）

年份	机电产品 / 同比	高新技术产品 / 同比	大宗商品 / 同比
2023年	104.7 / 9.9%	98.3 / 15.4%	98.5 / 181.2%
2022年	95.2 / −12.1%	85.1 / −17.1%	35 / 1.2%
2021年	108.3 / −11.4%	102.7 / −12%	34.6 / 101.3%
2020年	122.2 / 373.6%	116.7 / 431.9%	17.2 / 61.3%
2019年	25.8 / 54.3%	21.9 / 72.2%	10.7 / −24.9%
2018年	16.7 / 26.4%	12.7 / 25.6%	14.2 / 23.9%
2017年	13.2 / 147%	10.1 / 242.1%	11.5 / 38.3%
2016年	5.4 / −64%	3 / −59.1%	8.3 / −13.4%
2015年	14.9 / 177.4%	7.2 / 98.6%	9.6 / 32.5%
2014年	5.4 / 13.4%	3.6 / 31.1%	7.2 / 30.6%

数据来源：根据长沙海关统计数据整理完成。

（三）贸易方式

2014 年至 2023 年，湖南省对东盟以一般贸易方式进出口 5223.7 亿元，占湖南—东盟进出口总值的 82.1%。其中，出口 4146.3 亿元，占湖南对东盟出口总值的 87.8%；进口 1077.4 亿元，占湖南自东盟进口总值的 65.6%。其他贸易方式中，保税物流进出口 590.4 亿元，占湖南—东盟进出口总值的 9.3%；加工贸易进出口 473.1 亿元，占湖南—东盟进出口总值的 7.4%。

表4　近十年湖南—东盟不同贸易方式进出口情况（单位：亿元）

年份	一般贸易	占比	加工贸易	占比	保税物流	占比
2023年	949.3	77.9%	78.9	6.5%	176.9	14.5%
2022年	1287.5	86.4%	64.2	4.3%	114.9	7.7%
2021年	710.1	79.7%	49.9	5.6%	115.9	13%
2020年	668.3	82.5%	56.4	7%	80.6	9.9%
2019年	531.8	85.9%	45.6	7.4%	34.4	5.6%
2018年	327.1	86%	46.5	12.2%	5	1.3%
2017年	225.7	83%	40.1	14.7%	3.4	1.3%
2016年	159.3	87.9%	20	11.1%	1.3	0.7%
2015年	156.2	67.8%	29.3	12.7%	41.8	18.1%
2014年	208.5	76.3%	42.3	15.5%	16.1	5.9%

数据来源：根据长沙海关统计数据整理完成。

十年来，湖南—东盟进出口贸易以一般贸易为主，加工贸易为辅，保税物流进出口发展迅速，呈现快速增长态势。一般贸易进出口值占湖南—东盟进出口总值比重变化不大，特别是2016年以来，持续保持在80%左右。加工贸易进出口值总体呈上升态势，但在湖南—东盟贸易中所占比重逐年下降。保税物流进出口值增长迅速，2023年首次突破170亿元，在湖南—东盟贸易中所占比重达到14.5%，为2016年以来最高。

（四）市场主体

湖南省民营企业在湖南—东盟进出口贸易中占主要地位。从具体数据来看，2014年至2023年，湖南省民营企业对东盟进出口4905.3亿元，占湖南对东盟进出口总值的77%；国有企业对东盟进出口818亿元，占湖南对东盟进出口总值的12.8%；外商投资企业对东盟进出口642亿元，占湖南对东盟进出口总值的10.1%。从具体年份来看，近十年湖南省民营企业对东盟进出口值在湖南对东盟进出口总值中所占比重绝大部分年份超过70%，其中2017年最低为69.4%，2022年达到峰值82.9%；国有企业占比虽略有浮动，但相对较为稳定，波动不是很大，保持在 10% 左右水平；外商投资企业所占比重大幅波动，且呈现下降趋势，占比最高是 2017 年的 19%，最低则是 2022 年跌至 5.3%。

表5　近十年湖南—东盟贸易市场主体企业情况（单位：亿元）

年份	民营企业	占比	国有企业	占比	外商投资企业	占比
2023年	966.5	79.3%	171.2	14%	81	6.6%
2022年	1234.7	82.9%	176.3	11.8%	78.8	5.3%
2021年	648	72.7%	145.6	16.3%	97.1	10.9%
2020年	619.9	76.5%	78.5	9.7%	111.7	13.8%
2019年	476.9	77%	63.4	10.2%	78.8	12.7%
2018年	264.6	69.5%	45.4	11.9%	70.4	18.5%
2017年	188.5	69.4%	31.6	11.6%	51.7	19%
2016年	128	70.7%	30.1	16.6%	23	12.7%
2015年	164.1	71.2%	40.7	17.7%	25.6	11.1%
2014年	214.1	78.3%	35.3	12.9%	23.8	8.7%

数据来源：根据长沙海关统计数据整理完成。

另外，湖南省民营企业对东盟以出口为主，近十年对东盟出口 3996.6 亿元，占湖南省对东盟出口总值的 84.6%，高于民营企业进出口值所占湖南省对东盟进出口总值比重 7.6 个百分点。湖南省国有企业对东盟以进口为主，近十年自东盟进口 474 亿元，占湖南省自东盟进口总值的 28.9%，高于国有企业进出口值所占湖南省对东盟进出口总值比重 16.1 个百分点。

（五）贸易伙伴

从具体国家来看，近十年湖南省与东盟十个国家均有贸易往来。最主要的贸易伙伴有马来西亚、越南、泰国、印度尼西亚和新加坡，湖南省对该五国的进出口值占对东盟进出口总值的 85%。双边贸易额居首位的是马来西亚，湖南省共计对马来西亚进出口 1498.4 亿元，占近十年湖南省对东盟进出口总值的 23.5%；其中进口 514.4 亿元，占近十年湖南省自东盟进口的 31.3%，居首位；出口 984 亿元，占近十年湖南省对东盟出口的 20.8%，居第二位，较第一位的越南少 1.5 个百分点。

表6　近十年湖南与东盟十国进出口情况（单位：亿元）

年份	文莱	缅甸	柬埔寨	印度尼西亚	老挝	马来西亚	菲律宾	新加坡	泰国	越南
合计	15.9	185.1	104.7	884.4	47.2	1498.4	599.8	789.2	961.4	1280.3
2023年	1.2	16.6	15.8	201.1	6.8	365.4	107.2	111.0	176.4	217.2
2022年	1.8	31.9	27.7	214.2	10.2	378.3	181.1	162.4	205.5	276.8
2021年	1.2	17.4	25.7	122.5	2.9	198.4	92.8	53.6	169.6	206.7
2020年	2.5	16.7	11.9	68.2	5.2	143.9	68.4	132.2	152.6	208.6
2019年	0.8	39.5	11.6	61.0	13.6	131.8	52.6	116.4	69.1	122.9
2018年	2.4	13.7	5.1	53.3	3.6	92.5	34.7	48.8	52.8	73.6
2017年	1.0	8.7	2.1	43.5	2.3	50.0	26.4	32.3	38.9	66.7
2016年	0.9	5.2	1.4	31.5	0.8	36.3	11.1	30.0	31.1	32.9
2015年	1.5	4.4	1.4	37.1	1.0	49.0	14.2	55.0	31.7	35.0
2014年	2.5	31.0	1.9	52.0	0.7	52.8	11.4	47.4	33.6	39.9

数据来源：根据长沙海关统计数据整理完成。

从增长情况来看，对马来西亚进出口增长最快，10 年中有 6 年马来西亚是东盟国家中湖南省最大的贸易伙伴国，双边贸易额从 2014 年的 52.8 亿元增长至 2023 年的 365.4 亿元，增长了近 6 倍。其间，2022 年湖南省对马来西亚进出口 378.3 亿元，是近十年来湖南省对东盟国家进出口数据的最高值。

三、湖南与东盟贸易发展中存在的主要问题

（一）中国—东盟贸易保持增长，但湖南—东盟贸易呈现萎缩，在共建"一带一路"倡议下，湖南—东盟贸易仍有提升空间

2023 年，我国对东盟进出口 6.41 万亿元，增长 0.2%，占同期我国进出口总值的 15.3%，我国与东盟已连续 4 年互为第一大贸易伙伴。我国与东盟具有坚实的合作基础和巨大的发展潜力，特别是随着中国—东盟自贸区 3.0 版开启建设，非关税壁垒有望进一步削减，数字经济、绿色经济、产业合作、中

小企业发展等领域将迎来巨大的合作空间，成为可拓展的新合作方向。同时，《区域全面经济伙伴关系协定》于 2023 年对菲律宾正式生效，标志着 RCEP 对 15 个签署国的全面生效，为包括东盟在内的区域经济一体化注入了动力。但湖南省 2023 年对东盟进出口总值 1218.8 亿元，下降 18.2%，自 2017 年以来的首次出现负增长，主要是湖南对东盟出口 761.8 亿元，下降 34.2%。在共建"一带一路"倡议下，湖南省与东盟进出口贸易仍有非常大的发展空间，应得到进一步发展。特别是从湖南省 2023 年自东盟进口增长 37.4% 的增速来看，湖南省与东盟的贸易合作还存有巨大潜力可挖掘。

（二）东盟是湖南省最大的贸易伙伴，但湖南省对东盟的进出口在我国对东盟进出口中占比偏低

自 2020 年东盟超越中国香港成为湖南省第一大贸易伙伴以来，东盟已连续 4 年成为湖南省最大贸易伙伴。但从我国全国来看，湖南省与东盟的贸易规模仍然偏小，仅占我国对东盟进出口总值的 1% 左右，长期位列全国第 16 位左右，远远落后于广东、江苏、上海、浙江等外贸发达省份，甚至比四川、重庆、河南、江西等内陆省份也要低。2023 年，湖南省对东盟进出口 1218.8 亿元，同期我国对东盟进出口 6.41 万亿元，湖南省对东盟进出口值仅占全国的 1.9%。同时，2023 年湖南省对东盟进出口值占湖南省 2023 年进出口总值的比重也出现下降，由 21.2% 降为 19.7%，下降了 1.5 个百分点。由此可见，湖南省需加快与东盟经贸合作向更高层次发展的步伐，拓展经贸合作空间，制定长期战略规划，培育合作新内容，创建合作新模式，巩固经贸合作关系。

（三）湖南省对东盟保持的高贸易顺差有所收窄，但进出口"失衡"问题仍需引起重视

一直以来，湖南省乃至我国对东盟的贸易都是保持高贸易顺差。2022 年以前，湖南省对东盟的贸易顺差金额有越拉越大的趋势。2014 年，湖南省对东盟贸易顺差仅 169.5 亿元，到 2022 年，该数字增长为 824.9 亿元，增长了 3.9 倍。但 2023 年，受湖南省出口东盟数据下滑，自东盟进口大幅增长影响，

贸易顺差大幅收窄，降为304.9亿元，较2022年下降了63.1%，一举回落到了2018年的水平。湖南省对东盟贸易顺差收窄的主要原因是外需弱、价格低，内需强、保供给，共同导致湖南省出口转弱，进口增强。从外需看，湖南省的主要东盟贸易伙伴国经济景气度偏弱，受新冠疫情影响经济复苏压力大。从内需看，一系列提振内需政策出台，国内经济复苏加快有助于进口需求回升，加上湖南省进口低基数推升进口同比增速，使湖南省2023年自东盟进口大幅增长。虽然2023年出现了贸易顺差大幅收窄的情况，但湖南省对东盟的高贸易顺差依然存在。对贸易失衡问题仍然需要保持关注，并做好妥善处理因"失衡"带来可能矛盾的应对。

四、湖南与东盟贸易发展前景展望

当今世界正处于并将长期处于百年未有之大变局，国际形势深刻复杂演变，各种不确定因素显著增多，局部冲突愈演愈烈，以美国为首的西方发达国家遏制发展中国家发展的势头只增不减，全球发展特别是发展中国家的发展面临前所未有的挑战。同为发展中经济体领军者的中国和东盟总体上保持了和平稳定，区域经济一体化也在持续推进，中国—东盟"10+1"合作机制不断深入。湖南省要抓住我国高质量共建"一带一路"倡议的机遇，在构建更为紧密的中国—东盟命运共同体中发挥更好更重要的作用，为实现"三高四新"、打造内陆地区改革开放高地而奋斗。

（一）做大做强湖南—东盟投资贸易洽谈会和东盟—湖南名优产品交易会，推进更高水平的战略对接

目前，湖南—东盟投资贸易洽谈会和东盟 * 湖南名优产品交易会是湖南省对接东盟的重要平台。2016年以来，湖南省已成功举办五届东盟—湖南名优产品交易会，首届湖南—东盟投资贸易洽谈会也于2022年7月成功举办。经过多年的培育与沉淀，交易会和投资贸易洽谈会已成长为湖南省与东盟国家双边贸易的长效性会展平台，有效加强了湖南省与东盟国家商贸流通的对接交流与合作，提升了湖南外贸发展和对外开放发展水平。下一步，湖南省

要继续做大做强与东盟的交易会和投资贸易洽谈会，借鉴中非经贸博览会成果经验，提升交易会和投资贸易洽谈会规模，推进市场化、专业化和国际化，打造其成为湖南省乃至我国中部地区对接东盟的重要平台。

（二）深入挖掘新项目，利用好产业转移优化升级贸易结构

东盟承接我国国内产业链转移是发展趋势，有助于驱动我国的贸易结构升级。近年来，我国与东盟逐渐形成了"东盟向我国出口初级品、从我国进口机械设备（资本密集型）和中间品（技术密集型）、再将消费品（劳动密集型）出口给我国和第三国"的互利共赢的贸易模式。我国国内产业链向东盟转移，一定程度上加强了双方产业互补，有助于我国向全球价值链中上游迁移，带动贸易结构和制造业转型升级。湖南省要正确看待产业转移现象，充分利用产业转移寻找与东盟国家新的合作点。特别是要深入利用中国—东盟自贸协定升级新机遇，抢抓中老铁路开通历史机遇，以湖南省与老挝农林部的"一路两园"为代表的项目做支点，重点对接老挝、柬埔寨等国家，构建面向东盟的开放新格局，挖掘签订新项目。积极对接 RCEP 协议，指导和帮助企业用好 RCEP 减税政策，以泰国、越南等为重点，用好东盟优质资源，扩大特色产品出口和东盟特色产品进口，助力湖南—东盟贸易进一步发展。

（三）加快建设怀化国际陆港，打造对接东盟的重要通道

怀化市作为湖南对接东盟的重要门户，近年来充分发挥国际陆港引领和支点作用，已打通怀化—广西北部湾/广东湛江港出海（铁海联运出海通道），怀化—云南磨憨—老挝万象（中老铁路），怀化—广西凭祥—越南河内（中越铁路）等面向东盟的国际物流大通道。湖南省要充分利用怀化作为西部陆海新通道节点城市这一机遇，加快建设怀化国际陆港，以最快速度把怀化国际陆港建设成为湖南东盟货运集结中心，持续拓展对东盟贸易往来辐射范围，带动全省对东盟进出口增长。

（四）充分发挥湘商作用，抓好特色产业、优势企业，优化产业链供应链布局

据湖南省商务部门统计，东盟国家中有近十万湘商，他们是稳步拓展对接东盟的重要渠道资源。湖南省要加强对东盟地区境外湘商商会协会建设发展的指导，鼓励商会协会不断发展壮大，引导商会协会企业与湖南省内市场对接，推动双向经贸往来与合作，充分发挥他们作为湖南—东盟经贸合作生力军企业的作用。同时，也要积极推动东盟国家相关部门及企业在湖南省设立办事处、代表处等机构，缩短湖南省与东盟的"距离"，密切湖南省和东盟国家政府部门及企业间的联系。积极组织双方相关部门和企业赴对方考察调研，充分了解相关特色产业、优势企业情况，健全和建强湖南和东盟的外贸产业链，使湖南与东盟之间的贸易纽带更加紧密。

湖南与东盟文化交流合作发展报告

湖南位于中国中部，是南方丝绸之路的重要节点，而东盟则是"一带一路"重要区域。湖南与东盟各国拥有灿烂多元的文化底蕴。随着双方关系的发展，互联互通建设的推进，湖南和东盟国家间的文化联系更加紧密。

一、湖南的文化资源禀赋及发展现状

湖南是"古道圣土""屈贾之乡""潇湘洙泗""荆蛮邹鲁"，折射的正是湖湘文化穿越时空、浸润人心的影响力。屈原开创了楚辞成为与《诗经》并提的中国诗歌乃至整个中国文学的两大源头之一，而周敦颐、胡安国、胡宏、张栻等创立的理学引领着中国历史文化的发展。在近代，以曾国藩、谭嗣同、黄兴、毛泽东为代表的湖湘人才辈出，在中国近代的变革和中华人民共和国的成立中产生了深远的影响。

到了当代，湖湘文化焕发了新的生机，早在20世纪80年代末，湖南省委、省政府就作出了"发展文化经济，建设文化大省"的战略决策，开始文化体制改革。2006年，省第九次党代会就明确提出文化强省战略。党的十八大以来，湖南全面深化文化体制改革，逐步建立健全文化发展政策、完善产业发展机制，推进文化与科技、旅游、创意深度融合，推动文化产业高质量发展，文化产业走在全国前列，"文化湘军"实力更强、品牌更响。10多年来，湖南在文化软实力上下"硬功夫"，在产业发展上下"大力气"，湖南文化产业蓬勃发展。

经过不断的改革发展，湖南不仅建设成为文化大省，而且逐渐建设成为文化强省。湖南日报报业集团、湖南广播影视集团、湖南出版投资控股集团、湖南体育产业集团、湖南省演艺集团五家省管国有文化企业成为湖南建设文化强省的中流砥柱。湖南正在打造以马栏山视频文创产业园为重点的文化产业"湖南高地"。作为湖南省重点打造的文化创意品牌，发挥产业园集聚效应，马栏山蝶变为"中国 V 谷"，获评国家文化和科技融合示范基地、中国创新创业典型示范基地等，入选国家级文化产业示范园区创建名单。长沙市入选首批国家文化出口基地，并被联合国教科文组织授予世界"媒体艺术之都"。

湖南是全国十个文物大省之一，文化遗产保护利用和传承取得新进展，非遗进校园、文化生态保护区建设模式享誉全国。"考古湖南"工程、湖湘文化保护传承工程、"没有围墙的革命历史博物馆"建设工程等五项工程，推动文物和旅游深度融合。截至 2018 年底，全省有张家界、崀山、老司城 3 处世界遗产，万佛山—侗寨 1 处国家自然遗产，南岳衡山、紫鹊界梯田—梅山龙宫、里耶—乌龙山、炎帝陵—桃源洞 4 处国家文化和自然双遗产，这 8 处遗产地，它们涵盖了自然景观、地质地貌和生物生态三大突出价值，向世界呈现了"湖南精彩"。[①]

二、东盟的文化资源现状及发展目标

东盟国家拥有丰富多样的文化。东盟各国重视文化的自主多元发展，呈现多元发展的态势。东盟成立以后，建设东盟社会文化共同体成为东盟共同体建设的三大支柱之一。

（一）东盟各国拥有丰富多样的文明

印度尼西亚的文化受到印度教、佛教、伊斯兰教等宗教的影响。印度尼西亚的文化艺术表现形式非常多样化，其中最著名的是巴厘岛的舞蹈和音乐。马来西亚是一个多元文化的国家，其文化受到马来文化、中华文化、印度文

---

① 湖南发展成就巡礼·领域行业篇｜诗和远方 美了湖湘［EB/OL］.湖南日报，https://baijiahao.baidu.com/s?id=1642520350580034860&wfr=spider&for=pc.2019–08–22.

化等多种文化的影响。菲律宾的文化受到西班牙和美国的影响，其文化艺术表现形式包括绘画、音乐等。新加坡是一个国际化城市，其文化受到中华文化、马来文化、印度文化等多种文化的影响。泰国是一个拥有悠久历史和文化的国家，其文化艺术表现形式包括绘画、雕塑、传统舞蹈等。东盟成员国共拥有 27 处世界文化遗产和 1 处世界自然与文化双遗产。其中，越南和印度尼西亚境内均有 5 处世界文化遗产，在东盟成员国中并列首位。值得一提的是，唯一一处世界自然与文化双遗产也在越南境内。此外，泰国、柬埔寨、菲律宾以及老挝也各有 3 处，马来西亚和缅甸各拥有 2 处；新加坡有 1 处世界遗产"新加坡植物园"；东盟地区还拥有 13 项自然遗产。①

（二）东盟国家文化发展呈现多元发展的态势

一方面，各国都力图传承和巩固自己的独特文化价值，以突显民族国家的本位。另一方面，尽管各国经济社会发展水平参差不齐，但无一例外地适度进行国际文化交流，在国际文化交流过程中，推介本国的传统文化，同时适度汲取其他国家的先进文化的精华部分。东盟与周边重要国家中国加强文化交流既是东盟各国文化发展不可忽视的趋势，同时也是中国文化扩大对外交往的必然选择。

（三）东盟各国文化产业在新冠疫情期间遭受重创②

东盟各国加快了信息技术发展和数字化建设速度，为东盟文化发展提供了新动力，截至 2022 年，老挝智能手机入网率已达到其总人口的 90% 以上；菲律宾人均上网时长，尤其是使用社交平台的时长在世界上名列前茅；泰国是世界游客向往的目的地之一，疫情发生后泰国开发线上文化旅游资源，展示寺庙、历史遗迹和博物馆等景点。在后疫情时代，东盟各国政府对传统文化的保护与创新积极给予大力支持，通过举办各类文化展览及节庆活动，展现

① 东盟建首个文化遗产数字档案馆［EB/OL］.人民网，https://baijiahao.baidu.com/s?id=1663828886633430892&wfr=spider&for=pc.2020–04–13.

② 报告：受疫情影响东盟各国文化产业遭重创［EB/OL］.中国网，http://news.china.com.cn/txt/2022-12/17/content_85016082.htm.2022–12–17.

本国的多元文化特色，并致力于加强文化遗产的保护和传承以及本国传统艺术的发展。马来西亚、新加坡及菲律宾等国家的文化活动和文化产业展现出繁荣发展的态势，文化活动规模亦有所壮大。泰国则提出"十个建设"发展规划，强调文化赋能经济。东盟国家在传统文化保护和文学艺术发展方面取得了实质性成果，各国的文化软实力稳步提升。同时，东盟国家间的文化交流与合作得到进一步加强，构建了紧密联系的文化纽带。东盟国家的文化事业已步入新的发展阶段，向着更为丰富多彩的未来发展。

（四）东盟重视人文交流合作与一体化发展

东盟三大支柱分别是"安全共同体""经济共同体"和"社会文化共同体"，东盟社会文化共同体（ASEAN Socio-Cultural Community，ASCC）是东盟共同体的三大支柱之一，关乎东盟国家减贫、环保、防灾减灾、青年发展、妇女权利、残疾人保护、文化遗产保护传承、东盟身份认同等诸多领域。《东盟社会文化共同体蓝图2025》指出，东盟社会文化共同体旨在为实现一个以人为本，各国人民和东盟成员国间持久团结统一的东盟共同体，寻求确立东盟共同身份，建立一个互相关怀、共享包容、多元可持续的社会，人民福祉、民生和福利得以大幅提高。目标的实现依赖于具体、积极的行动，以人为本的信念以及社会责任的担当。总的来说，东盟国家的文化特色非常多元化，展现了其多元的民族和宗教背景，同时也有着共同的文化元素，如对宗教信仰的重视、对家庭和亲情的重视等。

三、湖南与东盟文化交流合作现状

文化交流是世界文化进步的一个重要条件，也是推动文化全球化和多样性的内在要求。湖南与东盟的文化交流以文化贸易、人员往来和文化传播的方式全方位展开。

（一）五大省管国有文化企业是湖南与东盟文化交流合作的主力军①

湖南出版走出去战略卓有成效。报道显示，中南传媒每年输出图书版权近 300 种，《人类命运共同体——全球治理的中国方案》《新常态下的大国经济》《蔡皋的绘本世界》等图书，受到海外市场广泛欢迎，输出的国家和地区主要是东南亚国家，输出的出版机构由小出版社逐渐过渡到大的知名出版机构，传播的读者由国外边缘人群逐渐升级为国外主流人群。2024 年，湖南出版集团、中南传媒将致力推动版权输出由单纯纸质图书版权合作向全媒体、全版权合作，由版权贸易合作向与国外出版机构深度合作转变。进一步拓展版权交易、文化交流、海外印务、教育服务等国际业务，努力扩大湖湘文化和中华文化的传播力、影响力、竞争力。

湖南广电持续开展精品创作，扩大芒果内容版权海外发行规模，增强国际声量。版权出口的《乘风破浪的姐姐越南版》首播即登顶收视第一。《大宋少年志 2》《风月变》在内的 52 部影视剧、综艺、纪录片、动画、短剧发行海外。湖南卫视为庆祝改革开放四十年推出了特别节目《湘商闯老挝》②，该节目在邵东和老挝采访 30 余位在老挝打拼的邵东人，探寻他们背后的故事，总结他们成功的经验，挖掘"湘商"深邃的精神内涵，展现在"一带一路"背景下的邵商、湘商精神。《湘商闯老挝》于 2018 年底在湖南卫视和老挝国家电视台同步播出。为促进两地人民的友好交往，讲好湖南故事，传播中国文化作出了贡献。2021 年，自主打造的芒果 TV 国际 App 用 18 种语言推荐了 100 多部优质华语文化类纪录片，下载量超过 6100 万，覆盖全球 195 个国家和地区。③

---

① 文化体制改革的"中南传媒样本"［EB/OL］.红网, https://baijiahao.baidu.com/s?id=1618939845440960591&wfr=spider&for=pc.2018-12-05.

② 百度百科：《湘商闯老挝》（湖南卫视访谈类节目）［EB/OL］.https://baike.baidu.com/item/%E6%B9%98%E5%95%86%E9%97%AF%E8%80%81%E6%8C%9D/24158433?fr=ge_ala.

③ 芒果超媒：芒果 TV 国际 APP 平台已覆盖全球 195 个国家和地区 用 18 种语言推荐了 100 多部优质华语文化类纪录片［EB/OL］.每日经济新闻, https://finance.eastmoney.com/a/202112032202181580.html.2021-12-03.

　　湖南日报社在新时代承担起新的文化使命，不断提升党媒国际传播效能。湖南日报社精心策划《湖湘一万年》《文学里的村庄》《出海记》等国际传播产品内容，将湖湘特色、中国元素输出海外；与"海上芙蓉"项目重点国家媒体合作，在老挝《人民报》开设湖南专版，着力扩大海外落地覆盖；实施"湖南的朋友圈"计划，建立与东盟等重点国家和地区主流媒体资源互换合作机制；加快建设国际传播渠道账号矩阵，提升湖南在国际传播方面的"出镜率""话题度"和"吸粉力"。

　　2013 年以来，在湖南省体育局支持下，由湖南体育产业集团具体实施，承接了大部分我国对外体育援助任务。共接待了缅甸、巴西、伊拉克、等 8 个国家的近万人次的国外运动员。这些运动员分别在湖南的长沙、益阳、常德、湘潭、岳阳等城市的 9 个训练基地，展开游泳、跳水、体操、武术等 20 多个运动项目的集训。共组织实施了 20 余批次的体育管理研修培训班，30 余个国家的近 200 多人次的体育主管部门官员、技术人员及教练员来湘参与培训，培训内容包括：大型体育场馆运营、体育产业开发、体育赛事经营与管理、专业体育技术指导等多个方面。湖南体育产业集团先后派遣了 7 个批次的体育专家组，前往缅甸等 8 个国家进行指导交流，并与相关国家建立了长期合作关系。① 2022 年度我国援缅甸体育技术援助项目——缅甸皮划艇赛艇来华集训由中华人民共和国商务部主办，中国体育国际经济技术合作有限公司承办，湖南省体育产业集团、湖南省水上运动协会负责执行，圆满完成任务。2024 年 1 月 7 日上午，"援柬埔寨体育技术援助项目"柬埔寨国家队第二阶段来华训练闭班仪式在长沙举行，第二阶段的来华训练任务圆满完成。

　　演艺湘军助力湖湘文化走向全球。2016 年，湖南省演艺集团推出"纯粹中国"国际巡演计划，凸显湖湘文化元素，向全球推出中国舞台艺术精品。截至目前，境外演出达 716 场，其中商演 600 余场，演出覆盖全球 20 多个国

　　① 　湖南对外体育技术援助成果丰硕［EB/OL］.中国体育报，https://baijiahao.baidu.com/s?id=1591880299300906099&wfr=spider&for=pc.2018-02-09.

家和地区，观众累计近 80 万人。[①]"讲好中国故事、传播好中国声音、阐发中国精神"是演艺集团的重要职责，更是湖南演艺人的使命担当。湖南演艺人积极探索中国文化走出去湖南模式，打造文化走出去品牌，推出走出去精品剧目，搭建走出去合作平台，并注重在演艺中融入旅游及非遗宣传，让演艺更具力量。

（二）湖南省政府是"请进来、走出去"文化传播战略的践行者

湖南省政府的相关职能部门配合国家平台或者自主创立平台，组织推进湖南与东盟文化交流合作。

2014 年 12 月 6 日，中国"湖南文化走进泰国"活动开幕仪式暨旅游推介会在曼谷诗丽吉国际会展中心举行。湖南文化走进泰国活动，有来自文化、旅游、出版、广电等 50 余家企业参与。在 1730 平方米的展厅展示 1500 多件湘绣、湘瓷、湘茶等非物质文化遗产、国画及湘版图书、摄影作品等。在此期间，光湖南文化产品展区就有 1 万多人次参观，有近 40 家泰国媒体和中国驻泰媒体参加活动，进行报道。[②] 这是"文化湘军"第一次大规模进军泰国和东盟。

自 2017 年起，"一带一路"青年创意与遗产论坛开始在长沙举办，现已成为长沙与"一带一路"国家及"创意城市网络"成员城市间重要的文化交流平台。青年人是文化的使者，是文化互鉴融合的生力军，通过人的流动，人的文化的交流互鉴，让人群通过拥抱和走入文化多样性而变得包容和强大，而使得一个社会变得强大与丰富，青年是建立不同文化和谐共存的社会的关键。创意文化遗产保护，不仅是保护过去，也是建设未来。重视与保护文化遗产，能促进各国在文化交流上保持更大的尊重，有助于创造一个包容、可持续的世界。

---

① 创新湖南 融入世界｜湖湘文化软实力奏响强音［EB/OL］.湖南省人民政府门户网站，http://www.hunan.gov.cn/hnszf/hnyw/sy/hnyw1/201909/t20190909_10266161.html.2019–09–09.

② 中国"湖南文化走进泰国"活动在曼谷举行［EB/OL］.人民网，http://politics.people.com.cn/n/2014/1208/c242004-26167228.html.2014–12–08.

2021年10月15日，湖南省友协承办的第八届中国—东盟青年精英交流节于10月10日至15日在湖南成功举办。来自湖南省、湖北省的东盟国家在华留学生代表与中国大学生代表一行70人共同交流互鉴。交流节活动为东盟与中国青年代表搭建了良好平台，推动年轻人之间深入交流，有助于拓宽国际视野，培育包容精神，增进了湖南与东盟各国青年的理解和友谊。

2023年5月5号，东盟8国14家媒体走进湖南 对外推介西部陆海新通道的"怀化故事"。来自东盟8国的14家海外华文媒体和境外媒体4日抵达湖南怀化，参加"行走中国——2023东盟国家主流媒体怀化行"采访活动。未来一周，采访团将参访首届湖南（怀化）RCEP经贸博览会，探寻怀化与东盟产业交流互补的发展机遇；实地走访怀化国际陆港和相关企业，并走进怀化古村落，感受少数民族非遗文化、体验碣滩茶制茶工艺和民俗风情等。

（三）湖南与东盟旅游合作助推湖南建设旅游强省

2019年，湖南新增文莱斯里巴加湾市、缅甸曼德勒、老挝琅勃拉邦、柬埔寨西哈努克4个航点；新增长沙—斯里巴加湾市、长沙—新加坡、烟台—长沙—新加坡、烟台—长沙—曼谷、长沙—岘港、长沙—芽庄、长沙—曼德勒、长沙—西哈努克、长沙—琅勃拉邦等国际航线。航空已成为湖南与东盟最重要的旅行交通方式之一。① 2021年中国—东盟文化旅游活动周开幕式在长沙举行。此次活动周以"共建'一带一路'，共赢可持续发展"为主题，旨在进一步密切中国—东盟在文化和旅游领域的合作。湖南省文化和旅游厅还组织参加历届中国—东盟博览会旅游展并举办系列推广活动，突出湖南文化旅游品牌国际知名度、美誉度、影响力。

目前，湖南正在开发以长沙为中心的"4小时经济圈"，打造文化和旅游领域融合的湖南与东盟旅游圈。湖南入境旅游市场基本形成了以亚洲为主体、以欧洲和美洲为两翼、以澳洲、非洲和中美洲为多点的新格局。2019年湖南

---

① 湖南建"航空＋文旅"生态圈 给世界最便捷的"入湘"门票［EB/OL］．中华人民共和国文化和旅游部，https://www.mct.gov.cn/whzx/qgwhxxlb/hn_7731/201904/t20190408_841452.htm.2019-04-08.

省接待的外国游客中，排名前十位的国家中有五个是东盟国家，分别是越南 16.82 万人次、马来西亚 14.49 万人次、新加坡 10.35 万人次、印度尼西亚 7.68 万人次、泰国 6.98 万人次。[①] 湖南不断拓展深化与东盟各国文化交流与合作，已与东盟国家缔结省级友城 11 对，与东盟十国全部开通国际航线，精心策划、深入开展了"锦绣潇湘"走进东盟国家等系列文旅合作交流活动。[②]

（四）湖南与东盟文化贸易稳步增长

由表 1、表 2 可以看出，湖南省对东盟的文化产品输出绝对值显著增长，占比处于较平稳增长的趋势，说明湖南的文化产业发展较为迅猛，展现了湖南历年来文化体制改革具有显著的成效，由表 3、图 1 可以看出，自 2019 年以来，2021 年除受到新冠疫情的影响而下降较为明显外，湖南与东盟的文化产品贸易呈现了显著的增长趋势。

表1　文化产品十年主要出口一览表

年份	文化产品出口（人民币亿元）	同比（%）	占比（%）	备注
2014	8.1312	14.4965	3.6731	
2015	5.1951	−36.11	2.6918	
2016	7.2042	38.6745	4.8561	
2017	9.1873	27.5264	4.1944	
2018	12.7615	38.9045	4.2197	
2019	34.7951	172.6562	6.9191	
2020	37.7669	8.5406	6.3935	
2021	18.9706	−49.7691	3.0273	
2022	62.6639	230.3205	5.4135	
2023	62.1954	−0.7476	8.1641	

数据来源：根据长沙海关统计数据整理完成。

---

①　入境游客快乐游潇湘——1 至 11 月全省共接待入境游客 447.5 万人次，实现入境旅游收入 20.74 亿美元，均提前一年实现旅游业"十三五"规划目标［EB/OL］.湖南省文化和旅游厅，http://whhlyt.hunan.gov.cn/news/mtjj/201912/t20191225_11004939.html.2019-12-25.

②　交流｜亲诚惠容，中国—东盟文化和旅游交流深化结硕果、共促发展谱新篇［EB/OL］.文旅中国，https://baijiahao.baidu.com/s?id=1720359642989258877&wfr=spider&for=pc.2021-12-28.

表2　文化产品十年主要进口一览表

年份	文化产品进口（人民币亿元）	同比（%）	占比（%）	备注
2014	0.0594	−45.9472	0.1146	
2015	0.0708	19.0604	0.1895	
2016	0.077	8.729	0.2345	
2017	0.0582	−24.3464	0.1102	
2018	0.1041	78.7331	0.1332	
2019	0.1763	69.418	0.1515	
2020	0.2078	17.8705	0.0946	
2021	0.8293	299.1241	0.3139	
2022	0.2314	−72.0973	0.0696	
2023	0.1374	−40.6023	0.0301	

数据来源：根据长沙海关统计数据整理完成。

表3　文化产品贸易（十年）一览表

年份	文化产品贸易总额（人民币亿元）	文化产品出口（人民币亿元）	文化产品进口（人民币亿元）
2014	8.1906	8.1312	0.0594
2015	5.2659	5.1951	0.0708
2016	7.2812	7.2042	0.077
2017	9.2455	9.1873	0.0582
2018	12.8656	12.7615	0.1041
2019	34.9714	34.7951	0.1763
2020	37.9747	37.7669	0.2078
2021	19.7999	18.9706	0.8293
2022	62.8953	62.6639	0.2314
2023	62.3328	62.1954	0.1374

数据来源：根据长沙海关统计数据整理完成。

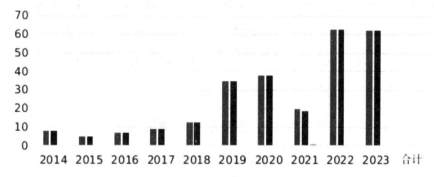

图1 文化产品贸易（十年）总量、出口、进口柱状图

四、湖南与东盟文化交流合作中存在的问题

在推动湖南与东盟文化交流合作的过程中还存在体制机制不够完善、合作领域不平衡、人文合作平台作用未能充分发挥、因文化差异带来误读等问题，迫切需要加以改善和解决。具体而言：

（一）文化交流比较偶发，没有体现湖南与东盟人文交流特点的品牌

湖南在东南亚的湘商数量在十万人以上，已经深入到了东盟国家的各行各业，湖南与东盟的文化交流却没有呈现鲜明的特色，多为借助国家品牌，没有形成响亮的自主品牌。

（二）文化贸易相对于经济贸易总量来说还比较薄弱

湖南对东盟的文化产品输出到 2023 年度也只占到 8% 以上，总体来看，文化贸易还比较薄弱。东盟对湖南省的文化产品输出虽然绝对值有所增长，但占比则呈现下降趋势。说明东盟的文化产业发展较为缓慢，而且总量非常微小。

（三）文化传播声音不够响亮

地理环境、传播理念、传播手段、品牌建设等方面的不足制约了湖湘文

化的对外传播影响力。湖南作为内陆省份，开放意识不强，落后于沿海开放地区，开放发展动力不足。在湖湘文化对外传播的过程中，代表性强、传播力足的物质文化、非物质文化符号仍然比较匮乏。在对外传播平台搭建、对外传播手段运用等方面存在不足。

五、加强湖南与东盟文化交流合作的对策建议

东盟是湖南省"出海"的第一站，对湖南建设内陆地区开放高地具有非常重要的意义，要坚持将加强湖南与东盟的交流合作作为政府工作的重点，坚持政府主导、企业主体、市场运作、社会参与，注意用好文化交流、文化传播、文化贸易三种方式，凝聚政府、企业、社会组织和个人的力量，发挥各种主体的积极作用，着力构建全方位、多层次、宽领域湖南与东盟文化交流合作格局，讲好湖南故事。

（一）做好顶层设计，加强自主文化交流平台建设，推动文化"引进来，走出去"

在充分利用文博会、沪洽周、中国—东盟博览会、中国—东盟教育交流周、中国东盟文化交流年、中国—东盟文化旅游活动周、中国—东盟青年精英交流节等国家级活动平台，实现湖南文化的国际交流以外，应大力加强湖南自主的对外文化交流合作平台，充分发挥社会力量在"走出去"过程中的作用，通过政企互动、上下联动、各方联合，促进湖南与东盟的文化交流。针对东盟国家对湖南文化输出比重较低的情况，可以有规划地加强东盟特色文化元素"引进来"，有利于丰富人民群众的文化生活、开拓国际眼光、促进湖湘文化创新性发展。

（二）深度对接传统文化交流，讲好历史故事

中国和东盟是一衣带水的邻居，双方山水相连、血脉相亲、人文往来密切。中国和东盟国家的友好往来历史悠久。湖南是中国古代陶瓷之路和茶叶之路的起点之一。唐代长沙铜官窑的陶瓷产品通过海上丝绸之路大量销往东

亚、东南亚等地；清代湖南茶叶还从海上丝绸之路销往南洋。湖南与东南亚人民的友谊和人文往来跨越千年，成为双方当今友好往来的深厚历史基础。双方在传统文化的交流中，要深度发掘历史遗产，使它成为双方相知相亲的纽带。

（三）广泛对接现代文化交流，讲好平凡故事

通过文明交流互鉴，增进相互理解。因为双方丰富的文化多样性，我们可以进行文化交流，这些丰富的文化资产和文化财富是推动年轻一代人文交流的关键原因。也是合作的重点。双方人民可以互相交流学习年轻人可以进行语言学习。因为语言是非常重要的，语言可以帮助学习当地的文化、食物、传统习俗和历史。文明交流也不能仅仅局限于青年交流，应该在智库、妇女、专业团体、侨胞、留学生团体等领域推广交流，在交流中讲好平凡的故事，使交流合作落地生根、开花结果，推动湖南和东盟10国民众从相知走向相亲。

（四）立体对接旅游交流，讲好发展故事

湖南省提出了建设"全域旅游基地"的战略目标，提升了旅游产业在经济发展中的战略地位，但在国际市场的拓展上还不够，尤其是在与东盟各国的旅游经济合作方面略显单薄，旅游合作的深度和广度都还有限。将东盟各国游客作为湖南旅游新兴国际客源地，大力营销湖南"锦绣潇湘"旅游品牌、大力开发湖南旅游资源、大力传播湖湘文化，传播湖湘声音，探索湖南对接东盟旅游合作的新路径，这是湖南积极响应国家"一带一路"倡议、深入挖掘旅游产业的开放融合潜力、推进湖南与东盟各国经济合作、提高湖南经济发展开放度，讲好开放发展故事的必然要求。这不仅关乎湖南旅游国际市场的新拓展，而且关乎到湖湘文化传播、国家战略融入、商品对外贸易、产业转移等的新突破。

（五）搭建对外文化贸易平台，讲好品牌故事

目前湖南文化产品大部分仍是依托廉价劳动力资源而获得成本优势的"硬件产品"，属于内容和创意的"软件产品"比例不高。进一步推进湖湘文

化"走出去"，必须在坚持正确导向的前提下，坚持"内容为王"，增强文化自信，植根民族传统文化的厚重土壤，实施文化精品带动战略，构建以企业为主体的对外文化贸易平台，让更多外向型文化企业走出去，培育在国际市场上"叫好又叫座"的文化产品和服务品牌，增强文化传播能力。

（六）推动湖南与东盟文化数字文化产业的合作，讲好传播故事

新冠疫情期间，以线上内容为核心的数字文化产业展现出巨大潜力，湖南应利用在文化创意、动漫游戏、演出、数字文化产业、文旅融合发展等方面的优势同东盟国家开展文化交流合作，推动湖南与东盟文化交流合作和文化产业共同发展。通过各种合理的扶助政策，借助数字技术，充分发挥湖南文化产业发达的优势，助力文化企业"走出去"，是当下湖南应积极重视的发展战略。

参考文献

一、专著

［1］习近平.高举中国特色社会主义伟大旗帜 为全面建设社会主义现代化国家而团结奋斗——在中国共产党第二十次全国代表大会上的报告［M］.北京：人民出版社，2022.

［2］郝寿义，安虎森.区域经济学［M］.北京：经济科学出版社，1999.

［3］王方华.市场营销管理［M］.上海：上海交通大学出版社，2003.

［4］赵和曼.东南亚手册［M］.南宁：广西人民出版社，2000.

［5］刘志强，谈笑.东盟文化发展报告［M］.北京：社会科学文献出版社，2022.

［6］左志刚.东盟发展报告（2021）［M］.北京：社会科学文献出版社，2022.

［7］苏莹莹，翟崑.马来西亚发展报告（2022）［M］.北京：社会科学文献出版社，2022.

［8］解桂海.越南国情报告（2021）［M］.北京：社会科学文献出版社，2023.

［9］张宇权.菲律宾发展报告（2020—2021）［M］.北京：社会科学文献出版社，2022.

［10］广西建设面向东盟的金融开放门户指挥部办公室.面向东盟的金融开放门户改革创新典型案例（2021）［M］.北京：社会科学文献出版社，2022.

［11］胡昊，翟崑.中国—东盟合作中的政党与社会团体研究［M］.北京：社会科学文献出版社，2021.

［12］王晋军，施黎辉.中国与东盟国家民族语言政策对比研究［M］.北京：社会科学文献出版社，2020.

［13］罗圣荣.当代马来西亚政治［M］.北京：社会科学文献出版社，2018.

［14］韦红.中国与印度尼西亚人文交流发展报告（2021）［M］.北京：社会科学文献出版社，2021.

［15］［老挝］素里耶·莫那拉.中国与东盟：命运共同体的生动实践［M］.北京：新星出版社，2021.

［16］杨耀源.“一带一路”倡议下中国与东盟文化贸易高质量发展研究［M］.北京：人民出版社，2021.

［17］曹云华，唐翀.新中国：东盟关系论——东盟研究丛书［M］.北京：世界知识出版社，2005.

［18］许宁宁.中国—东盟历史性互为最大贸易伙伴［M］.北京：中国商务出版社，2021.

［19］卢肖平.中国—东盟农业合作［M］.北京：中国农业科学技术出版社，2006.

［20］韦红.地区主义视野下的中国—东盟合作研究［M］.北京：世界知识出版社，2006.

［21］李欣广.中国—东盟经济双向开放与国际经济合作［M］.北京：中国时代经济出版社，2002.

［22］卢肖平.中国—东盟农业合作［M］.北京：中国农业科学技术出版社，2006.

［23］吴士存，朱华友.五国经济研究［M］.北京：世界知识出版社，2006.

［24］许家康，古小松.中国—东盟年鉴（2007）［M］.北京：线装书局，2007.

［25］罗明义，毛剑梅.旅游服务贸易理论：理论·政策·实务［M］.昆

明：云南大学出版社，2007.

［26］［菲律宾］鲁道夫·C.塞韦里诺.东南亚共同体建设探源——自东盟前任秘书长的洞见［M］.王玉主，等译，北京：社会科学文献出版社，2012.

［27］蒋满元.东南亚经济与贸易［M］.长沙：中南大学出版社，2012.

［28］廖少廉.东盟国家经济发展与社会经济形态［M］.北京：社会科学文献出版社，1993.

［29］汪慕恒，周明伟.东盟国家外资投资发展趋势与外资投资政策演变［M］.厦门：厦门大学出版社，2002.

［30］陈乔之.冷战后东盟国家对华政策研究［M］.北京：中国社会科学出版社，2001.

［31］古小松.中国—东盟自由贸易区与广西［M］.南宁：广西人民出版社，2002.

［32］古小松.中国与东盟交通合作战略构想：打造广西海陆空枢纽研究［M］.北京：社会科学文献出版社，2010.

［33］梁颖.中国：东盟政治经济互动及机制研究［M］.北京：人民出版社，2016.

［34］卢光盛.地区主义与东盟经济合作［M］.上海：上海辞书出版社，2008.

［35］聂德宁.全球化下中国与东南亚经贸关系的历史、现状及其趋势［M］.厦门：厦门大学出版社，2006.

［36］石源华.中国周边外交十四讲［M］.北京：社会科学文献出版社，2016.

［37］屠年松，屠琪珺.中国与东盟国家和谐关系论［M］.北京：中国经济出版社，2018.

［38］王正毅.边缘地带发展论：世界体系与东南亚的发展（第二版）［M］.上海：上海人民出版社，2018.

［39］杨晓强，许利平.海上丝绸之路与中国—东盟关系［M］.北京：社

会科学文献出版社，2015.

[40] 杨祥章 . 中国—东盟互联互通研究 [M].北京：社会科学文献出版社，2016.

[41] 于建忠，范祚军 . 东盟共同体与中国—东盟关系研究 [M].北京：人民出版社，2018.

[42] 郑军健，刘大可 . 通向中国—东盟命运共同体的新丝路 [M].广州：世界图书出版公司，2017.

[43] 教育部国际合作与交流司 . 来华留学生简明统计 2018 [M].2019.

二、期刊

[1] 代金贵，祁春节 . 中国果蔬出口东南亚面临的贸易壁垒及对策 [J].东南亚纵横，2008（12）.

[2] 赖明勇，王文妮 . 中国与东盟双边贸易成本的实际测算 [J].山东社会科学，2009（7）.

[3] 张亚斌，许苹 . 中国与东盟贸易竞争力及贸易相似度的实证分析 [J].财经理论与实践，2003（6）.

[4] 王灿 . 中国—东盟农产品贸易互补性分析 [J].未来与发展,2009（4）.

[5] 公峰涛 . 中国—东盟贸易结构研究 [J].南开经济研究，2003（3）.

[6] 赵春明，李丽红 . 论中国与东盟四国的产业结构及贸易关系 [J].现代国际关系，2002（2）.

[7] 唐文琳，范柞军 . 中国—东盟双边贸易结构分析与政策建议 [J].中国流通经济，2005（7）.

[8] 姜元武，庄丽娟 . 广东与东盟农产品贸易结构及变动趋势分析 [J].华南农业大学学报（社会科学版），2008（2）.

[9] 孙林，李岳云 . 中国与东盟主要国家农产品的贸易、竞争关系分析 [J].世界经济研究，2003（8）.

[10] 朱允卫 . 中泰农产品产业内贸易的实证研究 [J].农业经济问题，

2005（7）.

［11］孙笑丹.中国与东盟国家农产品出口结构比较研究［J］.当代财经,
2003（3）.

［12］孙艳艳.基于产业内贸易理论的中国—东盟农产品贸易发展的实证
分析［J］.世界经济研究,2008（8）.

［13］刘庆.中国与东盟旅游服务贸易竞争力测评与提升路径［J］.经济
问题,2021（11）.

［14］刘庆.中国与东盟旅游服务贸易研究综述［J］.环渤海经济瞭望,
2019（9）.

［15］庞莲荣.中国与东盟旅游服务贸易失衡研究——"一带一路"倡议
背景下［J］.现代商贸工业,2016（16）.

［16］陈保霞.中国—东盟旅游服务贸易一体化路径探讨［J］.对外经贸
实务,2020（4）.

［17］戴卓.国际贸易网络结构的决定因素及特征研究——以中国东盟自
由贸易区为例［J］.国际贸易问题,2012（12）.

［18］卢光盛,许利平.周边外交"亲诚惠容"新理念及其实践［J］.国
际关系研究,2015（4）.

［19］王秋彬.周边国家对华"近而不亲":困境、原因及其化解路径［J］.
当代世界,2017（3）.

［20］张蕴岭.中国—东盟战略伙伴关系回顾与前瞻［J］.东南亚纵横,
2013（9）.

［21］［柬埔寨］皮克·查拉典.柬埔寨与"一带一路"倡议:机遇与挑战
［J］.中国—东盟研究,2018（3）.

［22］［印尼］努尔·拉和马特·尤利安托罗.印度尼西亚视角下的"一带
一路"倡议与中国—东盟关系［J］.中国—东盟研究,2018（3）.

［23］刘文正.CAFTA框架下中国—东盟相互投资的特征分析［J］.东南
亚纵横,2009（10）.

［24］孔晓虹.新时期来华留学教育发展的现实困境及对策［J］.神州学人，2023（12）.

［25］赵迎春."一带一路"职教行动的湖南样本［J］.神州学人，2023（9）.

三、报纸、网站

［1］共话首届湖南（怀化）RCEP经贸博览会｜总编辑专访：做RCEP合作共赢的"一粒种子"——访东盟（湖南）产业联盟轮值主席、老挝湖南商会会长李文科［N］.湖南日报，2023-05-04.

［2］张佳伟，郑丹枚，黄璐，等.中老铁路全线通车　闯荡东盟的邵商非常高兴［N］.湖南日报，2021-12-15.

［3］罗俊，卿前平.一路欢歌闯东盟［N］.邵阳日报，2022-08-25.

［4］周俊，王威群.娄底双峰农机远销东南亚等地市场［N］.湖南日报，2017-06-11.

［5］王涛威.双峰农机：走出国内国际双循环新发展之路［N］.湖南日报，2021-01-27.

［6］双峰农机畅销"一带一路"［N］.湖南日报，2023-08-15.

［7］看农业大县双峰如何推动产业发展开新局［N］.湖南日报，2023-11-03.

［8］湖南双峰农机拓展海外市场　首次以跨境电商方式出口［N］.湖南日报，2023-11-11.

［9］周俊，马翔，邹娜妮，等.双峰永丰：农机轰鸣天下闻［N］.湖南日报，2018-08-29.

［10］湘字号农机升级之路在何方——湖南农业机械化调查（制造篇）［N］.湖南日报，2023-05-08.

［11］李文科：当好怀化对接东盟"桥梁纽带"［N］.怀化日报，2024-02-22.

［12］陈思南.湖南怀化融入RCEP"朋友圈"尝到甜头［N］.湖南日报，2022-03-10.

［13］史忠俊.用"心"构筑更为紧密的中国—东盟命运共同体（国际论坛）［N］.人民日报，2024-02-06（003）.

［14］湖南省"十四五"规划和2035年远景目标的建议正式发布（全文）［OB/EL］.湖南省人民政府门户网站，www.hunan.gov.cn，2020-12-12.

［15］湖南省国民经济和社会发展第十三个五年规划纲要［OB/EL］.湖南省人民政府门户网站，www.hunan.gov.cn，2016-04-25.

［16］十万邵商"闯"东盟——邵阳市与东盟经贸合作纪实［OB/EL］.华声在线，发布时间：2022-08-24.

［17］"中国农业机械之乡"双峰：创新"与众不同"抢占东盟非洲市场［OB/EL］.中国新闻网，https：//www.chinanews.com，2021-01-31.

［18］教育部.共聚教育力量 开创美好未来：教育部部长怀进鹏出席第24届中国国际教育年会全体大会［OB/EL］.2023-10-16.

后 记

　　本书是由湖南省社会科学院（湖南省政府发展研究中心）从事国际问题研究的相关科研人员撰写的。本书写作的目的是进一步扩大对外开放，发展外向型经济，提升湖南与东盟国家交流合作质量和水平。

　　"相通则共进，相闭则各退。"随着中国—东盟自由贸易区建设进程加快，湖南在中国与东盟开展经贸合作中的作用越来越大，东盟各国的工业品、农产品、手工艺品等纷纷进入湖南市场。湖南的名优特色产品集中亮相东盟市场，受到东盟各国民众的喜爱。这加深了相互之间的了解和友谊，增进了彼此之间的信任与合作。

　　本书共分为四个篇章，各篇内容如下：第一篇总论；第二篇湖南与东盟主要国家交流合作研究报告；第三篇专题报告。在写作过程中，陈律、王峥凤、肖文黎等研究人员积极参与专题写作（其中，陈律撰写了专题报告《湖南与东盟教育交流合作研究报告》，王峥凤、杨章辉撰写了专题报告《湖南与东盟贸易发展研究报告》，肖文黎撰写了专题报告《湖南与东盟文化交流合作发展报告》），并完成了各自的任务，使得本书的各项工作进展顺利。

　　《湖南与东盟国家交流合作研究》一书具有以下几个特点：其一，具有一定的适时性。本书将帮助广大实践工作者和理论工作者了解湖南与东盟国家交流合作的现状，掌握东盟国家的经济社会情况，提高对湖南与东盟国家交流合作的重要性和紧迫性认识。其二，具有一定的系统性。本书在内容上，比较全面、系统地对湖南与东盟国家交流合作取得的巨大成绩、存在的问题及其原因、对策措施等作了比较详细的论述。逻辑结构比较严谨，信息量大。其三，具有一定的实用性。本书的各个篇章，既有实践调查，也有理论分析，有较强的操作性。

　　总之，这只是我们完成本书写作之后的思考，也是因为我们自己的思想认识和科研能力的局限。同时，本书能够在较短的时间内顺利出版，每位作者都为此付出了辛勤劳动，在此表示深深的感谢！由于研究者水平、阅历有限，本书难免有失之偏颇，粗疏之处，敬请读者批评指正。

作者

2024 年 4 月 18 日